モードの身体史

近世フランスの服飾にみる清潔・ふるまい・逸脱の文化

内村 理奈 著

悠書館

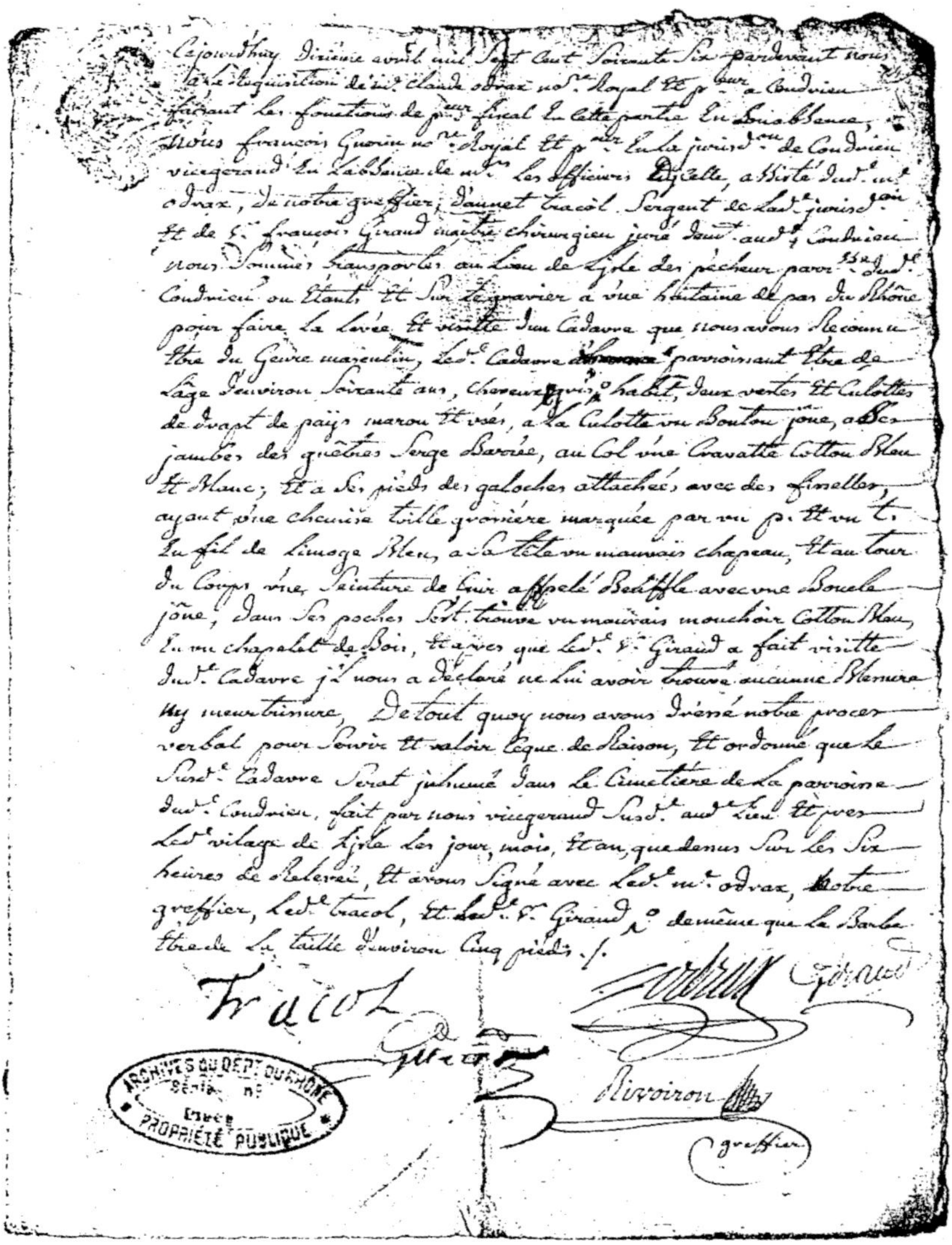

図1．1766年4月10日にローヌ河畔で発見された
男性遺体に関する調書。ローヌ県立文書館所蔵。

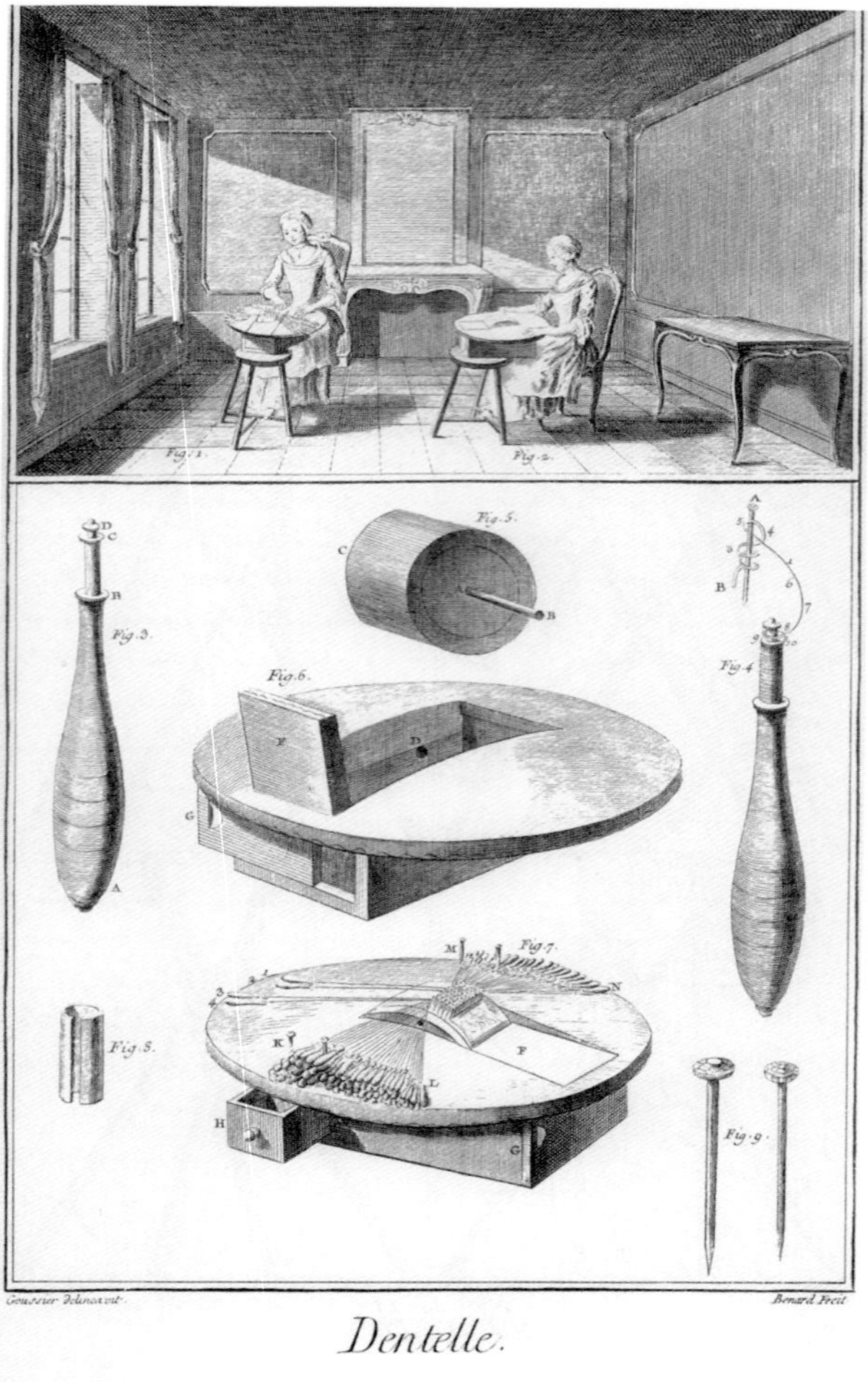

図 2．ボビンレースの道具類。Diderot et D'Alembert, *Encyclopédie, ou Dictionaire raisonné des sciences, des arts et des métiers,*（Paris, 1751〜1762），Readex Microprint Corporation, New York, 1969, volumeIV, p.256 より。上段は室内でレース作りをするふたりの職人の図。Fig.1 はレース作りをしている職人。Fig.2 はレース用のクッションの上に置いた緑色の羊皮紙にレースの型を刺している職人。下段の Fig.3 は空のボビン。Fig.4 は糸と針のついたボビン。Fig.5 は円筒形をしたレース用のクッション。中心は木で作られており、ラシャや緑色のサージが巻かれている。そこに針を刺す。Fig.6 は円筒部分が抜けているレース編み機。Fig.7 はすべて装備されたレース編み機。職人の右手側から見た図。Fig.8 は角あるいは葦でできた筒。ボビンに糸を巻くもの。Fig.9 は先端にダイヤモンドかスペインの蝋が付いた大きな針。ボビンを留めるもの。

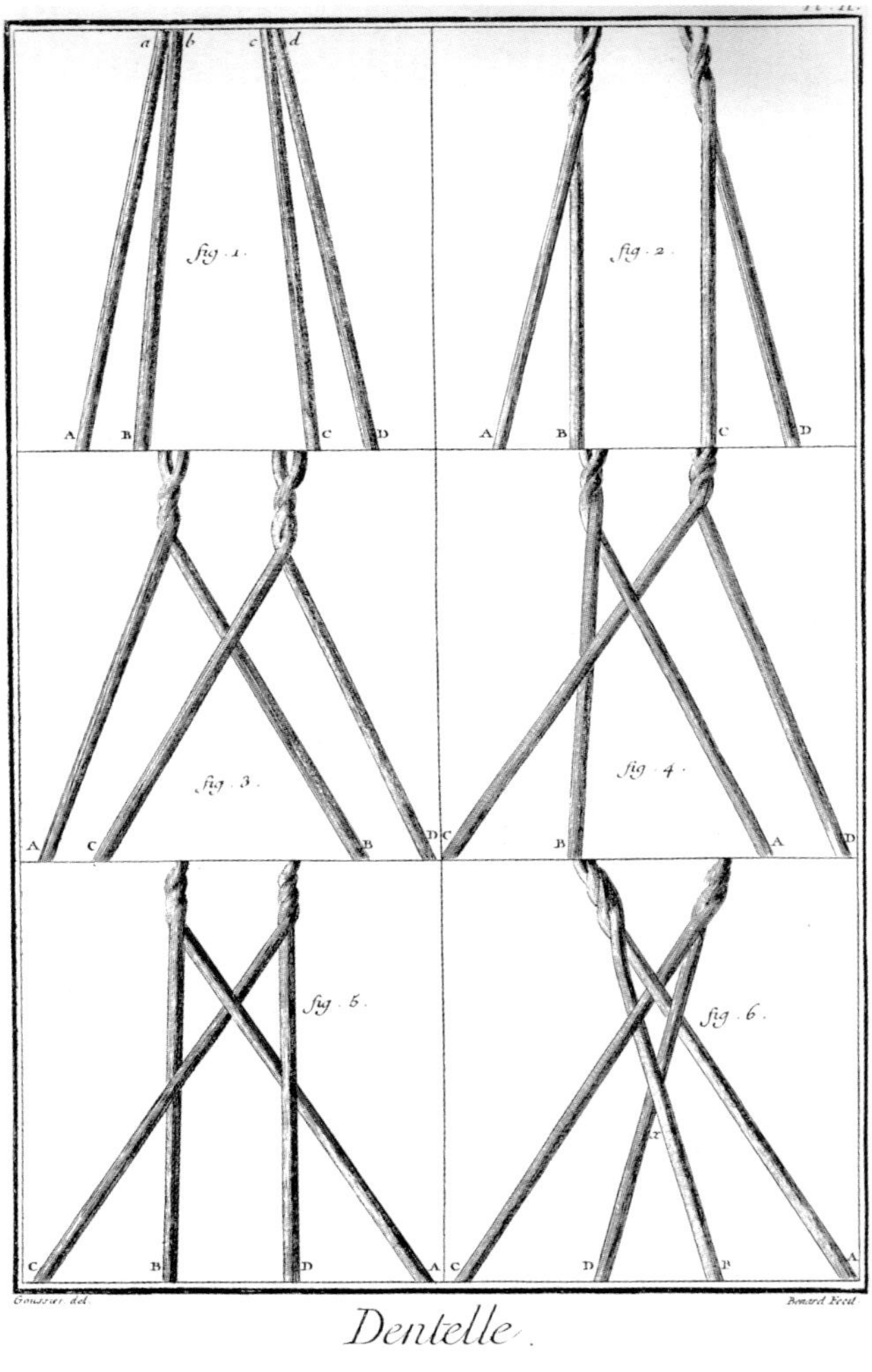

図３．ボビンレース作りの糸の動かし方。Diderot et D'Alembert, *Ibid.*, volumeIV, p.256 より。Fig.1 から Fig.6 にかけてレースの編み目の作り方が描かれている。4 本の糸をねじり、交差させることを繰り返して、一つの編み目を作る。

図４．アブラハム・ボッス《1633 年の奢侈禁止令の後の宮廷人》、1633 年。フランス国立図書館版画室所蔵。ⓒ Bibliothèque nationale de France「なんといやなことだろう。/ この改良服での私の変貌ぶりを / 目にするのは。/ この服を拒否するのはなんと難しいことか。/ しかも、身に着けるのはじつに腹立たしい。/ 慣れていないからだ！ / 私の本来の姿を歪曲する / こんな姿になるなんて、/ まったく呆然としてしまう。/ しかしこの不平の何が私に役立つだろうか。/ 理屈と強制によってであるにしても、/ 禁令にはしたがわねばならない！ / 時と、国と、モードに / 従うのは当然のことだ。/ 聖なる法の命令にしたがって。/ 偉大な王ルイの / 衣裳の中で光り輝やくもの以上に / 豪奢なものなどは追い求めずに。」

図5．アブラハム・ボッス《奢侈禁止令の後の貴族女性》、1633年。フランス国立図書館版画室所蔵。ⓒ Bibliothèque nationale de France「私はとても美しいので、／うぬぼれからではなく、／ほかにもっと美しい女性はいないと断言できる。／にもかかわらず、／金やレースをつけているほうが、／ずっと私には似合っているように見える。／毎日、私はサテンやビロードを／身につけるのが好き。／エタミーンなど身につけたこともない。／なぜって、私は本当に／豊かに着飾っているときには／いつもとても美しい姿をしているのだもの。／それでも、私は自分の心を／新しいことに向けなければならない。／ギャラントリーからも離れなければならない。／これからは、ポワン・クペも、刺繍も身につけられない。／こういう余計な装飾はもう何も身につけられない。」

図 6．ジャン=オノレ・フラゴナール、《閂》（部分）、
1778 年頃。ルーヴル美術館所蔵。

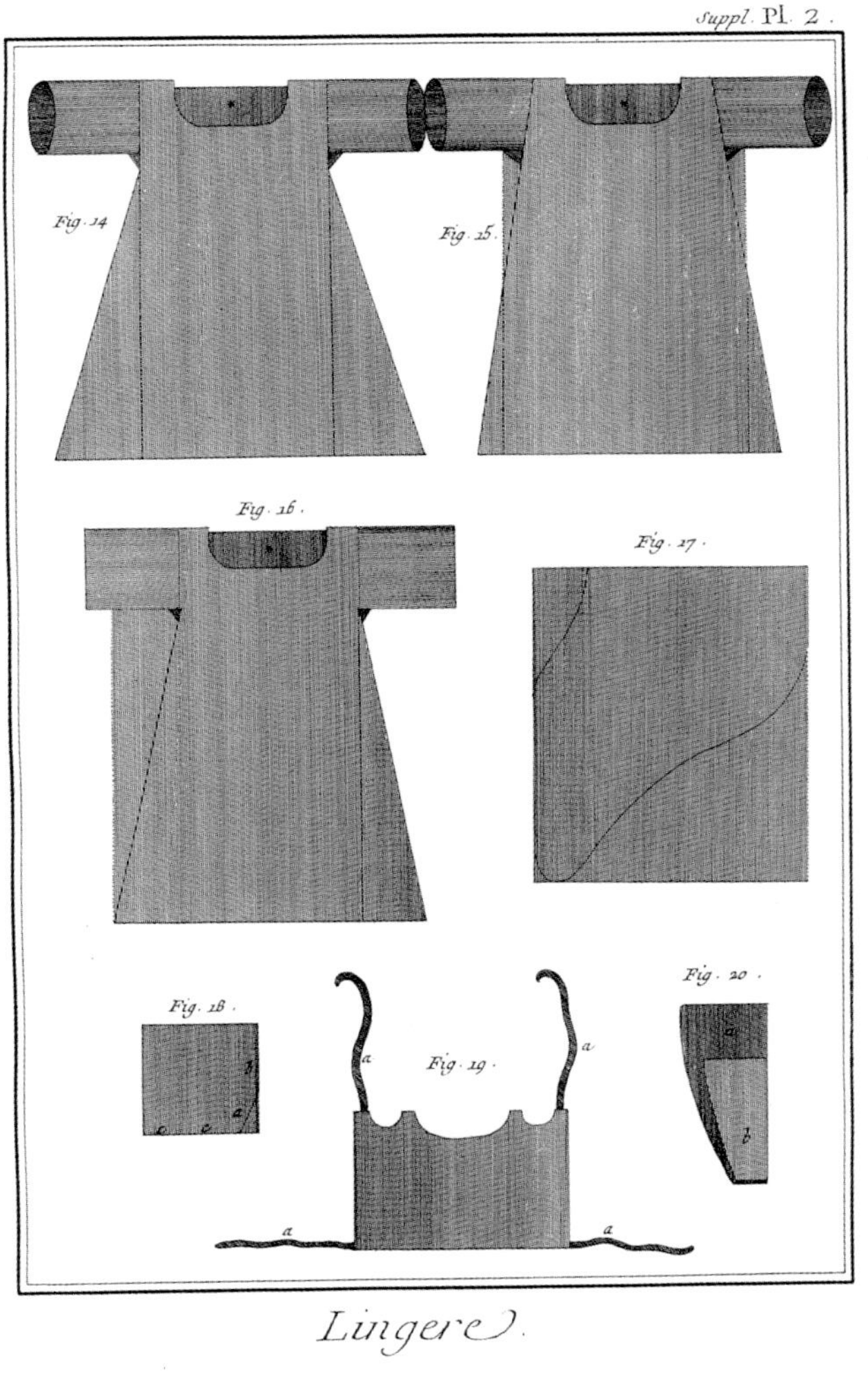

図７．シュミーズの図。Diderot et D'Alembert, *op. cit.,* volume IV, p.1122.「下着製造販売業者」に関する図解の２枚目。Fig.14 は女性用のフランス風シュミーズ。Fig.15 は女性用のイギリス風シュミーズ。Fig.16 は別のイギリス風シュミーズ。Fig.17 はモスリンの肩かけ《マントレ》。Fig.18 は肩かけ《マントレ》用の頭巾《コクリュション》。Fig.19 は胸当て。Fig.20 はアマディ風袖。(*Ibid.,* p. 1078)（「下着製造販売業者」の商品については、付録、史料１参照）

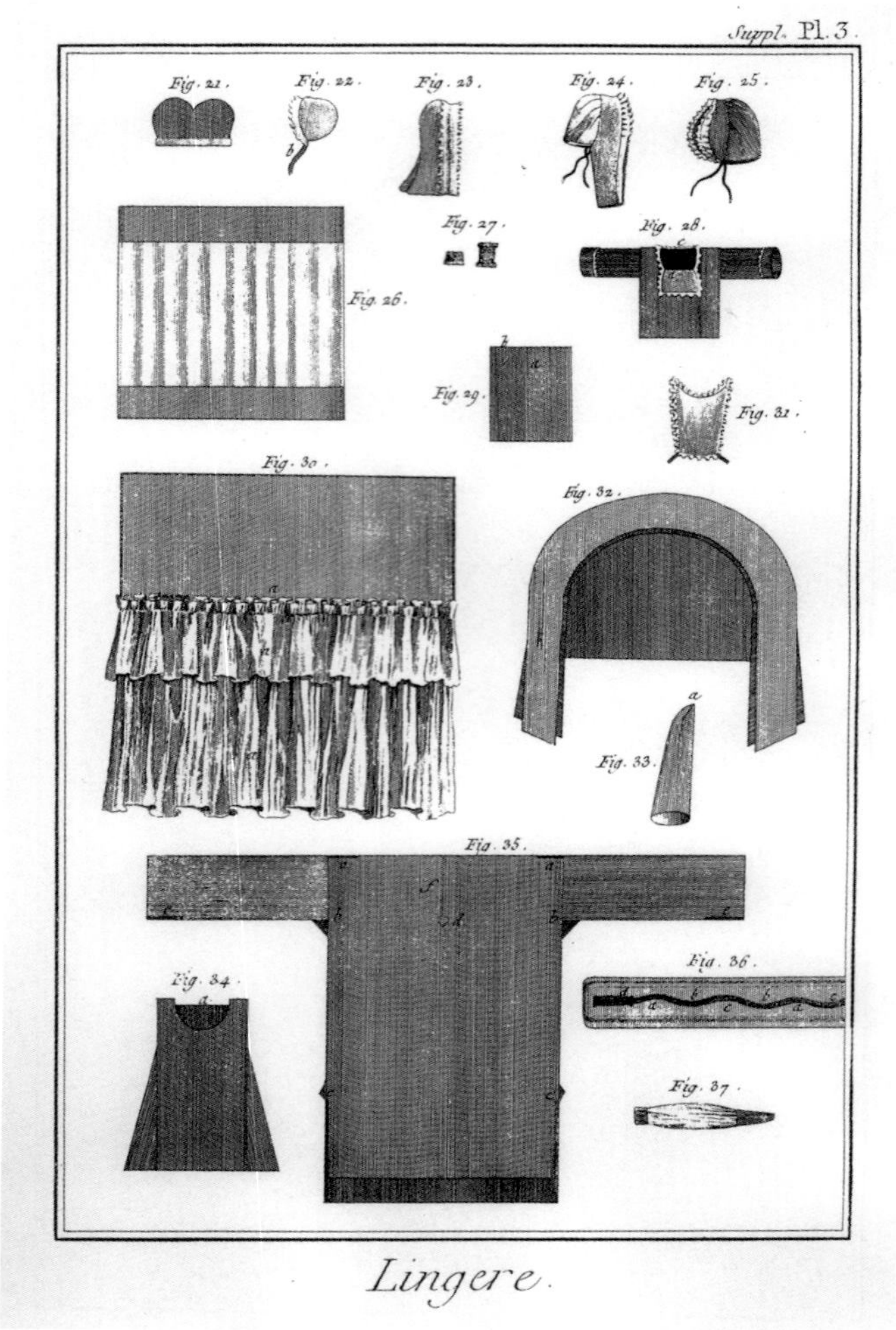

図８．シュミーズの図。Diderot et D'Alembert, *Ibid.*, volumeIV, p.1122.「下着製造販売業者」に関する図解の３枚目。Fig.21 はベギン帽。Fig.22 はベギン帽。Fig.23 は新生児にかぶせる帽子。Fig.24 はナイトキャップ。Fig.25 はボネ。Fig.26 はキルティング加工されたおくるみ。Fig.27 は小さな袖。Fig.28 は袖付胴着。Fig.29 は袖付胴着の布地。Fig.30 はおくるみ。Fig.31 はよだれかけ。Fig.32 はゆりかごの中に敷く布（ドゥス・ダルシェ）。Fig.33 は１歳児の靴下。Fig.34 は１歳児のシュミーズ。Fig.35 は男性用シュミーズ。Fig.36 は装飾されたシュミーズのカフス。Fig.37 は男性用の襟。（*Ibid.*, p. 1078）（「下着製造販売業者」の商品については、付録、史料１参照）

図9. Pierre Rameau, *Le Maître à danser*…, p.24 の挿絵。「帽子を脱ぐための第1図」。図中には「肘を曲げる」と記してある。

図10. *Ibid,* p.25 の挿絵。「帽子の訓練に関する第2のポーズ」。図中には「腕がたどる道」と記してある。

図11. *Ibid,* p.26 の挿絵。「体の脇に帽子を構える方法」。帽子の脱ぎ方の第3図。

図12. *Ibid,* p.29 の挿絵。「正面から見た前への挨拶の最初のポーズ」。

いずれも著者ラモーによる版画。

図 13. *Ibid,* p.31 の挿絵。「正面から見たお辞儀の第 2 図」。

図 14. *Ibid,* p.32 の挿絵。「横から見たお辞儀の第 2 図」。

図 15. *Ibid,* p.35 の挿絵。「後ろへの挨拶のための第 1 図」。

図 16. *Ibid,* p.36 の挿絵。「後ろへの挨拶のための第 2 図」。

いずれも著者ラモーによる版画。

Homme et Femme prest a faire la premier Reverence avant de Dancer

図 17. *Ibid,* p.62 の挿絵。「ダンスを踊る前にする最初の挨拶のポーズをとる男女」。ラモーによる版画。

図 18. *Ibid* の扉絵。ダンスの前にする挨拶。最初に 1 、2 の場所で帽子をとって挨拶をし、3、4 の場所でも挨拶をしてから踊る。ラモーによる版画。

図 19. ピエトロ・ロンギ《賭博場》、1760 年頃。ヴェネチア、クエリーニ・スタンパリア美術館所蔵。

図 20. ピエトロ・ロンギ《ライオンの見世物小屋》、1762 年。
ヴェネチア、クエリーニ・スタンパリア美術館所蔵。

図 21. ジャック・カロ《ロレーヌの貴族》、
1624 年。神奈川県立近代美術館所蔵。

図 23. ジャン・デュウ・ド・サン・ジャン、《田舎で散歩する貴婦人》、1688 年。文化学園大学図書館所蔵。

図 25. オクタヴィアンによる 1725 年の版画。フランス国立図書館版画室所蔵。
ⓒ Bibliothèque nationale de France.

図 26. アントワーヌ・ヴァトー《ジェルサンの看板》、
1720 年。ベルリン、シャルロッテンブルク城所蔵。

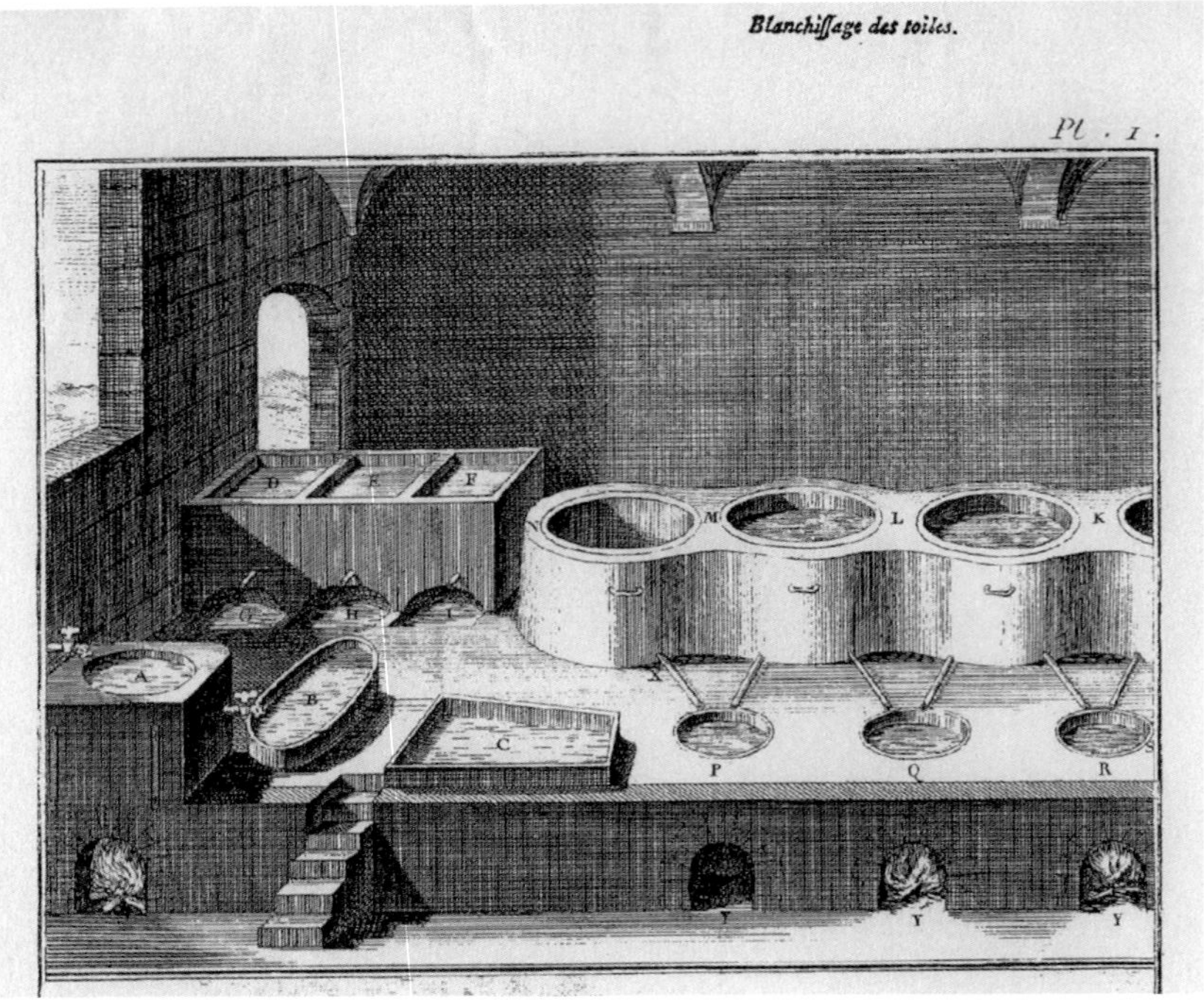

図 27. Diderot et D' Alembert, *op.cit.,* volume IV, p,115.「漂白屋」に関する図解の１枚目。図中の記号 A、B、C…については、付録の史料 4 を参照。

図 28. Diderot et D' Alembert, *ibid.*, volume IV, p,115.「漂白屋」に関する図解。図中の記号 A、B、C…については付録の史料 4 を参照。

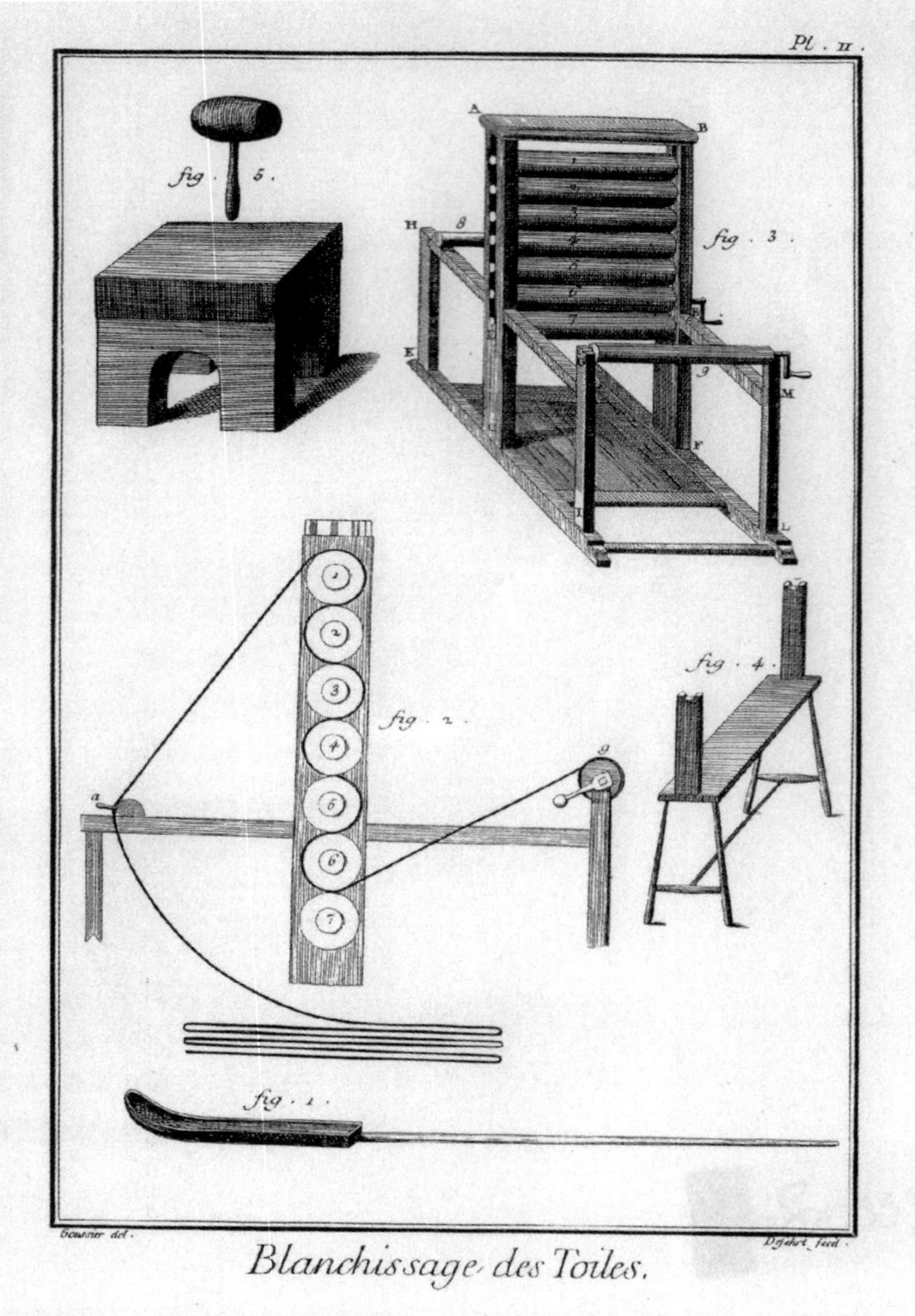

図 29. Diderot et D' Alembert, *ibid.,* volume IV, p,115.「漂白屋」に関する図解の２枚目。Fig.1 は草地で布に水をかける柄杓。Fig.2 は布のしわを伸ばす機械ルロワールの側面図。Fig.3 はルロワール。Fig.4 はポルト・ルロー（ローラーを載せる台）、もしくは束になった布を置く機械。Fig.5 は、マイヨワールという大理石もしくは硬くて滑らかな石の台。この上で束になった布を木槌で叩きつける。

モードの身体史——目次

第Ⅱ部　服装規範――ふるまいの秩序

序論

第1章　問題の射程

本論は、アンシャン・レジーム期の服飾に現れた秩序の表象を、モードの意味の変容を視野に入れつつ、身体論の視点で論じるものである。特に一六三〇年代から一七二〇年代にかけての、およそルイ十四世治世下から彼の死後にわたる時代のフランス社会に見られた服飾の事象が対象である。この時期のフランスは、絶対王政が確立していく時期であり、社会の各方面にわたって、秩序と序列化が推し進められた時代であった。王を特別な存在に押し上げていくこの時代は、身体の快にかかわる奢侈を王に集中させ、奢侈への憧れと渇望を助長していくことによって、社会全体を分断し、階層化、差異化、序列化していこうとする側面をもっていた。この時代特性は、同時代人には皮膚感覚として感じとれるものであったはずである。服飾を通じて、秩序は身体感覚に刻みこまれたのである。

本論でいう秩序とは、フランス語の ordre を念頭におく。ordre は「秩序」であり、「規律」であり、「整理整頓された状態」や「順番」や「序列」であり、この時代であれば、なによりも「身分」を意味する複合的な概念である(1)。この言葉は、しだいに身分秩序を整えるこの時代を語る際の、ひとつのキイワードになる。たとえば、宮廷における

上席権は、ordreを求めたこの時代の顕著な事例である。(2)

本論では、当時の秩序を求める時代精神が、服飾を通して身体に刻みこまれ、受肉化され、個々の人間の日常的な営みの中で絶えず再生産され、そのことによって社会の秩序化を促進する力になっていく図式を、まず描き出す。その後、秩序を構築する手段であった奢侈と快適がより広範に浸透することによって、逆説的に秩序にほころびが生じてきたことを明らかにする。秩序はそれがあるからこそ、そこからの反動や逸脱が起きるものである。

近年盛んな身体論および身体史研究においては、身体をめぐる諸問題が、歴史を考察する上での、ひとつの重要なテーマとして成立するという前提に立ち、身体を通してみた日常のミクロの生活世界から、社会を動かしている経済や政治体制、あるいは信仰の世界を読み解いていくものや、あるいは社会の基盤となる権力秩序の網目がどのようにミクロの世界に入りこんできているのかを論じるものが見られる。(3) 服飾は身体を覆い、身体を隠しつつ顕わにして、身体を常に映し出すものであるのだから、服飾を論じることは身体を論じることに通ずる。身体の視点から社会を論じることが可能であるのと同様に、服飾から社会を論じることも可能なのである。

身体論が広がりを見せるなかで、服飾を手がかりに、身体を論じるものも出てきている。これまで行なわれてきた服飾と身体に関する論考は、十九世紀から二〇世紀を対象としたものが多く、ジェンダーをめぐる問題と、医学的な観点からの議論、さらに身体加工という人間の本能的な欲求とのかかわりを主題にしたものが見られる。(4) しかし、アンシャン・レジーム期における服飾について、身体史の観点から論じたものはわずかしかない。(5) 本論はアンシャン・レジーム期の服飾を身体文化史的観点から論じ、この時期の服飾と身体の領野に新たな視点を投じるものである。

最初に取り上げるテーマは「清潔」である。アンシャン・レジーム期の服飾に見られる秩序の表象は、当時の清潔概念の分析から読み解くことができるからである。清潔論はすでにいくつかの成果を結んできた。特にジョルジュ・ヴィガレロによる研究成果は注目に値する。ヴィガレロは、清潔概念はおよそ一六三〇年代頃から新しい身体感覚として浮上してきた事柄であるが、当時は水を忌避したために白い下着類によって衛生状態が保たれたことを明らかにした。ヴィガレロは、当時の清潔はとくに視覚の問題としてとらえられていたと述べる。清潔を礼儀作法上の問題としてとらえようとした点と、現代の清潔感と当時の清潔感の相違を明らかにした点が意義深いが、ヴィガレロが述べる十七世紀の白い下着による清潔とは、現代の水を必要とする清潔観の代替物としての位置づけがされている。清潔の概念を当時の意味に即して論じているように見えながら、実は、現代の衛生観を根拠に、それに替わるものが何であったかを論じているため、当時の清潔の意味を充分に吟味し尽くしてはいない。現代の概念を過去に投影するアナクロニズムにおちいっている側面があることは否めない。なぜなら、当時の清潔には、衛生観念のみならず、社会の秩序化と深くかかわる問題があった点を見落としているからである。そこで本論では、秩序化とのかかわりから清潔の意味を問い直す。

そのために、まず、当時の清潔の言葉の使われ方を確認しておかねばなるまい。一六二〇年代から一六四〇年代にかけて、propreté「清潔」は propriété「所有、特性、属性」と混同されていた。十七世紀の文法家クロード・ファーヴル・ド・ヴォージュラ（1585～1650）は、一六四七年、用法が混乱していた多くのフランス語の整理を行ない、propreté と propriété の意味と表記を正した。ヴォージュラは当時新しく生まれた概念「清潔」は propreté と表記すべきであると述べた。つまり「衣服や家具をきれいにしたり、礼儀正しく整えたり、装飾したりする気配り」は propreté の概念であり、これを propriété と記すのは誤りであると断じたのである[6]。なぜなら、この二つの語は語源が異なり、propriété は「独自性、所有権」を意味するラテン語の proprietas から、propreté はフランス語の形容詞 propre から生まれたからだとヴォージュラは説明する。propreté の語源である propre はフランス語で、net「きれいな（汚れのない）」と ajusté「ぴったり合った」という意味を持っている。ヴォージュラは、「きれい」で「ふさわしく適切」で「礼儀正しい」状態は propre であり、名詞は propreté を使うべきだと主張した[7]。

つまり、「清潔」propretéは十七世紀に新しく登場した概念であった。「清潔」は現代においては衛生感をともなう概念である。しかし、当時のpropretéは、その経緯からうかがえるように、きれいで汚れのない状態を含意するものの、「特性」や「属性」という意味をもつpropriétéと混じりあって存在していた。本論で問題とする「清潔」は、「汚れがない」、「ぴったりあった」、「ふさわしい」、「礼儀正しい」、「装飾してある」さらには「属性」という意味の総体として存在していたのである。アンシャン・レジーム期の清潔はこのような複合概念であったことを認めなければならない。

それゆえ、本論の第Ⅰ部では、清潔を同時代の概念に即してとらえなおし、清潔概念は、衛生観念以上に礼儀作法上の問題であり、秩序を求める当時の社会を映し出すものであったことを、白いリネン類を手がかりに明らかにする。ヴィガレロも当時の清潔は礼儀作法上のものであることを示唆しているが、不十分な部分があるため、本論ではそこから出発して、清潔とは身体の秩序化に貢献する奢侈であったことを指摘したい。

第Ⅰ部第1章では、文献史料を手がかりにして、当時の清潔の言葉の使われ方の範囲を確定する。

第2章では、当時の多くの礼儀作法書が推奨した白いリネン類の表象を論じる。清潔を保証する白いリネン類、なかでもレースは、奢侈禁止令の中で禁じられ続けた。それはなぜなのか。新しく生まれた感覚作用の快楽である清潔は奢侈に結びつき(8)、清潔な装いを保証する白いリネン類は贅沢品へと発展した。第2章では白いリネン類が奢侈と清潔の意味を合わせもっていたことを指摘し、奢侈禁止令の中で、レースの種類は明確に差別化が行なわれ、白いリネン類であるレースは身分表象の性質を帯びたことを明らかにしたい。また禁令の頻発からは、王以下の者たちがレースをめぐって狂奔していた状況が浮かび上がってくる。王をはじめとする特権階級にとっての清潔は、白いリネン類による身体の序列化に寄与したことを明らかにする。

第3章では、遺体調書の服飾記述分析をもとに、一般庶民にとって清潔が手に届くものであったのかどうか検証する。宮廷人などの特権階級だけではなく、庶民の実態を検討することによって、当時の清潔の意味は立体的に浮かび上がるからである。遺体調書には多くの衣類が記されるが、第3章では「シュミーズ」chemise に着目する。なぜなら、シュミーズは清潔と本質的にかかわる白いリネン類の代表であり、そのうえ、通常は上衣の下に隠れて見えないシュミーズは、遺体調書ならではの検討対象であるからだ。つまり、シュミーズの調査から、白いリネン類と結ぶ清潔の意味を、根幹の部分から問い直すことが可能となる。なぜ白いリネン類が身分表象としての意味合いを担ってきたのか、赤褐色の下着の分析から明らかにしたい。特権階級の文化を語ってきた従来の服飾史では、この時期の下着は白であるとするのが定説であり[9]、赤褐色の下着の存在を指摘した先行研究は見られない。そこで、その実態解明を行ない、背景にある漂白と洗濯の文化を明らかにすることによって、当時の清潔において重視される白さの意義を論じたい。

以上のように、第Ⅰ部では清潔という身体感覚の、アンシャン・レジーム期における時代的意義を、白いリネン類を中心に解き明かす。そこから浮かび上がるのは、社会の秩序化の動きが白いリネン類である下着を通じて身体に刷りこまれた点である。それは宮廷を中心とする特権階級のみが享受できた秩序ということもできる。当時の清潔とは礼儀作法の根幹にかかわる身体表現なのであり、本質的に身分秩序を支えるための外見を整え自覚させるものとして機能したことを明らかにする。

第Ⅱ部では、礼儀作法、つまり服装規範を分析する。本論では服装規範によって、社会（とりわけ宮廷社会）の秩序が保たれ、あるいは形成されたことを、特に帽子の作法の分析によって読み解く。礼儀作法がアンシャン・レジーム期を語るうえで重要な主題であることは、すでに多くの歴史家が指摘している。しかし、ノルベルト・エリアスやロベール・ミュシャンブレによって礼儀作法は注目され[10]、アラン・モンタンドンを中心とするクレルモン・フェラン大学の研究グループによって作法書研究は進められているものの[11]、多くは個別具体例に関する詳細な検討にまでは立ち入らなかった。さらに、礼儀作法のなかでも、当時のモードとかかわる服装規範について、詳細に検討した論文は見られない。本質的に身体技法である服装規範は、別の言葉で言えば「行儀作法」であり、うわべだけのものとして軽視されてきた。[12] しかし、服装規範が、現実に生きていた人びとにとって、日常生活での細かなふるまいを規定していた以上、瑣末なものとして片づけられるものではない。それこそが当時の人びとの生活実践であり、生き方になるからだ。たとえば、王や宮廷の儀礼の中では、ふるまいや衣服の細かな点に至る作法は重要な意味を担っている。[13] それゆえ、服装規範は、時代を読み解くためのひとつの重要な対象であり、検討の余地は大きいと言わねばなるまい。

第Ⅱ部第1章では服装規範の全体像を概観する。十七世紀の服装規範がモードと連動していた側面を指摘する。

第2章では、アンシャン・レジーム期に出版された代表的な礼儀作法書に見られる帽子の作法を取り上げる。帽子に着目するのは、そこに当時の服装規範の基本理念を読むことができるからである。また、アンシャン・レジーム期における帽子をめぐるふるまいの特異性は、すでに歴史家の関心を引いており、[14] 帽子の作法を考察することによって、ひとつの新たな見解を加えることができるからである。帽子の作法が、身分階層のふるまいの差異を決定づけるものとして機能したことを指摘したい。

第3章では、帽子の作法の身体所作を具体的に明らかにし、その意味を論じる。帽子の作法の基本は、自分より身分の高い人の前で敬意を表して脱帽することであったが、その行為にはしかるべき所作が求められた。礼儀作法書は、帽子の脱ぎ方があること、特に「優雅なしかるべき脱ぎ方」があったことを指摘する。[15] 理想とされる帽子の脱ぎ方の、具体的な動作について作法書は言及していないのだが、その所作自体が重要な意味を担っていたことは、作法書の言説に照らして明らかである。また、この所作は、ダンスの訓練の中で体得されるものであったため、一般民衆のものではないことも明らかである。本章では、ダンスの教本を史料として、帽子を用いた身体表現の意味を探ることになる。

ミュシャンブレは、十六世紀から十七世紀にかけて徐々に礼儀作法を受容した人びとと、そうでない人びととのふるまいの差別化が進み、断絶が起きてきたと述べる。[16] 作法書の膨大な出版量と広まりとともに、微妙な差異が創出されたという。それは、むしろ、一部の社会的エリート層が、自分たちの行動特性の卓越化を図ろうとして努力をした結果にほかならない。つまり、作法書が明文化していない、差異化の実現のための洗練された身体表現にこそ、礼儀作法の極意と目的があったのは間違いない。その顕著な事例が帽子をめぐるふるまいであったことを指摘したい。

第Ⅱ部では、帽子によって身体が制御され、秩序立てられてきたことと、帽子が介在することで、身体の序列化が実現し、社会秩序が常に確認され維持されたことを跡づける。男性の帽子は身体の秩序化を約束するものとして機能し、ふるまいを階層化することに貢献した。それは日常生活の中で、常に再生産され、宮廷を中心とする社会秩序を生み、かつ支えていくものとなっていた。しかし、いっぽうで、秩序は簡単に社会の下の階層にまで行きわたるものではなく、反発や曲解が行なわれたことも理解できる。

第Ⅲ部では、社会全体、特に宮廷社会において、秩序化が強く推し進められる一方で、秩序の揺らぎや逸脱の現象も生じていたことを指摘する。十七世紀におけるモードとは、宮廷の慣習であり宮廷規範を指し示していたため、秩序そのものでもあったのだが、十八世紀初期になると、モードは秩序から離れていった。言葉の意味において、モードは徐々に宮廷規範ではなく、気まぐれに支配された日々の服装の変化ととらえられていくようになる。[17] 秩序に支配されていたモードがそこから逸脱していく典型例が、女性の仮面モードと、一七二〇年頃に顕著になった部屋着モードである。このふたつの事例から、秩序化を生み出した奢侈や快適さが、私的な領域に拡大する中で、逆のベクトルへ働く結果を生んだことが見えてくる。

まず、第1章では女性の仮面モードを論じる。女性の身体作法として、唯一作法書に記されたのは、仮面の作法であった。つまり、女性にとって、ふるまいを規定し、身体の統御と秩序化にかかわった服飾は、仮面であった。男性の帽子と同様の現象を仮面モードに認めることができる。つまり、仮面も男性の帽子の作法と同様、身分の上下の確認作業を伴うものであり、女性の身体性のコントロールと制御を要請するものであったが、女性の仮面は、人目から逃れる反社会的な行動をも許すものとして機能していた。本来祝祭的な性格をもつ仮面は、女性の日常生活の必需品であり、女性に固有のふるまいを生んでいた。仮面は秩序を要求しつつ、逸脱も許す。仮面は貴族女性にのみ許された風俗であるからこそ、作法が存在したとも言える。社会的規範としての作法を要求しつつ、身分ある女性に、規範を乗り越えるふるまいを許す。身体に制約を与えつつ、自由なふるまいを可能にさせ、日常的な空間と祝祭的な空間の越境を実現する。女性の仮面モードには、仮面ならではの両義性が見られるのである。

さらに秩序から大きく逸脱し、秩序紊乱の可能性さえ孕んだ現象は、第2章の部屋着モードに見ることができる。ルイ十四世の死後、服装規範は次第に崩れはじめた。すでに述べているように、一六三〇年代から十七世紀後半にかけて、モードは常に宮廷規範と背中合わせで歩んできた側面がある。そのことは、作法書が再三再四、礼儀作法にかなった装いのためにはモードにしたがうべきだと説くことから明らかである[18]。礼儀作法とモードは連携している部分が十七世紀にはあったのである。しかし、その関係がルイ十四世死後に次第に薄れていく。その顕著な事例が部屋着モードであった。

十八世紀初期の部屋着の流行は、「快適」を求めるゆえのものであったが、それを当時の作法書は斥けた。個人的な身体感覚の快適を誰もが自由に求めることは、王を頂点とする快の感覚のヒエラルキーを生んだ作法書が意図するものではない。なぜなら、作法書は、本来、宮廷におけるふるまいの基準を明文化したものであり、宮廷を中心とする公的秩序を実現するために普及したものであったからである。それゆえ、モードが宮廷の秩序を支える限りにおいて、作法書はモードを擁護するのであった。

しかし、部屋着は身体を統御するものではなく、私的な趣味の領域の贅沢にかかわり、身体性を開放する衣服である。そして、快適の追究は官能性に結びついたがゆえに、いっそう危険視された。リン・ハントによれば、啓蒙の時代である十八世紀において、あからさまなエロティシズムは、危険思想である自由思想や哲学、あるいは啓蒙思想と結び付けられており、官能性の発露は、それ自体、秩序転覆を含意した[19]。エロティシズムを刺激する部屋着は、これらを喚起させる表象として機能していた。

このような部屋着モードに象徴される身体の規範乖離は、アンシャン・レジーム期後半の秩序瓦解を予兆するひとつの現象と言えるだろう。権力と結ぶ秩序を揺るがせる部屋着、それをめぐるふるまいとモードを支える心性は、フランス革命を支えた精神的土壌形成に寄与した可能性がある。

以上のように、本論の目的は、アンシャン・レジーム期の服飾から、身体感覚に刷りこまれようとした社会秩序をめぐる表象を読み解くことである。第Ⅰ部の白いリネン類による清潔、第Ⅱ部の帽子の作法、第Ⅲ部の仮面と部屋着のモードを論じることによって、アンシャン・レジーム期フランスの王権強化のために必要であった秩序を、身体感覚の問題としてとらえて論じる。

注

1 Furetière, *Dictionnaire de Furetière*, (1690), SNL-le Robert, Paris, 1978, non pagination.

2 ノルベルト・エリアス『宮廷社会』波田節夫・中埜芳之・吉田正勝訳、法政大学出版局、一九八一年〔以下『宮廷社会』と略す〕。二宮宏之「王の儀礼―フランス絶対王政」『シリーズ世界史への問い7―権威と権力』所収、岩波書店、一九九〇年、一二九～一五八頁〔以下、「王の儀礼」と略す〕。今村真介『王権の修辞学―フランス王の演出装置を読む』講談社、二〇〇四年。小山啓子『フランス・ルネサンス王政と都市社会―リヨンを中心として』九州大学出版会、二〇〇六年。Frédérique Leferme-Falguières, «Corps modelé, corps contraint : Les courtisans et les normes du paraître», in *Cultures de cour, cultures du corps XIVe-XVIIIe siècle*, C. Lanoë, M. da Vinha et B. Lauriox (dir.) PUPS, Paris, 2011, pp.127-150.

3 Alain Corbin, Jean-Jacques Courtine et Georges Vigarello, *Histoire du corps, 1. De la Renaissance aux Lumières, 2. De la Révolution à la*

Grande Guerre, Seuil, Paris, 2005.（A・コルバン、J・J・クルティーヌ、G・ヴィガレロ編『身体の歴史（全3巻）』小倉孝誠・鷲見洋一・岑村傑訳、藤原書店、二〇一〇年）。

4 Bernard Rudofsky, *The Unfashionable Human Body*, Anchor Presse, N.Y., 1971.（バーナード・ルドフスキー『みっともない人体』加藤秀俊・多田道太郎訳、鹿島出版会、一九七九年）。フィリップ・ペロー『衣服のアルケオロジー—服装から見た十九世紀フランス社会の差異構造』大矢タカヤス訳、文化出版局、一九八五年。スティーヴン・カーン『肉体の文化史—体構造と宿命』喜多迅鷹・喜多元子訳、法政大学出版局、一九八九年。B・S・ターナー『身体と文化—身体社会学試論』小口信吉他訳、文化書房博文社、一九九九年。京都造形芸術大学編『モードと身体』角川書店、二〇〇三年。中西希和「二〇世紀ファッションの生成の背景としてのバレエ・リュス—ニジンスキーの「牧神」における身体性」『服飾文化学会誌』vol.5, no.1, 二〇〇四年、四一～四九頁。『Dresstudy』二〇〇六年、春号、vol.49　財団法人京都服飾文化研究財団。『時代を着る—ファッション研究誌『Dresstudy』アンソロジー』財団法人京都服飾文化研究財団、二〇〇八年。新實五穂『社会表象としての服飾—近代フランスにおける異性装の研究』東信堂、二〇一〇年。本書の元となる博士論文を執筆する時には参照できなかったが、最近発表された身体と服飾に関わる研究には次のものがある。武田佐知子『着衣する身体と女性の周縁化』思文閣出版、二〇一二年。徳井淑子『涙と眼の文化史—中世ヨーロッパの標章と恋愛思想』東信堂、二〇一二年。

5 F. Leferme-Falguières, *op.cit.*

6 Claude Favre de Vaugelas, *Remarque sur la Langue Françoise*, (1647), J.Streicher (réédité par), Slatkine Reprints, Genève, 1970, p.5.
［訳文は筆者による。以下、本書中で、特にことわっていない訳文は、すべて同様に筆者によるもの］。

7 *Ibid.*, pp.5-6. 原文では「きれい、汚れのない」は net、「ふさわしい」は convenable、「礼儀正しい」は bienséance である。

8 Philippe Perrot, *Le luxe, une richesse entre faste et confort XVIIIe-XIXe siècle*, Seuil, Paris, 1995, p.32.

9 Madeleine Delpierre, *Se vêtir au XVIIIe siècle*, Adam Biro, Paris, 1996, p.48.

10 ノルベルト・エリアス『文明化の過程（上）—ヨーロッパ上流階層の風俗の変遷』赤井慧爾・中村元保・吉田正勝訳、法政大学出版会、一九七七年［以下『文明化の過程』と略す］。ロベール・ミュシャンブレ『近代人の誕生—フランス民衆社会と習俗の文明化』

石井洋二郎訳、筑摩書房、一九九二年。

11 Alain Montandon (sous la direction de), *Bibliographie des traités de savoir vivre en Europe*, le Centre de recherches sur les litteratures modernes et contemporaines, Clermont-Ferrand, 1995.

12 増田都希「十八世紀フランスにおける「交際社会」の確立――十八世紀フランスの処世術論」一橋大学大学院、博士学位論文、二〇〇七年。

13 二宮宏之「王の儀礼」。今村真介、前掲書。

14 芹生尚子「帽子をめぐる暴力―アンシアン・レジーム末期バ＝ラングドック地方における「民衆心性」」『思想』八七七号、岩波書店、一九九七年、一〇五～一二九頁。Nicole Castan, *Les criminels de Languedoc : Les exigences d'ordre et les voies du ressentiment dans une société pré-révolutionnaire* (1750-1790), Association des publications de l'Université de Toulouse-Le Mirail, Toulouse, 1980, p.206 ; Michael Sonenscher, *The Hatters of Eighteenth-Century France*, University of California Press, Berkeley, 1987, pp.12-17.

15 Antoine de Courtin, *Traité de la civilité nouvellement dressé d'une manière exacte & méthodique & suivant les règles de l'usage vivant*, Lyon, 1681, p.54.［以下では Traité de la civilité と略す］.

16 ミュシャンブレ、前掲書、一四一～二二二頁。

17 Furetière, *op.cit* ; *Le Dctionnaire de l'Académie Française*, (1762) ; Diderot et D'Alembert, *Encyclopédie, ou Dictionnaire raisonné des sciences, des arts et des métiers*, (Paris, 1751-1762), Readex Microprint Corporation, New York, 1969. それぞれの mode の項目参照。

18 Nicolas Faret, *L'honnête homme ou l'art de plaire à la cour*, Paris, (1630), M. Magendie (réédité par), Slatkine Reprints, Genève, 1970 ; Antoine de Courtin, *Nouveau traité de la civilité qui se pratique en France parmi les honnêtes gens*, (1671), Publications de l'Université de Saint- Étienne, 1998［以下では、*Nouveau traité de la civilité* と略す］.

19 リン・ハント編著『ポルノグラフィの発明―猥褻と近代の起源、一五〇〇年から一八〇〇年へ』正岡和恵・末廣幹・吉原ゆかり訳、ありな書房、二〇〇二年。ロバート・ダーントン『禁じられたベストセラー―革命前のフランス人は何を読んでいたか』近藤朱蔵訳、新曜社、二〇〇五年。

第2章　先行研究

本論は服飾の表象を身体史的手法によって読み解くため、歴史学の成果から多くの示唆を受けている。身体史の重要性は、一九七四年、ジャック・ル・ゴフとピエール・ノラによって監修された『歴史の作法』の第三巻において、指摘されていた。(1) この第三巻には「新しい主題」というタイトルがついており、歴史家の取り組むべき新しい対象として十二項目のテーマが挙げられていたが、そのひとつが「身体」であった。(2)『歴史の作法』は歴史人類学的な関心にもとづいた歴史学を提示しようとしたもので、「身体」のほかに挙げられたテーマの中には、「無意識」と「心性」が含まれる。肉体と精神の双方を包括する身体のテーマが、このとき新たに取り上げられたのである。これを受けた形で、イギリス史学においても、ピーター・バークらによって提唱された「ニュー・ヒストリー」では、やはり「身体の歴史」を歴史学の新しいテーマとして見据えている。(3) とはいえ、ル・ゴフは二〇〇三年になってもなお、著書『中世の身体』の冒頭で、「歴史と歴史家たちは身体を忘れ去った」と述べ、身体史の成果が乏しいことを慨嘆しており、(4) 身体史研究はいまだ研究の余地が大きく残されていることを示唆した。その後、「身体」を論じる機運は高まり、代表的なものとしては、フランスでは二〇〇五年にアラン・コルバンやジョルジュ・ヴィガレロらの編んだ『身体の歴史』全2巻が出版され、(5)日本においても同年『叢書身体と文化』全3巻が鷲田清一と野村雅一による編集で刊行された。(6)

これらの議論は、ロベール・マンドルーがすでに提示していた理論を発展させた成果であるといえるだろう。マンドルーは『近世フランス序論—歴史心理学の試み』（一九六〇年）において、「からだ」と「こころ」の視点を用いて、十六世紀から十七世紀半ばまでのフランス社会を読み解いている。(7)マンドルーは第一部「人間の尺度」において、「肉体としての人間」と「心としての人間」というテーマで論じ、身体の側面から、フランス近世に生きた人びとの特性を分析したうえで、第二部において「社会環境」へと議論を進めた。身体理解から、身体の集合体である社会の結合関係へと展開し、まず夫婦、家族、さらに身分や階級、地域や国家へと、分析を広げていった。

また二宮宏之も、歴史とは過去の人間の営みを読み解くものであるのだから、その源である人間の「からだ」と「こころ」に引き戻して、歴史学の諸問題を整序することが必要であると述べ、(8)「からだ」と「こころ」の相関関係の延長線上に、社会とのかかわり、つまりソシアビリテとしての世間との「きずな」や「しがらみ」は見えてくると述べた。身体の営みは人間の日常生活の営みであるため、二宮がいう「生活世界から権力秩序へ」という視点は、身体をテーマに歴史を論ずる際の基本姿勢であるといえる。(9)

これまでの身体史が扱ってきた主題は、ペストの流行のように、身体のみならず社会基盤そのものに大きな影響を及ぼした「病気」、(10)歴史人口学的関心にもとづいた「性」にかかわる諸問題、(11)マルセル・モースによって打ち出された「身振り」をめぐる文化現象、(12)アラン・コルバンらによって精力的に展開されている「感性」をめぐる問題であった。(13)最近の成果であるコルバンとヴィガレロによる『身体の歴史』において扱われている主題は、キリスト教会における身体の問題、とくにキリストの聖体や、性やセクシャリテ、身体訓練、健康と病、王の身体、(14)さらにフィクション中の非人間的な身体である怪物というように、新たな広がりを見せつつある。[15]そのような中で、二〇一一年に刊行されたカトリーヌ・ラノエらによる『十四世紀から十八世紀の宮廷文化、身体文化』は、ヨーロッパの中世から近世にまたがる宮廷社会における、衛生、健康、美容、そして身体表象の問題を扱った論文集として注目に値する。[16]その扱う主題は本書のテーマと極めて近接している。ラノエらのこの論文集は、二〇〇七年から二〇〇九年にかけて、ヴェルサイユ宮殿において行なわれたシンポジウムの成果を集成したものであり、ヨーロッパの少なからぬ研究者によって、身体史の視点から宮廷文化を読み解こうとする機運が高まってきていることがうかがえる。今後の発展が期待されるところである。

本書第Ⅰ部で扱う清潔をめぐる諸問題、そして第Ⅱ部と第Ⅲ部で扱うふるまいの表象は、身体史における感性の歴史の一翼を担うテーマである。なぜなら、清潔も服装規範にともなうふるまいも、人間の感覚、知覚、心性と深くかかわる事象だからである。[17]

これまで清潔論は衛生論に近い内容で発展してきた。すでに述べたように、アンシャン・レジーム期の清潔の意味を正確にとらえて論じたものは極めて少ないと言わざるをえない。

最も古い清潔論はアルフレッド・フランクランによるものであろう。[18]『十三世紀から十九世紀までの作法とエチケットとモードと良き趣味』(一九〇八年)の第1巻において清潔論を展開した。「清潔」を「礼儀作法」における筆頭のテーマと位置づけて、第1章を割り当て、内容としては衛生問題の歴史を十三世紀から時代を追って論じている。フランクランの代表作『昔の私生活』シリーズには「衛生」の巻(一八九〇年)があり、[19]これを概括した内容でもある。清潔であることは身体に関心を持つことにつながり、官能主義と結びつくため、中世におけるキリスト教は長らくこれを拒んできたのだという指摘から始まり、一方で蒸し風呂屋で客をもてなす文化の存在や、髪の毛や歯のケアの変遷や、他人に不快な思いをさせないという観点から生まれた洟のかみ方などのエチケット、近世になって「床屋外科医」の医療行為がしだいに制限されていく過程や、風呂屋の歴史、トイレの歴史等を、時代を追って述べている。清潔観とリネン類の関係を示唆している部分もある。(20)

オギュスタン・カバネスの『過去の私的な生活習慣』（一九二二〜一九二四年）もフランクランと同様の関心にもとづいて、一部を過去の衛生問題に割いている。(21) 第一巻では、鼻や髪、口や手の衛生問題、とくに洟のかみ方や口のゆすぎ方、歯の衛生（つまり歯ブラシについて）、さらに家屋や街路の都市の衛生問題を扱っており、第二巻は世界各国の風呂の歴史になっている。第一巻の目次を見ると、「清潔」と「衛生」の語が同程度に現れており、両概念を同等の衛生概念でとらえ、論理展開している。つまりここでも身体と公衆の衛生史になっているといってよい。

このように十九世紀末から見られる清潔研究において、それが衛生問題として語られてきた背景には、十九世紀の社会事情が関係していると思われる。一五七五年に初めて「衛生」hygièneという語が生まれ、(22) 長らく健康を維持増進するための医学的処置のことを指していたが、十九世紀になって、現在考えるような健康状態を維持するために役立つ装置あるいは知識の集大成を意味するようになり、あらためて「衛生」は注目されてきたからである。衛生学が誕生するのが十九世紀であり、(23) フランクランとカバネスの著作は、十九世紀に生まれたこの衛生観にもとづく関心の上に立って、過去の清潔事情を論じているのである。

おそらく十九世紀の人びとにとって、十七世紀の衛生状態の極度に未発達な様子が、一種の好奇の対象となっていた。十九世紀人にとってのpropretéと十七世紀人にとってのpropretéはあまりに乖離していた。その点に対する知的関心が、過去の衛生問題を学問的に跡づける契機になっただろう。なぜなら、十七世紀の礼儀作法書、シャルル・ソレル（1582?〜1674）の『ギャラントリーの法則』（初版一六四二年）が十九世紀に再版された際、編者のルドヴィク・ラランヌ（生没年不詳）は、序文の中で、十七世紀の衛生状態はあまりに未熟な段階にあると指摘し、驚きを禁じえないと述べているからである。彼はバルザック（1799〜1850）の『優雅な生活論』（一八五三年）(24) と比較しつつ次のように述べた。

彼［バルザック］にとって、エレガンスとは肉体と精神の双方にかかわるものであるが、その先駆者は、X先生［ソレル］もいうように、足元から頭の上まで飾り立ててはいるのだが、ほとんどケダモノのようである。とりわけ、十一ページで十七世紀の作者が行なっている忠告は、われわれの時代の優雅な人士にはあまりに奇異なものに映る。「時折からだをキレイにするために風呂屋にいきなさい。毎日石鹸で手を洗いなさい。同様にしばしば顔を洗うべきです」など。これらの奇妙な教えは今日では母親が小さな子どもに与えるものだ。(25)

このように指摘した上で、ラランヌは、十六世紀後半から十七世紀前半にかけてのフランスでは、相次ぐ戦乱の影響で、清潔の習慣が廃れてしまったのだと嘆く。(26) それゆえ、ラランヌのいう清潔とは、衛生問題に絞られている。ラランヌは十九世紀において当たり前となっている清潔観をもとに、十七世紀にはそれが欠如していることを素朴に慨嘆しており、十七世紀の清潔が当時とは趣の異なる概念であったことには気づいていない。

しかしいずれにせよ、十九世紀人にとって奇異なものに映った十七世紀の清潔・衛生状況は、学問的な関心の的になりえた。二〇世紀になってからも同様に、衛生問題の歴史は研究者の関心を引き続けた。たとえば、洟のかみ方とハンカチーフの普及の道のりに、同じく衛生観念の変化を見たのは、社会学者エリアスの『文明化の過程』（一九六九年）である。(27)

この流れの延長線上に、ジョルジュ・ヴィガレロをはじめとする一九八〇年代以降に現れた複数の論考が存在する。(28) まずヴィガレロによる『清潔になる〈私〉—身体管理の文化誌』（一九八五年）は清潔の内容そのものを時代に即してとらえなおし、これまでの清潔論に一定の進展を見せた。(29) その結果、propreté を衛生の装置と見なすのではなく、身体と外見をいかに整えるかという礼儀作法上の問題としてとらえ、身体管理の観点から論じたものになっている。具体的には、近世とりわけ十七世紀における清潔とは、ペストの流行を恐れるあまり、水を介さないものとなって、白い下着類を取り替えることによって、清潔が維持されたのだという画期的な指摘を行なった。当時の人びとの身体感覚としての清潔が明解に描き出されたのである。しかし、propreté の重要な部分に、秩序すなわち身分に対応した身なりを整えることが含まれている点と、モードと深く結んでいた点があることについては指摘されていない。

ネド・リヴァルの『清潔と身体管理に関する逸話的な歴史』（一九八六年）は、見開き部分の表題において、「洗濯と身体管理の歴史」とも記されている通り、清潔の問題の中でも、とりわけ洗濯と漂白の歴史に関して、多くの文献を渉猟し、大きな時間的流れの中で跡づけたものである。[30] ヴィガレロの論も援用し、身体管理・衛生の分野にも言及しているが、洗濯をめぐる社会事情、洗濯女の風俗などを古代から現代にかけて概観している点が評価されるべき成果である。

先述のラノエらによる『宮廷文化、身体文化』においても収められている論文のうち多くは、ヨーロッパの宮廷および王家の衛生、身体管理を扱ったものになっているが、これらも、以上の研究史の流れの延長線上にある成果にほかならない。[31]

以上のように、これまでの「清潔」論は衛生観念の歴史、身体管理と公衆衛生の歴史の文脈の中で語られ発展してきた。[32] 過去の時代における現代と異なる清潔の様相が、どのように変遷し今に至っているかが論じられてきた。そのなかで、ヴィガレロは、不十分な点は残しながらも、対象とする時代における清潔の概念をとらえなおそうとした。

これまでの清潔論が、現在に至る衛生観念の道程を描いてきたこと自体には意義があり、大きな成果を見たといえる。しかし、すでに述べたように、当時の「清潔」の全容について十分に検討し尽くしてはいない。十七世紀に限っていうならば、「清潔」には、衛生的な側面はないわけではないが、むしろ二次的な側面にすぎず、清潔の主たる概念は礼儀作法にかなう外見を整えることであった。礼儀作法は本質的に公的秩序に従うことである。それゆえに、清潔には秩序化の意味が色濃く投影されるものとなっていた。その上、清潔はモードとも結ぶ概念であった。これらの部分にも光を当てなければ、当時の清潔の真意を掴むことはできない。現代人の知る清潔とは異なる世界が、アンシャン・レジーム期の清潔にはある。現代の清潔と切り離し、時代に即して清潔の意味を再構築しなければならず、本論第Ⅰ部はそのことを主たる眼目とする。

第Ⅱ部と第Ⅲ部で論じる礼儀作法については、これまでも少なからぬ歴史家が注目をしてきている。なぜなら礼儀作法は、当時の人間の身体行動、ふるまい、感性の特性を映し出しているからである。しかし服装規範について論じたものは見られない。

礼儀作法の歴史に最初に着目したのは、ドイツの社会学者ノルベルト・エリアスの『文明化の過程』(一九六九年)である。エリアスは、中世に端を発し、とりわけ十七世紀を中心に出版が相次いだ礼儀作法書をひもとき、これらの作法書の分析から、この時代に徐々に習俗が洗練されていったことを明らかにした。特に絶対王政が整えられた十七世紀フランスにおいて、膨大な量の礼儀作法書が出版されたことに言及し、この時期の大きな特徴を成すことを指摘している。エリアスの成果は、アンシャン・レジーム期のフランス宮廷を中心に作られた礼儀作法が、同時代人の感性と行動様式を徐々に洗練していった道のりが近代であるという図式を描きだしたことである。この図式は、後の歴史家たちに多大な影響を与え続けている。

さらに、エリアスは『宮廷社会』(一九六九年)においては、ルイ十四世治世下の宮廷社会を対象に、大きな枠組みである社会システムや人間の相互依存の網目のなかに、人間が組みこまれている様子を描き出した(33)。ルイ十四世のような強大な権力をもった人間でさえ、社会の網目から決して自由にはなれなかったと喝破した。このように、エリアスは、社会構造の中に、知らず知らずに人間が縛り付けられ、否応なしに拘束されていく宮廷社会という特異なシステムを解明した。この議論は図式的すぎる側面もあるかもしれないが、アンシャン・レジーム期の社会の特質をとらえているのは間違いない。

エリアスが指摘するように、十六世紀頃に現れ、十七世紀以降大量に出版されたあらゆる礼儀作法書の類が、身体の秩序化に貢献したのは間違いない。それをエリアスは「文明化」という言葉で説明した。エリアスのいう「文明化」とは、フランス語では「文明化する」civiliser という動詞から派生した civilisation という概念を指している。エリアスによれば、この言葉は一七五〇年代にミラボーによって初めて文献上に登場した言葉であり、この文献を用いて、エリアスは次のように説明している。つまり「ある国民の文明化とは、そのふるまいの抑制、洗練された態度、上品さ、そして、その国民の中で礼儀作法が細かい法律の代わりをするようにみんなが心得ている知識」であり、その源は基本的に宮廷風俗で、いわゆる礼儀正しさや上品な社交形式と考えられるものである[34]。この事象が宮廷社会から広がっていくのは、「文明化」civilisation という語の誕生する十八世紀後半よりも、かなり早い時期であった。「文明化」の言葉の根底には、後の時代の人間から見て、宮廷人のふるまいのモデルがいかに周辺の人間に影響を及ぼしていったか、という視点がうかがえる。本書で扱う事象は、エリアスの論じた事象と基本的に重なるものであるが、同じ事象を同時代の概念に即した秩序化の現象ととらえて読み解くことにしたい。

エリアスが宮廷社会を取り上げたのに対し、歴史家ロベール・ミュシャンブレは、著書『近代人の誕生』（一九八八年）で民衆社会に目を向け、礼儀作法のコードは反発されたり部分的に受容されたりしながら民衆を文明化していったとする論を展開した。それだけでなく、ミュシャンブレはエリアスの文明化の過程論に、ひとつの重要なニュアンスを付け加えた。礼儀作法には習俗を近代化する働きだけでなく、特権階級と庶民の差異を広げる機能があり、礼儀作法によって上下に次々と重なる差異の連鎖が生じて、そこから取り残される人びとが生まれるに至ったという指摘である[35]。

ミュシャンブレのこの論は参照すべき点がある。なぜなら、アンシャン・レジーム期に続々と現れた各種の礼儀作法書を見るかぎり、礼儀作法は民衆の習俗を近代化する意図を内包しているというより、特権階級とそれ以外の人びととの間の行動様式の差異をつくりだすことに重点が置かれていたと思われるからである。もとより礼儀作法は、日々の何気ない行動様式を規定するものである。その考察は、作法書の内容がどの階層にまで知られ、それぞれの階層が作法にかなう身体行動をどれだけ体得したかにまで及ばなければならない。マクロ的に見れば、洗練化が促進されたり差異の溝が広がったりすることも、ミクロ的に見れば、個人が行なう日常の身体行動の積み重ねでしかない。それらひとつひとつを丹念に拾い上げていくことが、当時の礼儀作法の本質理解に至る道であろう。それゆえ、服装規範を論じることには意味があるのである。

このようなミクロの日常行動の差異を分析したのは、ピエール・ブルデューの『ディスタンクシオン』(一九七九年)[36]であった。ブルデューはアンシャン・レジーム期を論じてはいないが、一九六〇、七〇年代のフランス社会を対象に、日常の慣習行動の中に、社会階級間の差異を読み解いたものである。ブルデューが行なったようなアンケート調査を、アンシャン・レジーム期を対象に行なうことは不可能だが、その問題意識の方向性からは学ぶ点は多い。さらにブルデューのハビトゥス概念は示唆に富んでいる。ハビトゥス概念とは、人間の日常の慣習行動は、各人が帰属している階級や集団に特有の行動や知覚によって、方向づけられ規定されながら再生産されていくものであるという理論である。これを、衣服を着る行為に当てはめるならば、人間は自分の生きている社会・文化の中で是認され、とりわけ自分が帰属している社会集団の中で習慣となっているものの中から、服装を選ぶことしかできない。そのような装い習慣を絶えずくり返していくことで、社会慣習を受肉化していくことになる。装いを整えることで、社会に順応し、そこに拘束されていく行為を再生産し続けると考えられる。同じように、礼儀作法の中でも、服装規範によって、身体感覚やふるまいは規定され、統制され、当時の社会の要請が身体に刷りこまれていったと考えることができるだろう。

さらに、秩序と人間の身体について考察する際、ミシェル・フーコーが『監獄の誕生』（原著初版一九七五年）の中で提示している理論も重要である。[37] フーコーは監獄や学校を例にあげ、公的な権力が、たとえば教育を通して身体に刷りこまれ、身体が秩序立てられていくことを述べているからである。フーコーによれば、秩序化とは、すなわち支配することでもあり、権力が身体に浸透していく形を描き出した。フーコー自身、エリアスの理論を随所に援用しており、その議論はエリアスを意識したものにもなっている。

しかし、身体と服飾について論じた最近の成果としてあげられるジョアン・エントウィスルの『ファッションと身体』（原著初版二〇〇〇年）は、これらのエリアスやフーコーの理論は服飾を語る際にも参照できる重要な議論であることを認めたうえで、これに反駁し、限界を指摘する。つまり、これらの議論では、身体が実際以上に受動的な存在としてとらえられていると、メルロ・ポンティを援用しつつ述べるのである。[38] 身体は、外部の力を抵抗もせず受け入れているだけではない。自動的に社会を映し出しているだけでもない。身体は、外部の力の影響下にあるだけではなく、自らその力を利用することもある。自身に都合よく変容させたり、すり替えたり、あるいは抵抗する場合もある。身体の主、人間は、能動的な主体である点を見過ごしてはならないのだと述べた。

これらの議論をふまえ、本書は、身体に刻印される秩序化の表象を服飾から読み解くことを主眼とするが、いっぽうで、身体が能動的に自ら仕組んだ意図も見ていくことにしたい。単に社会秩序の刻印の徴を追うだけではなく、秩序化と、それをめぐる当時の人びとの多様な反応も含めて、考察する。それゆえ、本書では、「衣服が身分を映し出す」とする論[39]には一定の留保を設ける。当時の複雑な身分制度と服飾が、完全に一致して現前していたかについては議論の余地が残されるからだ。[40] なぜなら、身体も装いも外見である以上、偽りである場合と、真実の姿を語る場合の、両面がありうるからである。しかし、それでもなお、秩序あるいは序列を求めていく絶対王政下の社会と、人間の日常実践の舞台である身体とを結びつけるものが当時の衣服であったことは否めないと考える。

社会の要請で装わざるをえない部分と、自らの意思で装う部分と、その両面が衣服にはある。身体に直接・間接的に秩序という形で影響を及ぼしていた権力を、身体がどのように甘受せざるをえなかったか、どのように刻印されてきたのか、あるいはそれを身体がいかに利用し、克服し、歪曲し、はねのけてきたのか、その点を跡づけなければならない。衣服によって秩序化された身体は、同じ手段で秩序を転覆させる力さえ発揮する。衣服をまとった身体という視座から、礼儀作法によって構築された秩序とは、日々の人間の生活実践の中でいかなることとして体験されていたのか、浮かび上がらせたい。そして、秩序化が大きな力を保ちながら推し進められていくほど、そこからの逸脱や反発も生まれやすく、ほころびも生じるものである点にも目を向けねばならない。服飾から見ていくと、これらはモードの意味の変容と同時進行で現れてきた。

さらに、もうひとつの視点を挙げねばなるまい。アンシャン・レジーム期において、権力秩序は奢侈と快適の占有化をともなって実現した。それゆえ奢侈をめぐる議論も重要である。

奢侈論はすでに多くの成果がある。(41) 十八世紀において、奢侈の問題は、当時の思想家たちを二分させる大問題であった。奢侈論争(42)とは、マンデヴィルをはじめヴォルテールらの、奢侈によって国がうるおい国家が繁栄するという擁護論(43)と、ルソーなどの、奢侈は社会悪の源泉であるという反対論(44)による論争のことである。このような奢侈論争が起こる前段階では、奢侈とは全面的に権力を表象するものであるがゆえに、権力を肯定するのと同様に、肯定されていた。本論の最後で論じる一七二〇年代を中心に見られた部屋着モードは、奢侈の意味が変容する過渡期のモードであると言えるだろう。

十八世紀の奢侈論争の後、奢侈の問題を社会学の俎上に載せ、経済学的観点から論じたのはヴェブレンである。(45) 衒示的消費、衒示的浪費、衒示的閑暇などの独特な言葉を用いて、きわめて平たい言葉で表わすならば、見栄こそが、すべての経済活動の原動力になるという議論を展開した。ヴェブレンによれば、社会階層の如何にかかわらず、人間の誇りの問題として、だれもが奢侈を求めることになる。特に男性にとっては、奢侈を求めることは男としての尊厳や名誉に直接結びつく行為であるととらえている。生き物として、価値あるものを獲得し顕示することが力の見せ所であり、それが近代社会においては、物質的豊かさの顕示、さらには経済的豊かさの顕示に発展し、有力かつ有能な人物であると社会に認めさせるためにこれらは不可欠のものとなったという。ヴェブレンの理論では、奢侈は貴族だけのものでなく、万人が求めるものだが、貴族にとってはなおさら欠くべからざるものと言えるだろう。ヴェブレンの理論がモードを考察する際の重要な議論であるのは間違いない。

さらに、本論ではフィリップ・ペローの『奢侈』（一九九五年）の成果からも多くを学んでいる。ペローによれば、絶対王政下において奢侈は正当化されていた。奢侈を王の占有物とするのが、絶対王政の強大な権力発揚の形であった。権力は示威としての奢侈が必要であり、奢侈こそが権力の形であった。[46] 奢侈とは、すでに十七世紀において、衣食住にかかわる領域のものであり、身体感覚の快楽と結びつく、有り余る豊かさゆえの度を越した悦楽であり逸楽であった。[47] ゆえに、奢侈と快適は本質的に同義であった。アンシャン・レジーム期のみならず、いつの時代においても、体面を保たねばならぬ貴族にとって奢侈は不可欠である。[48] ヴェブレンも述べるように、奢侈は力の表明であり、優位な地位にあることの証であり、敬意を払われるべき対象になるための手段にもなった。

しかし、ルイ十四世治世下では権力を視覚的に表象する手段であった奢侈は、ルイ十四世没後、王権を維持する公的なものではなく、個人的で私的なものへと変容した。[49] ペローは、この点を十七世紀から十八世紀にかけての奢侈の内容の変化としてとらえている。十八世紀において奢侈は、個人的な身体の快適追求の形をとり、その結果、奢侈は論議を生む。十八世紀に奢侈論争が登場したのは、社会階層にかかわらず、「平等な」奢侈が可能になったがゆえであった。

しかし、ペローは奢侈と快適を結ぶ個別事例の検討は行なわなかった。本論ではヴェブレンやペローが論じた議論を、身体感覚に引き寄せたモード論として展開することで、新たな視点を提示する。奢侈とは、稀少性であり、モンテスキューのいうように、本来、不平等の産物であるならば、[50] 一部の者にのみ許されたふるまいの奢侈もありうる。絶対王政下の不平等社会の存立のために、奢侈は必要不可欠であり、それは常に身体とかかわっていた。礼儀作法によって、ふるまいは卓越化され、社会のエリート層はみずからの行動に希少性をもたせた。そうすることで、アンシャン・レジーム期においては、彼らを特別な身体として、社会の頂点に位置づけようとした。これらのことを、本書第Ⅱ部、第Ⅲ部では指摘したい。

第Ⅲ部においては、秩序化の揺らぎについて検討する。秩序はそれがあるゆえに、逸脱を惹き起こす。特に服飾から見る場合、秩序の逸脱および紊乱は、モードの意味の変容としてとらえることができる。しかし、それ以前に、このような現象を考察するうえで参照すべきものは、イヴ＝マリー・ベルセの『祭りと叛乱』(原著初版一九七六年)である。[51] 本書は、祭りを論じるものではないが、祝祭的性質を帯びている仮面のモードの中に、秩序の揺らぎ、あるいは秩序を反転させてしまう特質が見られることを指摘する。その際、ベルセが明らかにしたような、祝祭が容易に叛乱に転じていく史的事例は示唆に富んでいる。祝祭が既存の社会秩序をくつがえす力を発揮するときに、当事者たちは無自覚であることが多いというベルセの指摘も興味深い。つまり、多くは一種の遊戯、あるいはお祭り騒ぎとして行なわれ、叛乱を必ずしも意図しているわけではなかったという。それを叛乱と見たのは、当事者でなく、犠牲になった者および後世の歴史家だという。仮面は日常の世界を容易に裏返して見せてくれる。それが無邪気なものであったとしても、秩序の世界を揺り動かす可能性を秘めていたことを、本書では指摘したい。

お祭り騒ぎにはエロティックな側面もつきものである。エロスが秩序をくつがえす力を発揮したことも歴史家はすでに指摘している。[52] たとえば、リン・ハントや、ロバート・ダーントン、ミシェル・ドゥロンなどである。これらの研究成果は、第Ⅲ部第2章で扱う部屋着の表象を論じる際に参照している。リン・ハントらによれば、自由思想家たちは政府を攻撃するためのひとつの手段として、エロスを巧みに利用したという。エロティシズムは秩序転覆に加担するものであったという。もちろん、本書で論じるのは、部屋着がほのめかしたエロティシズムの表象であって、エロスそのものではないため、リン・ハントらの議論を直接的な先行研究とすることには無理があるかもしれない。またその意味では、部屋着の表象に関しての十分な先行研究があるとはいえないのだが、これらのエロティシズムにかかわる諸研究からはエロスの持つ意味とその力について多くを学んだ。

また、本書は全体を通して礼儀作法について論じていくため、作法書研究の成果は避けて通れない。特に、アラン・モンタンドンを中心とするクレルモン・フェラン大学を中心とする、作法書研究グループの研究成果は貴重である。モンタンドンが中心となって編んだ書誌（一九九五年）は、作法書研究の際の重要な手引きになっている[53]。礼儀作法書は後述するように、あまりに膨大な出版量と、あまりに雑多な種類に及んだため、これらの整序自体が、長らく作法書研究のための課題となっていた。その時間と手間のかかる仕事をモンタンドンの研究グループが成し遂げて以来、作法書研究は一気に広がりを見せたといえる[54]。

また、それ以前のものとして、モーリス・マジャンディの『社交界の礼節』（一九二五年）も礼儀作法研究の重要な成果である[55]。これはルイ十四世治世下のフランスにおけるオネットテの概念を膨大な作法書と文学作品、雑書など多彩な文献資料を駆使して論じたものであり、外見の問題にも論が及んでいる。しかし、マジャンディは、むしろ当時の作法の精神的な側面に焦点を当てる中で、外見について触れているため、服飾にまつわる身体感覚やふるまいに関して論じたものにはなっていない。

また、ロジェ・シャルチエも『読書と読者』（一九八二年）の中で、礼儀作法書について明解な分類を行なった[56]。時代特質と作法書の出版事情について整理したことも成果であるが、シャルチエは礼儀作法書研究の意義は、「社会を構成している多様な集団により同じ文化財がわかちもたれながら、しかもなお存続するズレをはっきりさせるのにふさわしい新たな区分法の探究[57]」をするところにあると別の場で述べており、この点は傾聴すべき指摘である。

これらの先行研究から多くの知見を得ながら、本書では、これまで検討されてこなかった服装規範が、社会の秩序を作りだし支えていく重要な手段となっていたことを明らかにしたい。身体感覚を規定する服飾は、同時に身体の秩序化に貢献し、それが社会そのものの秩序化へと連なっていた。秩序は奢侈によって生み出されるものであった。そしてそれが十七世紀の場合、モードとして現れたことがひとつの特色であり、本書第Ⅲ部の秩序の揺らぎは、モードそのものの変容として論じることができるだろう。本書では、礼儀作法という視点から、ささやかな日常性の中にひそむ秩序への志向、あるいはその痕跡をたどり、日常の身体感覚から権力秩序を見通すことを目指す。宮廷に端を発する秩序化は一方的で直線的なものではなく、微妙に揺れ動くこともあった。秩序から逸脱する身体表象も見据え、モードがしだいに秩序から乖離し、気まぐれに支配された女性の服飾の流行という今日的な意味を獲得するまでを読み解く。

注

1　Jacques Le Goff et Pierre Nora, *Faire de l'histoire, 3, Nouveaux objets*, Gallimard, Paris, 1974.

2　*Ibid.*, pp.169-191. ジャン・ピエール・ペテルとジャック・ルヴェルによる論文「身体、病人とその歴史」*Le corps : l'homme malade et son histoire* で論じられたテーマである。

3　Peter Burke (edited by), *New Perspectives on Historical Writing*, Polity Press, Cambridge, UK, 1991.（ロイ・ポーター「身体の歴史」、ピーター・バーク編著『ニュー・ヒストリーの現在—歴史叙述の新しい展望』谷川稔他訳、人文書院、一九九六年、二四五～二七一頁）。

4　ジャック・ル＝ゴフ『中世の身体』池田健二・菅沼潤訳、藤原書店、二〇〇六年、十九頁。

5 A. Corbin, J.-J. Courtine et G. Vigarello, *op.cit.*（A・コルバン、J・J・クルティーヌ、G・ヴィガレロ編、前掲書）。

6 鷲田清一・野村雅一編『叢書身体と文化1―技術としての身体』『叢書身体と文化2―コミュニケーションとしての身体』『叢書身体と文化3―表象としての身体』大修館書店、二〇〇五年。

7 Robert Mandrou, *Introduction à la France moderne, 1500-1640, Essai de psychologie historique,*（1961, 1974）, Albin Michel, Paris, 1998.

8 二宮宏之『歴史学再考―生活世界から権力秩序へ』日本エディタースクール、一九九四年、五頁。

9 同書の副題参照。

10 二宮宏之編『叢書歴史を拓く―アナール論文選3―医と病』新評論、一九八四年。モニク・リュスネ『ペストのフランス史』宮崎揚弘・工藤則光訳、同文舘、一九九八年。宮崎揚弘『災害都市トゥルーズ―十七世紀フランスの地方名望家政治』岩波書店、二〇〇九年。

11 ジャン・ルイ・フランドラン『性と歴史』宮原信訳、新評論、一九八七年。ジャック・ソレ『性愛の社会史―近代西欧における愛』西川長夫他訳、人文書院、一九八五年。

12 Marcel Mauss,« Techniques of the Body », in *Economy and Society*, volume 2, Routledge & Kegan Paul, London, 1973, pp.70-88.

13 Alain Corban, *Le Miasme et la Jonquille, L'odorat et l'imaginaire social* 18e*-*19e *siècles*, Édition Aubier-Montaigne, Paris, 1982.（アラン・コルバン『においの歴史―嗅覚と社会的想像力』山田登世子・鹿島茂訳、藤原書店、一九九〇年）。ジャン・クロード・ボローニュ『羞恥の歴史―人はなぜ性器を隠すか』大矢タカヤス訳、筑摩書房、一九九四年。ジョルジュ・ヴィガレロ『清潔になる〈私〉―身体管理の文化誌』見市雅俊監訳、同文舘、一九九五年。

14 王の身体に関する議論は、エルンスト・カントーロヴィチ『王の二つの身体』小林公訳、平凡社、一九九二年を参照。

15 A. Corbin, J.-J. Courtine et G. Vigarello, *op.cit.*, tome1.

16 C. Lanoë, M. de Vinha et B. Laurioux（dir.）, *op.cit.* 身体史のもうひとつの最近の成果として次の書がある。Sabine Arnaud et Helge Jordheim（édité par）, *Le corps et ses images dans l'Europe du dix-huitième Siècle*, Honoré Champion, Paris, 2012.

17 フェーブル、デュビイ、コルバン『感性の歴史』小倉孝誠編、大久保康明他訳、藤原書店、一九九七年、一〇三～一五〇頁。

18 Alfred Franklin, *La civilité, l'étiquette, la mode, le bon ton du* XIIIe *au* XIXe *siècle*, tome1, Émile-Paul Éditeur, Paris, 1908, pp.1-60［以下で

は Franklin, *La civilité* と略す」。本書の内容は以下の通り。第1巻、第一章　清潔、1．十三〜十七世紀、2．十七〜十九世紀、第二章　社交界にて、1．紳士（オネットム）、2．訪問、3．モード、4．帽子―挨拶、5．手袋、6．ハンカチーフ、7．煙草、8．手紙、9．遊びと舞踏会、10．教会での作法、11．病気と医者、12．葬式―喪服、第三章　食卓にて、1．一般論、2．料理の給仕に関する作法、3．飲み物の給仕。第2巻、第四章　女性、1．女性のおしゃれ、2．i．香水、ii．髪粉、iii．白粉、iv．つけぼくろ、v．付け毛と入れ歯、3．髪型と靴、4．結婚、出産、子どもの洗礼、5、マダム、マドモワゼル、第五章　エチケット、注釈（付録）主な作法書の抜粋。フランクランはフランス最古の公共図書館であるパリのマザラン図書館（Bibliothèque Mazarine）の管理職を務め、コレージュ・ド・フランスで講義も行なった歴史家である。

19　Alfred Franklin, *La vie privée d'autrefois, arts et métiers, modes, mœurs, usages des Parisiens du XIIe au XVIIIe siècle, d'après des documents originaux ou inédits, L'Hygiène*, Librairie Plon, Paris, 1890.（フランクラン『排出する都市パリ―泥・ごみ・汚臭と疫病の時代』高橋清徳訳、悠書館、二〇〇七年）。

20　Franklin, *La civilité*, t.1, p.3.

21　Augustin Cabanès, *Mœurs intimes du passé*, 1er et 2me séries, Albin Michel, Paris, 1922-1924.

22　Paul Robert, *Le Grand Robert de la Langue Française, Dictionnaire Alphabétique et Analogique de la Langue Française*, 2me édition, Alain Rey (entièrement revue et enrichie par) Le Robert, Paris, 1985, tomeIII, p.1978, «hygiène».

23　ヴィガレロ、前掲書、二一九〜二二三頁。

24　Balzac, *Traité de la vie élégante*, in *Pathologie de la vie sociale, in la Comédie humaine*, tome XII, Bibliothèque de la Pléiade, Gallimard, Paris, 1981. バルザックによるこの短いエッセーは、はじめ一八三〇年の『ラ・モード誌』において匿名で連載されたものであり、これをまとめて Librairie nouvelle が出版した本の初版は一八五三年であった。

25　Charles Sorel, *Les lois de la galanterie*（1644）, in *Le Trésor des pieces rares ou inédites.-Extrait du Nouveau recueil des pieces les plus* agreables de ce temps, Ludovic Lalanne,（réédité par）, A. Aubry, Paris, 1855, pp.VI-VII.

26　*Ibid.*, p.VII.

27　エリアス、前掲書、二九五〜三〇九頁。

28　本文において列挙している研究文献の他にも、次の二書が清潔論においては重要な成果である。しかし、本書においてはフランスにおける propreté 論を展開するために、取り上げることはしなかった。まず、ヴァージニア・スミス『清潔の歴史―美・健康・衛生』鈴木実佳訳、東洋書林、二〇一〇年は、原題が *Clean, A History of Personal Hygiene and Purity* であり、特に「浄化」という観点から、古代から現代にかけての清潔の歴史を読み解いている。生物学的観点から、動物は種の保存のために清潔である（身づくろいをする）ことは不可欠であったという議論から始まっている点が興味深く、人類史全体に及ぶ非常に長い時間の流れの中で「浄化」の歴史を語り尽くしている点が見事である。また、キャスリン・アシェンバーグ『図説不潔の歴史』鎌田彷月訳、原書房、二〇〇八年も重要であるが、これは古代から現代に至るまでの壮大な入浴の歴史になっている。両者とも、clean という言葉をキイワードにして、衛生観念の歴史を扱っていると言ってよい。

29　ヴィガレロ、前掲書。

30　Ned Rival, *Histoire anecdotique de la propreté et des soins corporals*, Jacque Grancher, Paris, 1986. 見開き部分には、*Histoire anecdotique du lavage et des soins corporals* という表題がついている。

31　C. Lanoë, M. de Viuha et B. Laurioux (dir.), *op.cit.* 第一部は「身体の手入れをする」、第二部は「身体をしつける、身体を表現する」、第三部は「身体にかかわる職人・空間・モノ」というタイトルになっている。

32　フランスの清潔論では、本文で取り上げたもののほかに、次の書がある。Nathalie Mikailoff, *Les manières de propreté, du moyen âge à nos jours*, Édition Maloine, Paris, 1990. ミカイロフはヴィガレロの成果に多くを依拠しており、そこにカバネス等の研究成果も加えて、これまでの衛生観念の歴史研究の成果を時代ごとに分けて整理したという点は評価できるが、特に目立った新しい視点は見られない。清潔論研究ではないが、衛生問題に関する研究成果として避けて通れないのは、アラン・コルバン『においの歴史』である。しかし、これは清潔（propreté）を論じたのではなく、嗅覚という人間の感覚の歴史を分析したものであり、その中で結果として、都市において衛生的な環境が獲得されてきた過程が、劇的に論述されるものとなっている。清潔（propreté）論ではないが、清潔・衛生史の研究成果として無視できない。

33 ノルベルト・エリアス『宮廷社会』。
34 エリアス『文明化の過程（上）』二一四〜二二二頁。
35 ミュシャンブレ、前掲書、四頁。
36 Pierre Bourdieu, *La distinction, critique social du jugement*, Édition de Minuit, Paris, 1979（ピエール・ブルデュー『ディスタンクシオン—社会的判断力批判Ⅰ、Ⅱ』石井洋二郎訳、藤原書店、一九九〇年）。
37 ミシェル・フーコー『監獄の誕生—監視と処罰』田村俶訳、新潮社、一九七七年。
38 ジョアン・エントウィスル『ファッションと身体』鈴木信雄監訳、日本経済評論社、二〇〇五年。
39 Benoît Garnot, *La culture matérielle en France aux XVIe-XVIIe-XVIIIe siècles*, Ophrys, Paris, 1995, p.113［以下では *La culture matérielle* と略す。］; François Bayard, *Vivre à Lyon sous l'Ancien Régime*, Perrin, Mesnil-sur-l'Estreé, 1997, p.254.
40 たとえば、きわめて簡単な例であるが、リヨン史家のモーリス・ガルダンは、リヨンの絹織物工がクリスマス時期に華やかに着飾った状況は、一見してブルジョアや商人と見分けがつかなかったと述べている（Maurice Garden, *Lyon et les Lyonnais au XVIIIe siècle*, Société d'Édition Les Belles-Lettres, Paris, 1970, p.418 参照）。この事例からも、ある一時の装いを見て、それがそのまま身分を映し出していると判断するのが早計である場合は往々にしてあるといえよう。
41 ソースタイン・ヴェブレン『有閑階級の理論』小原敬士訳、岩波書店、一九六一年。ヴェルナー・ゾンバルト『恋愛と贅沢と資本主義』金森誠也訳、論創社、一九八七年。Jacque Marseille (sous la direction de), *Le luxe en France du siècle des «Lumières» à nos jours*, ADHE, Paris, 1999. わが国では、二〇〇九年に京都服飾文化研究財団によって、京都国立近代美術館および東京都現代美術館にて「ラグジュアリー—ファッションの欲望」展が開催されたのを契機にラグジュアリーを論じる機運も高まっている（『ラグジュアリー—ファッションの欲望』展覧会カタログ、京都服飾文化研究財団、二〇〇九年参照）。
42 奢侈論争については、森村敏己『名誉と快楽—エルヴェシウスの功利主義』法政大学出版局、一九九三年を参照。
43 バーナード・マンデヴィル『蜂の寓話—私悪すなわち公益』泉谷治訳、法政大学出版局、一九八五年。Voltaire, *Idées républicaines*, in *Œuvres complètes*, Moland, Paris, 1879, t.23, p.417.

44 Rousseau, *Dernière Réponse* [*à Charles Bordes*], in *Œuvres complètes*, Bibliothèque de la Pléiade, Gallimard, Paris,1964, t.3, p.79.

45 ヴェブレン、前掲書。

46 P. Perrot, *op.cit.*

47 十七世紀における「奢侈」luxeは「衣服や食べ物の不要な出費」であり、「衣服や家具や食卓における過度の豪華さ」である（P. Richelet, *Dictionnaire Français*,（1680）, France Tosho Reprints, Tokyo, 1969, tomeII, p.557, «luxe»；*Le Dctionnaire de l'Académie Française*,（1694）, France Tosho Reprints, Tokyo, 1967, tomeI, p.672, «luxe» [以下では*Le Dictionnaire de l'Académie Française*,（1694）と略す]．また、「豊かさや怠惰や悦楽の中にある逸楽」であると同時に「裕福な国家における虚栄と浪費」であった（Furetière, *op.cit.*, tome II, non pagination, «luxe»）．

48 P.Perrot, *op.cit.*, 2. Faste et respect, pp.43-58.

49 十八世紀になると、奢侈は『百科全書』によって「心地よい生活を実現するための産業と財産の行使」と定義されたように、生活の快適さの実現のための個人的な消費行動といえるものになる（Diderot et D'Alembert, *op.cit.*, tome II, p.709, «luxe». 快適さは財産があれば、買い求めることができるものになった。

50 モンテスキュー『法の精神（上）』野田良之他訳、岩波書店、一九八九年、一九七頁。

51 イヴ＝マリー・ベルセ『祭りと叛乱―十六～十八世紀の民衆意識』井上幸治監訳、新評論、一九八〇年。

52 リン・ハント、前掲書。ロバート・ダーントン、前掲書。ミシェル・ドゥロン『享楽と放蕩の時代―十八世紀フランスを風靡した背徳者たちの夢想世界』稲松三千野訳、原書房、二〇〇二年。

53 A.Montandon, *op.cit.*

54 最近の作法書および礼儀作法研究の成果としては次のものが挙げられる。Frédéric Rouvillois, *Histoire de la politesse de 1789 à nos jours*, Flammarion, Paris, 2006；Christophe Losfeld, *Politesse, morale et construction sociale, Pour une histoire des traités de comportements*（1670―1788）, Honoré Champion, Paris, 2011. 前者はフランス革命以後から現代までを見通した礼儀作法の歴史を扱ったものであり、本書の扱うアンシャン・レジーム期の後のものになるが、冒頭で礼儀作法がアンシャン・レジーム期に確立したものであることを述

べている。

55 Maurice Magendie, *La politesse mondaine, et les théories de l'honnêteté, en France au XVIIe siècle, de 1600 à 1660*, 2tomes,（1925）, Slatkines Reprints, Genève, 1993.

56 ロジェ・シャルチエ『読書と読者』長谷川輝夫・宮下志郎訳、みすず書房、一九九四年、四一～九二頁［以下では『読書と読者』と略す］。

57 ロジェ・シャルチエ、「表象としての世界」『歴史・文化・表象―アナール派と歴史人類学』二宮宏之編訳、岩波書店、一九九二年、一九九頁。

第3章　史　料

十七世紀に続々と刊行された礼儀作法書は、基本的に、宮廷を中心とする貴族社会における理想的な行動様式を普及させるため出版されたものである。これらは、当時の身体感覚やふるまいの特性を服飾から論じるために、中心に据えるべき史料である。

しかし、ひとくちに作法書といっても、膨大な出版量もさることながら、その内容は多種多様で、すべての作法書に服飾に関する記述が見られるわけではない(1)。作法書の大半を占める読み書きを教える作法書と話し方を教える作法書は当然対象外になる。服装規範が記される作法書は、キリスト者の心がまえを説く形式のものと、社交作法を教える形式のもののうちに見られるが、それらの多くは、道徳や人間の内面の問題を主に扱っている。つまり、これらを除く、具体的な事例について実際に役立つ情報を詳細に論じた実用性重視型の作法書の中に、服装に関する記述が見られる。そのため、意外なことに、むしろ服装規範について記した作法書は全体の中ではごくわずかなものに限られる。これらの代表が以下の五書である。

まず、ニコラ・ファレ（1596?～1646）の、宮廷における理想的な男性像であるオネットムについて論じた作法書、『オネットム、すなわち宮廷で気に入られる術』（一六三〇年）である。[2] この作品はフランスの最初の宮廷作法書といえる記念碑的な作品である。カスティリオーネの『宮廷人』（一五二〇年）に触発されて、フランス宮廷の作法を著したものである。この作法書はその後の作法書に多大な影響を与えており、外国語（たとえばスペイン語）にも翻訳された。十七世紀のわずかの間に多くの版を重ねたが、モンタンドンの書誌ではそのうちの一〇版が確認されている。

十七世紀の人気作家シャルル・ソレル（1582～1646）の『ギャラントリーの法則』（初版一六四二年）[3] は、当時の社交界の中心をなした女性たちのサロンにおける理想的な男性像としてのギャラントムの姿や風俗を解説した作法書である。モードの指南書でもある。この作法書は他と比べると多くの版を重ねたわけではないが、服装規範がモードと緊密であったことをもっともよく表わしている作法書である。そのため、本書では重視する史料である。

アントワーヌ・ド・クルタン（1622～1685）は当時の数ある作法書を代表させるにふさわしいふたつの著作を著した。どちらも模倣作品を多く誕生させ、影響力を持った著作である。まず、『フランスにおいて宮廷人の間で行なわれている新礼儀作法論』（一六七一年）は、宮廷に出仕する青年向けに実践的な礼儀作法を説いている。[4] 一六七一年に発行されて以来十八世紀後半に至るまで、少なくとも三五回は再版されて読み親しまれた。著者自らがその緒言の中で、本書は実践編であるから、礼儀作法に対するさらに深い理解を得るためには、道徳論を展開している『キリスト教徒の作法論』を併読することが望ましいといっている。[5] もうひとつは、『現行の作法に従い、体系的かつ正確な方法を新たに記した礼儀作法論』（一六八一年）である。[6] この作品もフランス革命までの間に少なくとも三〇版は重ねた。これは、子どもたちに善良なキリスト教信者としての具体的な心構えと作法を説くカテキスム形式の書物である。さらに、モルヴァン・ド・ベルガルドが、完全に同じ内容の同じ書名の作品を出版している。[7]

さらに、『キリスト教信者の礼節と礼儀に関する法則』（一七〇三年）は、聖職者で、貧しい青年の教育に力を注いだ教育者でもあったジャン・バティスト・ド・ラ・サル（1651～1719）による作法書である[8]。キリスト教的な道徳観の上に立って、敬虔で慎ましい生活態度を身につけさせるための指南書であった。少年をはじめ、広く世間一般を啓蒙しようとしたものである。十八世紀中にも多くの版を重ねたが、モンタンドンによれば、一八七五年までに一八〇版を重ねた。

このように、いずれも重版されて読み親しまれ、模倣書が出るなどの影響力をもった当時の代表的な作法書である。また、これらには、服装規範についての明確な記述が見られるため、そこから、アンシャン・レジーム期の服装規範の典型的な具体像を得ることができる。

また、第Ⅱ部第3章では、秩序をめぐるふるまいの具体像を得るために、ダンスの教本を扱う。これも一種の作法書である。スペイン王妃エリザベッタ・ファルネーゼ（1692～1766）にダンスを教えたピエール・ラモー（1674～1748）の著書『ダンスの教師』（一七二五年）である。書名は長大で、この教本の内容を余すところなく説明している。『ダンスの教師、すなわち均整の取れた完全なる技法に則してダンスのすべての異なるステップを教え、ステップごとに腕をどのように動かすかを教える人。本書は銅版画の図で飾られており、それらは本書の実践にふさわしいすべての異なる動きの図示に役立つ。上手に踊ることを学びたい若者だけでなく、洗練された宮廷人にも有益であり、本書は彼らにあらゆる種類の宮廷人の集まる場にふさわしい上手な歩き方と挨拶の仕方とお辞儀の仕方の規則を教えるものである[9]』。書名の通り、ダンスの仕方および若者と宮廷貴族の日常生活における理想的な身体所作が、著者自身の描いた銅版画による図解つきで述べられている。ダンスの教本とはいえ、立ち方や歩き方など、日常生活における何気ない身体所作について教える作法書でもあり、なかでも、帽子を用いたお辞儀の仕方について、相当の頁数を割いて記されているのが目を引く。このような身体技法を明かす文献はほかに例がないため、このダンスの教本は当時の洗練されたふるまいの具体像を得られる貴重な史料である。

第Ⅰ部第3章では、市井の人びとが身に着けた衣類の実態を調査するために「遺体調書」を史料とする。これを史料として分析することで、白いリネン類による清潔が、宮廷貴族の特権的なものであったことを浮かび上がらせることができるだろう。遺体調書とは変死体の発見時に各地方の司法機関や警察機関で、遺体の身元調査のために作成される文書のことである。[10]実際に身につけられていた衣服に関する豊富な情報を与えてくれる点では、ほかに例がない史料である。[11]本書ではリヨンの遺体調書を扱う。年代としては一七〇〇年から一七九〇年代までの史料であり、本書が主に対象にしている一六三〇年代から一七二〇年代の時代とずれているため、慎重に扱う必要があるが、十七世紀の史料は散逸するなどして数量的に限られており、十八世紀のものの方がまとまって残されているため、こちらを扱う。時代的な齟齬があることは否定できないが、一七〇〇年代になっても当時の清潔感において、白い下着は常に求められ続けていた実情を考えるならば、当時のフランスにおいて、白い下着が実際に市井の人びとの間にもごく普通に流布していたかどうかを推し量るための、判断材料にはなるはずである。また、パリではなくリヨンを取り上げるのは、同時期のパリの遺体調書はまとまって残されているものの、[12]身に着けている白いリネン類（特に第3章で扱うシュミーズ）の着用数自体がきわめて少ないということ、さらにそれらについての詳細な素材や色の記述も少ない難点があるからである。[13]白いリネン類がどこまで広まっていたかを知るためには、比較的詳細な記述のあるリヨンのほうが、史料としては有効であると考えられるからである。

リヨンの遺体調書の典型的な服飾記述例は、一七六六年四月十日にローヌ河畔で発見された男性遺体の調書に見ることができる（図1）。

男性と思われる遺体、年齢は六十歳程度、髪の毛はあご髭と同様に灰色、身長は五ピエ程度、栗色で使い古された国産毛織物の上着とヴェスト二着とキュロット、キュロットには飾りボタン一個、脚部には横縞のサージのゲートル、首には青と白の（縞模様の）木綿の襟巻き、足には綿ネルで裏打ちされた木靴、粗末な平織り布の下着には青いリモージュ糸でPとTの印がついている、頭には粗悪な帽子、そして体には飾りボタンのついたブフルと呼ばれる革ベルトが巻かれ、ポケットの中には粗悪な青い木綿のハンカチーフと木製のロザリオがあった。(14)

このように調書には、遺体の身元の判断材料となるさまざまな情報が明記され、判明している場合には遺体の名前や職業等も書き加えられた。特に着用しているものについて、頭の上から足の爪先まで、さらにポケットの中身に至るまでの詳細な記述が遺体調書の特色である。遺産目録や会計簿と異なり、箪笥等に納められている衣服ではなく、実際に人の身につけている衣服がわかる。少ないとはいえ、職業についての記述もあるため、各社会集団の特性を、ある程度まで分析できる。フランスのアンシャン・レジーム期の服飾を語るとき、常にいわれるのは、それらが当時の複雑な社会階層や集団を映し出していたことである。(15) すでに述べたように、これらの説には一定の留保を設けなければならないが、しかし、服飾が身元調査の重要なデータとして記録される遺体調書が貴重な史料であることは間違いない。(16)

本書で調査したのは、ローヌ県立文書館所蔵の一七〇〇〜一七九〇年のリヨンおよびリヨン地方の遺体調書計三八五件（男三一九件、女六六件）(17)、同文書館所蔵の一七〇〇年から一七八九年までのボジョレの調書一三九件である。(18) リヨンの場合、遺体調書は領主裁判所の管轄で、死後審問記録として作成されていた。(19) これらの調書は、リヨンとボジョレの場合、ローヌとソーヌの二つの河が縦断しているので、そこから揚がる不慮の事故による溺死体の調書がほとんどである。(20) 調書には衣服の記述がない場合もある。リヨンの場合、上記の史料のうち衣服の記述そのものがなかったり、裸体である場合が、全体で九七件（男八三件、女一四件）あった。したがって何らかの衣服を身につけているのは、遺体調書総数三八五件のうち七四%にあたる男女あわせて二八八件（男二三六件、女五二件）であった。

さらに第Ⅰ部では、清潔にかかわる白いリネン類のうちレースについて、その奢侈品としての価値と、レース流行の勢いを跡づけるために、奢侈禁止令を史料とする。パリのシャトレ警視であり捜査官であったドラマール（1639～1723）は、『諸事取締要綱』（1705～1738）の一部にフランスにおける奢侈禁止令を集めて集成した。第一巻第三冊の部分に、一七〇四年までの奢侈禁止令がほぼすべてまとめて収められ、著者の説明文が付されている。[21] 禁令の全容を知るための貴重な史料である。

また、秩序をめぐる服飾の表象が、当時の人びとの心性に与えた影響を読み解くために、著名人の回想録や文学作品も分析対象とする。文学作品を史料にすることに関しては、それが虚構であるがゆえに、史的研究の史料として不適切であると斥ける立場がある。[22] しかし、これは、実り豊かな研究の可能性をはじめから拒否する態度である。文学作品は虚構であるが、同時代の人びとが抱いた心象風景や精神世界を映し出し、あるいは社会現象を、誇張した形であるとしても描き出すこともある。虚構の裏側には奥の深い現実世界が広がっている。想像世界を構築する心性もまたひとつの現実であり、当時の人びとの心性に近づくのに最適な史料となりうる。

たとえば、ル・ゴフは、虚構の世界における服飾の表象分析が、歴史研究に大きな実りをもたらすことを主張している。社会的事実のみを研究するのでなく、想像力の産物である文学作品や芸術作品における表現を分析することによって、服飾の機能や意味はいっそう明らかになると述べている。[23] 実証研究も重要であるが、フィクションをも研究対象に含めることによって、[24] 人間の心性とのかかわりから、服飾のもつ意味の豊かさに肉薄できるといえるだろう。

本書第Ⅱ部第1章と第2章では、同時代の風俗を映し出している喜劇の中に、帽子の表象と、帽子の作法をめぐる社会各階層の人びとの心の動きを分析する。礼儀作法による階層間の具体的な差異は喜劇の中で戯画化して描かれている。本書でモリエール等の喜劇を史料とするのは、社会諷刺的な性格をもつ喜劇には、権力批判を含めた、当時の人びとの能動的な反応を見ることができるからである。喜劇による社会諷刺は、虚構であるため、現実の社会で起きている事象を誇張した形であるとはいえ、少なからず映し出したものであり、それゆえ同時代人の間で、どのようにそれらの風俗が受け止められているか読み取ることを可能にしてくれる。モリエール等の喜劇には、庶民が服装規範を逆手にとり、利用しようとする場面が生き生きと描かれる。服装規範に対する社会の視線もうかがい知ることができる。これら喜劇を史料とすることで、秩序をめぐる表象の諸相を、より多面的に読み解くことができる。

さらに、当時の社交界の流行や風俗を克明に映し出している雑書も、重要な文献史料である。第Ⅱ部第4章の仮面論において取り上げるのは、その種の文献である。当時の女性の仮面の風俗を伝える貴重な文献として、一六六四年の作者不詳の『アリスティプとアクシアヌの粋な会談』所収の「仮面と手袋の会話」がある。[25]「仮面と手袋の会話」のほかには、たとえば「白粉とつけぼくろの会話」、「大きな鏡と手鏡の会話」など、女性にとって身近な品々の対談が収められ、女性たちが楽しく親しんだ書物であった。「仮面と手袋の会話」は、当世流行の女性の身だしなみの必需品ともいえる仮面と手袋が擬人化されて、両者が、いかに自身が女性にとって重要な装飾品であるかを互いに主張し議論するという趣向の作品になっている。

本書では、服飾版画や各文献史料の挿絵を、図像史料として用いる。服飾版画等図像史料についても、史料として不適切であるとの立場がある。[26]現実を映し出しているとは限らないという理由からである。しかし、文学を史料とすることを批判するのが間違っているのと同様に、これもまた誤りである。たとえば服飾版画には、同時代人が憧れた服装と身体イメージが描かれているのであり、その点を無視することは研究上の損失といわねばならない。また史料のテクストを補完するために添えられている挿絵は、いうまでもなく研究上重要な対象となる。

巻末には、本書に関係する史料のうち史料的価値の高いものについて、付録として集成した。

注

1　作法書の分類が必要であるが、ロジェ・シャルチエは次のように整理した（シャルチエ『読書と読者』第二章、四一～九二頁参照）。まず、エラスムスの『少年礼儀作法論』（一五三〇年）の流れを汲む、道徳的かつ教育的性格の強い作法書が第一のグループである。さらに、カスティリオーネの『宮廷人』（一五二八年）の流れを汲む、社交儀礼と結びついた貴族の行動様式を特権的に規定する作法書の類が第二のグループである。さらに、フランス革命期に登場した「自由と平等」を獲得するための「共和国礼儀作法」を推進する作法書を第三のグループとして、三種に分類した。本書ではフランス革命以前のアンシャン・レジーム期を論じるので、第三のグループは検討対象から外している。第一、第二のグループに分類できる作法書を検討対象とするが、それらも膨大な史料群を形成しており、さらに分類が必要である。この分類作業を助けてくれるのは、作法書研究を包括的に手がけているアラン・モンタンドンの集成した文献目録である（A. Montandon. *op.cit.*）。これを元に、第一、第二のグループの流れを汲む作法書の書名を手がかりに分類すると、次の四種になる。第一に、読み書きを教えるもの。第二に特に公の場での話し方を教えるもの。第三にキリスト教信者としての心構えを説くカテキスム形式のもの。第四に貴族の師弟に宮廷や社交界での作法を説くもの。つまり立身出世の道を説くものである。これら四類型の作法書の出版量を正確に知るのは困難である。いずれも非常に大量の類書、あるいは代表的な作法書の模倣版が無数に出版されたと考えるのが妥当である。また、参照したい先行研究として、礼儀作法書研究の最近のものでは、増田都希による博士論文（二〇〇七年、前掲論文）がある。著者は十八世紀の作法書をとりあげ、そもそも礼儀作法書という日本語が語弊を招くものであるところから、「処世術書」という言葉を用いた。つまり、いわゆる礼儀作法書とは、この時代におけるさまざまなレヴェルにおいての「善く生きること」を指南した書物群であるからだという理由である。そして、具体的な身体行動の規範を述べるものは「行儀作法書」として区別した。このような分類および新たな呼称は、いわゆる作法書群の内容を正確に反映したものとして、大変有効であると思われる。さらに、増田はこれら「処世術書」をモンタンドンによる文献目録を参考にして以下のように分類している（同論文、二八～三二頁）。

a. 人間・習俗観察、風刺書

b. 各慣習行動におけるふるまいの規則（マナーブック）、実践的、具体的

c．特定の慣習行動に特化したふるまいの規則
・会話術、話し方、手紙の書き方
・その他（決闘（武術）、ダンス、料理、馬術、身だしなみや健康管理）
d．特定の社会的場に特化したふるまいの規範
e．教育書・児童教育書

本書で扱う作法書とは、このような非常に雑多な書物群を指している。第Ⅱ部第3章で扱うダンスの教本も、作法書と称することのできる書物であった。じつは、服装規範は、増田の述べる「処世術書」にも「行儀作法書」にもどちらにも見られる。すべての作法書に見られるわけではないが、服装規範は散在するのである。そのため、本書ではあえて「処世術書」や「行儀作法書」と区別はしないが、このように非常に多岐にわたるテーマについての雑多な書物群が、いわゆる礼儀作法書と呼ばれてきた書物の実体なのである。これらの作法書の中には、立身出世の道を説いたり、女性としての徳を説くような精神的側面を教導する内容と、瑣末なものと考えられがちな行儀作法や服飾に関する規範などが、ひとつの書物の中に混在して記されている場合がある。その点も、作法書と呼ばれる書物群を定義する難しさである。しかし、これまでの研究史のなかで、これらの書物群はひとくくりに「礼儀作法書」と呼ばれてきたため、本書でもこれを踏襲して礼儀作法書と呼ぶことにする。

2 N. Faret, *op.cit.*
3 C. Sorel, *op.cit.*
4 A. de Courtin, *Nouveau traité de la civilité.*
5 *Ibid.*, p.46, «Avertissement».
6 Antoine de Courtin, *Traité de la civilité.*
7 Morvan de Bellegarde の著したクルタンの模倣作品は *Traité de la civilité, nouvellement dressé d'une manière exacte & méthodique & suivant les règles de l'usage vivant, Lyon*, 1681 である。
8 Jean-Baptiste de La Salle, *Les Règles de la bienséance et la civilité chrétienne*, (1703), in *La bienséance la civilité et la politesse enseignées aux*

enfants, Jean-Pierre Seguin (textes réunis et présentés par), Jean Michel Place Le Cri, Paris-Bruxelles, 1992.

9　Pierre Rameau, *Le Maître à danser, Qui enseigne la maniere de faire tous les differens pas de Danse dans toute la regularité de l'Art, & de conduire les Bras à chaque pas. Enrichi de Figures en Taille-douce, servant de demonstration pour tous les differens mouvemens qu'il convient faire dans cet exercice. Ouvrage très-utile non-seulment à la Jeunesse qui veut apprendre à bien danser, mais encore aux personnes honnêtes & polies, & qui leur donne des regles pour bien marcher, saluer & faire les révérences convenables dans toutes sortes de companies,* (Paris, 1725), Broude, New York, 1967. この教本は、各種のダンスにおける足の動かし方を主に説明する第Ⅰ部四二章と、腕の動かし方を主に説明する第Ⅱ部一六章の二部構成である。第Ⅰ部第一章は基本的な立ち姿、第二章は歩き方、第三章から第八章までが、当時の代表的な舞踊家であり振付師であったシャルル＝ルイ・ボーシャンが作ったダンスの五つの基本のポジションについて解説している。次に、帽子を用いた挨拶（お辞儀）の仕方に関する詳しい説明が、第九章から第十二章、第十四章と第十五章および第十八章にある。その後の章は、具体的な舞踏曲クーラントやメヌエットなどについての解説になっている。

10　この史料に関する研究例は少ないが、たとえば、ロッシュは、パリの遺体調書について一七七〇年（一三二件）と一七九六〜一八〇〇年（一八四件）を調査している（Daniel Roche, *Le peuple de Paris*, Aubier-Montaigne, Paris, 1981.［以下では D. Roche, *Le peuple* と略す］）。一七七〇年のパリの史料については筆者も調査した（拙稿「十八世紀パリ、リヨン、ボジョレにおける chemise の着用状況―清潔論再考」『実践女子短期大学紀要』第二九号、二〇〇八年、参照）。バイヤールは、十七、十八世紀のリヨンとボジョレの遺体調書にみられるポケットの中身について論じている（Françoise Bayard, «Au coeur de l'intime: Les poches des cadavres. Lyon, Lyonnais, Beaujolais (XVIIe-XVIIIe siècle)», in *Bulletin du Centre d'histoire économique et sociale de la région Lyonnaise*, N°2, Unité associée au C.N.R.S., 1989, pp.5-41)。

11　フランスにおける服飾史研究では、各種の手稿史料をもとに数量的なデータ分析を行なう社会史的な研究が行なわれている。なかでも遺産目録を用いた服飾史研究は、Daniel Roche, *La culture des apparences, une histoire du vêtement XVIIe-XVIIIe siècle*, Fayard, Paris, 1989［以下では D. Roche, *La culture* と略す］をはじめ、ニコル・ペルグラン、ブノワ・ガルノ、ミシュリーヌ・ボーラン等が行なっている（*Vêtement et société, 2, Musée de l'homme, L'Ethnographie*, tome 80, Société d'Ethnograph. Paris, 1983）。またモーリス・ガ

ルダンはリヨン史研究の一環で、遺産目録をもとにリヨンの衣生活を考察した（Maurice Garden, *Lyon et les lyonnais au XVIIIe siècle*, Bibliothèque de la faculté des Lettres de Lyon, Paris, 1970, pp.417-422）。死後に公証人が立ち会って作成される遺産目録には死者の遺産について家具から衣服、鍋や食器に至るまで内容と所有数と評価額が事細かに記されており、服飾史のみならず歴史学においては物質文化史的な観点からも調査が進んでいる。また王家や貴族などの富裕な家で衣服を購入する際に作成される会計簿の研究も行なわれている。近世服飾史研究での主なものとしては、十七世紀のロレーヌ公爵家の会計簿を調査したHippolite Roy, *La vie, la mode et le costume au XVIIe siècle époque Louis XIII*, Champion, Paris, 1924がある。

12 同時期のパリの遺体調書には、すでに述べたように、次のものがある。Procès-verbaux de levée de cadavre, Archives Nationales, 請求番号［Y15707］. 計一三二件のまとまった調書であるが、このパリの調書は一七七〇年五月三〇日に、ルイ十六世とマリー・アントワネットの結婚の祝賀花火が行なわれた際に、大混雑になり一三二名の犠牲者が出た惨事のときのものである。ロッシュおよび筆者が調査したのはこの史料である。

13 前掲拙稿「十八世紀パリ、リヨン、ボジョレにおけるchemiseの着用状況」参照。

14 ローヌ県立文書館所蔵、請求番号［2B188］、一七六六年四月十日の遺体調書。訳文は筆者による（図1の十行目から二十行目より）。

15 Benoît Garnot, *Société, culture et genres de vie dans la France moderne XVIe-XVIIIe siècle*, Hachette, Paris, 1991, p.100 ; D. Roche, *La culture*, pp. 87-118.

16 Nicole Pellegrin, *Les vêtements de la liberté*, Alinea, Aix-en-Provence, 1989, p.40. «Cadavres（procès-verbaux de levée de）»の項目で、著者は遺体調書が服飾史家にとって興味深い史料であると述べている。

17 今回調査した史料は ローヌ県立文書館所蔵の司法関連文書を集成する série Bと教会関連文書を集成する série G, H のうち次のもの。 sous-série［2B］,（justices seigneuriales du Lyonnais）2B1-2B495； sous-série［11G］（chapitre Saint-Martin-d'Ainay）：11G313, 11G314； sous-série［12G］（chapitre Saint-Just-de Lyon）: 12G419； sous-série［1H］（abbaye de Savigny）: 1H223； sous-série［27H］（abbaye de Saint-Pierre-Les-Nonnains à Lyon）: 27H567 ; sous-série［50H］（Confréries）: 50H51． 以上の請求番号にはそれぞれ小裁判を扱った文書が集められており、遺体調書はその刑事裁判文書の中に分類されている。なお史料についてご教示下さっ

たリヨン第二大学のジャン＝ピエール・ギュトン教授に心から感謝申し上げる。

18　ローヌ県立文書館所蔵の遺体調書（Procès-verbaux de levée de cadavre）。リヨンの調書の請求番号は次の通り。2B45, 2B57, 2B58, 2B82, 2B94, 2B109, 2B124, 2B192 ～ 194, 2B196, 2B197, 2B201, 2B280, 2B334, 2B337, 2B342, 2B381, 2B383, 2B384, 2B468, 11G314, 1H223. ボジョレの調書は次の通り。4B11, 4B80, 4B81, 4B115, 4B143, 4B154, 4B176, 4B196, 4B212, 4B236, 4B266.

19　今回調査した史料はローヌ県立文書館所蔵の司法関連文書を集成する série B と教会関連文書を集成する série G, H のうち次の請求番号に分類される領主裁判文書である。sous-série［2B］（justices seigneuriales du Lyonnais リヨネ領主裁判）2B1 ～ 2B495（遺体調書数一六九件）、sous-série［11G］（chapitre Saint-Martin-d'Ainay サン・マルタン・デネ聖堂参事会）: 11G313, 11G314（同一八〇件）、sous-série［12G］（chapitre Saint-Just-de Lyon サン・ジュ・ド・リヨン聖堂参事会）：12G419（同十二件）; sous-série［1H］（abbaye de Savigny サヴィニ大修道院）：1H223（同二十件）; sous-série［27H］（abbaye de Saint-Pierre-Les-Nonnains à Lyon リヨンのサン・ピエール・レ・ノナン大修道院）：27H567（同一件）; sous-série［50H］（Confréries 信心会）：50H51（同二件）。ボジョレ地方の史料は、sous-série［4B］ボジョレ領主裁判のものである。遺体調書だけをひとつにまとめているサン・マルタン・デネ聖堂参事会の史料以外は、B、G、Hそれぞれの請求番号の箱にさまざまな小裁判を扱った文書が混在して集められており、遺体調書はそれぞれの刑事裁判文書の中に分類されている。そして遺体調書は各々の箱の中にたいていの場合、一、二通程度しか入っていない。史料の詳細は以下の解説を参照。Annie Charney, etc., *Archives départementales du Rhône, sous-série 2B, justices seigneuriales du Lyonnais* (*1529-1791*), Lyon, 1990 ; René Lacour, etc., *Archives départementales du Rhône, Répertoire numérique de la sérieG,* (*suite*) *sous-séries 11G à 29G*, Lyon, 1968.

20　調書の内容は、たとえばリヨンの場合、次のような記述になっている。sous-série［2B］では、まず連絡を受けた当局の裁判官補佐官あるいは都市守備隊長などが、現場へ検事と書記と外科医を派遣する。派遣される人物に国王公証人や弁護士が加わることもある。sous-série［11G］のサン・マルタン・デネ聖堂参事会の場合では、国務評定官でありリヨンのセネショーセおよび上座裁判所の民事総代官とされる人物が、やはり検事と書記と外科医を現場に派遣する。執達吏が加わることもある。いずれにせよ、どの史料においても、検事と書記と外科医の三名は必ず登場し、この三名で遺体の発見現場に赴き、調書を作成することになる。調書にはまず、変死体の発見場所が正確に記され、発見者などの証言が記される時もある。そして遺体の状況が、性別、およその年齢、身長、髪の毛の色、目の色など克明に記された。この時衣服をひとつひとつ記していく。そして遺体に傷などがあるかどうかや死因などを外科医が確認し、場合によっては外科医のレポートが添付されることもある。身元が判明した場合はその旨を記載し、最後に遺体の額に赤い蝋で印を押して、墓地に埋葬するよう命じられる。リヨンにはパリのような死体公示所はおそらくなかった。なぜなら、これらの調書はすべて、遺体の発見現場で作成されており、その場ですぐに墓地への埋葬が命じられているからである。たとえば、一七六七年六月三十日発見の女性遺体は、発見から十日たった一七六七年十月七日に、その遺体は自分の娘だと名乗る男性が現れて、彼は検事や書記などと共に、十日前にすでに身元不明のまま娘が埋葬された墓地へ赴き、わざわざ墓を掘り起こし、娘の棺を開けて、遺体の衣服を見て、ようやく自分の娘であると確認するというような事例があるからだ。ローヌ県立文書館所蔵の請求記号［2B189］所収の遺体調書一七六七年六月三十日の文書とこれの関連文書参照。

21 Nicolas Delamare, *Traité de la Police, l'histoire de son établissement, les functions et les prérogatives de ses Magistrats, toutes les loix et tous les règlemens qui la concernant*, Aux Dépens de la Compagnie, Amsterdam, 1729, tome 1er, livre 3me, Des Mœurs.

22 エントウィスル、前掲書。

23 Jacques Le Goff, «Codes vestimentaire et alimentaire dans Érec et Énide», in *L'imaginaire médiéval*, Gallimard, Paris, 1985, p.188.

24 文学分野における服飾研究はまだ少ないものの、比較的行なわれるようになってきた。Frédéric Monneyron (sous la direction de), *Vêtement et Littérature*, Presses Universitaires de Perpignan, 2001.

25 *Dialogue du masque et des gands, in Les entretiens galans d'Aristipe et d'Axiane : contenant Langage des Tetons, & leur pnegytrique; Le dialogue du fard, et des Mouches ; D'un grand Miroir, & d'un Miroir de Poche ; Du Masque & des Gands, avec plusieurs autres galanteries*, Paris, Claude Barbin, 1664.

26 ジョアン・エントウィスル、前掲書、一一七〜一一八頁とそれ以前。

第I部

清潔

――身体感覚の秩序

第1章　清潔の誕生

1.「清潔」propretéの意味

第I部では十七世紀に誕生した清潔の概念に着目して、アンシャン・レジーム期の身体感覚の意味を探る。第1章では、当時の「清潔」概念について分析する。まず当時の辞書が「清潔」propretéをどのように説明してきたか、確認したい。

「清潔」propretéは十六世紀にフランス語のpropreから派生した言葉である。propreは「そのもの自身に属しているもの、他のものと共有しないもの、特色、適切である、安定している」いう意味のラテン語propriusから生まれた言葉である。(1) そのため、propreはappartenance「そのもの自身に属しているもの、ほかのものと共有しないもの」

とconvenable「ふさわしい、適切である」という概念を基本としている。多くのフランス語辞書が、第一にこの二つの語でpropreを説明する。この本来propreの意味に含まれていた「適切である、ふさわしい」という概念が「自らの属性にふさわしい外見に整えてある様子」に変貌した。そして十六世紀にはpropreに「身だしなみの良い、優雅な、エレガント」、「豪奢な、贅沢な」という意味が加わる。[2] そこに「清潔な」という意味が加味されるのは、十七世紀初頭まで待たねばならない。しかし、たとえばエドモン・ユゲ（1863～1948）の『十七世紀古語小辞典』（一九二〇年）によれば、propreはélégant、propretéはéléganceを意味し、[3] 十七世紀においてpropretéの意味は多様なニュアンスを帯びて存在していた。

また、序論で示したように、propreの本来の意味に近い言葉で、propretéよりも発生が古い語としてpropriétéがある。それゆえ基本的にはpropriétéも「属性」という意味を表わしている。そしてpropreのたどった経過をpropriétéも同様にたどったのであろう。propreから派生したpropretéとpropriétéはどちらも同じ内容を持つに至った。現代ではpropriétéは「所有物、特性」、propretéは「清潔」という概念でもっぱら用いられており、明確な相違があるが、十六世紀から十七世紀前期にかけてはこの両者は区別なく用いられていた。ユゲの『十六世紀フランス語辞書』によれば、propretéとpropriétéの意味は、両者ともélégance「優雅さ、礼儀」である。[4]

十七世紀になっても、たとえば、ニコラ・ファレの作法書『オネットム、すなわち宮廷で気に入られる術』（一六三〇年）では、明らかに、propretéとpropriétéが同様の意味で用いられ、二つの語が版によって混同している箇所がある。[5]「男性のpropretéについて」という節の中で、一六三〇年、一六三三年、一六三九年の版ではpropretéと記されているのだが、一六三六年版はpropriétéと記されている。内容は「清潔（nettement）でありさえすれば、豪華であるかどうかは重要ではない」という一文からもわかるように、「清潔」に関して述べた箇所である。それゆえ、propretéと表記されるべきである。この時期に二語が混同されていたことを示す好例といえよう。

そこで序論で述べたように、十七世紀の文法家ヴォージュラは『フランス語覚え書き』（一六四七年）の中でpropretéとpropriétéの違いを明確にし、この二つの言葉の混乱を正した。ヴォージュラはpropretéを「汚れのない」概念を表わすものとして新しく定義した。

このようにヴォージュラは、propriétéも言い得ていた内容をpropretéの意味として限定した。propretéは形容詞propreの「汚れのない」や「整えられた」の意味を担うのであるが、以上の経緯からpropretéが単なる「汚れのない状態」と言いきれない概念であることは確かだ。十七世紀に誕生したpropretéは「清潔、汚れのなさ」「ふさわしさ」、「礼儀作法」、「優雅」、「装飾」など複数の意味の総合概念なのである。以上をふまえた上で、本論では「清潔」の訳語を用いる。

2. 清潔概念の範囲

上で述べた「清潔」propretéの語意は、断片的なものにすぎない。しかし文学作品を含む文献史料の中での言説を検討すれば、この言葉の世界はもう少し広がりをもって見えてくる。

第一に、清潔は、贅沢で豪奢な様子を形容したことを指摘できる。一六九五年五月二十三日パリで行なわれたド・メーム氏の結婚式は、大勢の上流貴族に祝福され、メーム氏の館の大広間で執り行なわれたが、その室内はすばらしいしつらいで人びとを感嘆させた。『メルキュール』誌一六九五年五月号はその室内の清潔な様子を、maginificense「豪華」、bon gout「趣味の良さ」、delicatesse「繊細」という言葉で形容している。[6] また、ビュッシー・ラビュタン（1618～1693）は、『回想録』（一六九六年）の中で、さる伯爵夫人の館に招かれた折の歓待ぶりに感銘を受け、その様子を「豪華」で「清潔」であったと説明した。[7] 同様の表現はラ・ブリュイエール（1645〜1696）の『カラクテール』にも見られる。第十一章「人間について」の一二〇番目の項目で、フィジップという人物が、清潔に凝りすぎて、贅沢品で身を覆っているという内容である。[8] つまり、贅沢、豪華さ、あるいは壮麗という概念と清潔は近接概念であった。

しかしいっぽうで、清潔は、簡素でつつましく敬虔な印象をともなった。フランス語の simplicité「簡素さ」、sobriété「簡素」、modeste「つつましさ」、dévote「敬虔な」などの言葉が清潔の内容を表わすことがしばしばある。たとえば、ブルゴーニュ公の家庭教師を務め、アカデミー・フランセーズの会員で、後にカンブレイの大司教にもなったフェヌロン（1651〜1715）の小説『テレマックの冒険』（一六九九年）において、次のような場面がある。テレマックが女神カリプソに手厚くもてなされる場面で、上質のすばらしい着替えが用意された後、質素だが、味の良い食事が運ばれてきた。この食事も「清潔」の言葉で形容されている。[9] アシェット版の編者アルベール・カーンは、一六九四年のアカデミー・フランセーズの辞書を引き、当時の清潔は「良き趣味のエレガンス」を意味すると、この場面を解説している。[10] つまり、趣味の良い料理であったということであろう。

フェヌロンは同じ『テレマックの冒険』の中で、クレートという土地における人びとの暮らしぶりとその住まいを、「清潔で、実用的で明るいが、装飾はない」[11] と描写し、クレートの土地柄について、「奢侈や懶惰はクレートにない」[12] という理由で、肯定的にとらえている。そのため、ここで述べられている清潔は奢侈や懶惰に対峙される概念である。

マリヴォー（1688〜1763）の『成り上がり百姓』（一七三五年）の中でも、清潔が宗教的な敬虔さと並べられている箇所が見られる。教導的立場にある婦人について述べる中で、その清潔で簡素な服装から、宗教的なつつましさや敬虔さを読み取っている場面である。[13] さらに、清潔は宗教家の身づくろいにおける義務であるが、聖職者が過度の清潔を求めて、身なりに凝っていることをふさわしくないと述べている部分もある。[14] これらの史料では、清潔は宗教家的な敬虔さ、簡素さ、慎ましさと同種のものとして語られている。また、ヴォルテール（1694〜1778）は『女子教育』（出版年不詳）という詩の中で「簡素な清潔こそ彼女の装身具になるのだ[15]」と断言している。

以上のように、清潔は「簡素」「質素」「控えめ」「敬虔」などで形容されるある種の趣味の良さであり、その意味において「エレガンス」を感じさせたといえる。

また、清潔は「秩序」と近接している。ordre「秩序、順序、整然とした状態」や soin「手をかけること」や rangement「整理整頓」という言葉とともに用いられるからだ。手入れが行き届いている様子、物事が秩序立てられている様子、整理されている様子を清潔は表わす。フェヌロンの『テレマックの冒険』と『女子教育論』（一六八七年）では、清潔と秩序を結び付けている。『テレマックの冒険』によれば、衣服を整えたり、洗濯したり、住まいを整えること、つまり身のまわりの秩序を維持することが清潔なのである[16]。『女子教育論』では「清潔や調和や礼儀を求めるのはよろしい[17]」と述べていて、清潔を proportion「調和」と並べている。「調和」は、均整がとれ、全体の秩序が保たれている状態である。

このように、清潔は ordre「秩序」や arrangement「整理」あるいは proportion「均整」と並べられる概念である。汚れのない状態とは、事物を秩序立て整えることに通じる。ジャンリス夫人（1746～1830）の『アデルとテオドル』（一七八二年）でも同様に部屋が整えられていることを清潔ととらえている[18]。それゆえ、清潔に対峙される概念は négligée「身なりを構わない、だらしない」であった。たとえば、レチフ・ド・ラ・ブルトンヌ（1734～1806）の『堕落した田舎娘』（一七八四年）に、「だらしのないものはひとつとして見当たらない」ことを清潔と並べている箇所がある[19]。だらしのないものは清潔とはいえないので、清潔とは、手入れが行き届き整然とした状態を指す。秩序と清潔は深く結んでいるのである。

さらに、衛生観念と清潔はかかわる。特に「健康に良い」という観点から語られることがあった。たとえば十八世紀後半になるが、ジャン・ジャック・ルソー（1712～1778）の『エミール』（一七六二年）には、水浴の習慣を、清潔と健康の側面からのみならず、体を鍛えるために有効であると述べる箇所がある。[20]

以上のように、文学作品のテクストの中では、「清潔」は、「豪華さ」「壮麗さ」と並べられる一方で、「簡素さ」や「つつましさ」「敬虔さ」とも結ぶことがあった。さらに、「秩序」や「調和」にも通じるものであるために、「だらしのなさ」と対峙する概念となっている。その上で「健康」にも結びつけられる概念となっていった。

3. 作法書による清潔の変遷

(1)「身分」condition にふさわしい姿

清潔の概念は複合的である。その視覚的具体像の形成に、本質的にもっとも深くかかわったのは、礼儀作法であった。十七世紀に多くの出版数を見た礼儀作法書は、清潔を身体作法の最重要課題に据えている。つまり、清潔を具体的に示し、それを広めたのは作法書であった。作法書の中で、清潔はどのようにとらえられていたのだろうか。

十六世紀に現れたフランスにおける初期作法書は、すべてフランス国外のものの翻訳である。イタリアのカスティリオーネ、ジョバンニ・デ・ラ・カーサ、オランダのエラスムス等の作法書が次々とフランス語訳され、それらがひとつの手本としてフランスに入ってきた。これらの書物のどのような言葉が、フランス語で「清潔」に翻訳されたのだろうか。これが最初の清潔概念の形成にかかわったと思われる。

礼儀作法書の最初期のもので、ヨーロッパ中でベストセラーとなり、フランス国内においても多くの版を重ねたカスティリオーネの『宮廷人』（一五二八年）は、後に続く作法書のモデルになったものである。[21] そこには宮廷人の服装に関する留意点が記された。第一に、服装に関しては慣習に従うことが肝要であると述べ、[22] 第二に「着こなしの上で重要と思いますのは、わが宮廷人、どこをとっても清潔で洗練され、全体を控えめなおしゃれで統一してほしいということです」と述べている。(23)

ここでいう「清潔」とはイタリア語の pulito である。この言葉は、おそらくカスティリオーネが初めてここで用いたと思われる言葉で、一六〇三年および一六三八年の伊仏辞書には、pulito は記されていない。(24)代わりに polito という語がフランス語の propre および net「清潔な、汚れのない」に相当していた。その後、一六八一年の伊仏辞書に(25)は pulito が現れ、フランス語の poly〔原文ママ〕「礼儀正しい、洗練された」、uni「統一された」、net「きれいな、清潔な、はっきりした」、gentil「行儀の良い」に相当すると説明されている。その上、polito という言葉も存在し、同様に poly、net、gentil に相当すると記している。異なるのは uni の部分であるが、この経緯を見ると、フランス語の propreté と同じように、イタリア語の pulito は十七世紀の新語であり、当初は polito と混同されていたとみなすことができる。つまり、カスティリオーネが使ったのは、かなり早い時期になる。一七三五年になると、pulito には sans tache「汚れがない」という意味も加わり、(26)現代の意味と等しい「清潔」を意味するようになった。

現代語においては、pulito は propre「清潔な」、honnête「誠実な」、recherché「凝った、気取った」、convenable「礼儀正しい、適切な、ふさわしい」を表わし、polito は poli「礼儀正しい、洗練された」、soigné「手入れの行き届いた、身だしなみの良い」の意味を持っている。(27)カスティリオーネが用いた pulito はおそらく polito と隣接した概念の言葉であり、「洗練され、汚れがなく、礼儀にかなっている」状態を表わしていたのではないかと考えられる。

『宮廷人』の二年後に出版されたエラスムス（v.1469 ~ 1536）の『少年礼儀作法論』（一五三〇年）は少年向けの作法書として、後に多大な影響を与えたものである。そこでは次のように記される。

自分の財力や地位にしたがい、また地域や慣習に従って、衣服の清潔を保つべきである。(28)

財力と身分、生活地域の慣習にしたがって衣服を整えることが、清潔に相当している。財力とはフランス語のmoyensであり、現代語では「素質」や「才能」などを意味することもあるが、十六世紀においては特に「富」や「財産」という意味合いが強かった。[29] エラスムスのいう「清潔」は、それゆえ「自分にふさわしい身なりを整えること」なのである。

しかし、十六世紀においては清潔と無関係に、自身にふさわしい身なりを整えることが作法書で推奨されてもいた。たとえば、ジョバンニ・デ・ラ・カーサ（1503～1556）は『ガラテオ』（一五五八年）において、自身の身分《コンディション》と年令にしたがって服装を整えるべきであると述べている。

自分の身分と年令にしたがって衣服を身につけるべきである。なぜなら違った風にすれば、（周囲の）人を軽視していることになるからだ。[30]

作法にかなった装いにするために、自身の身分や年令、また慣習にしたがうことは、清潔にかかわらず、くり返し作法書の中で説かれ続けたことであった。一六八七年のフェヌロンの作法書『女子教育論』においても、「何よりもまず彼女たちの装いに、身分不相応のなにものをも許してはならない」[31]と記されている。

つまり礼儀作法においては、身分にふさわしく身なりを整えることが当初から重要であった。作法書の述べる身分とはconditionである。conditionは、現代では「条件、状況、状態、環境」などを意味する言葉であるが、十七世紀の辞書は「身分」という意味を与えている。たとえば、一六八〇年に出版されたリシュレの辞書は「職業、生活のすべ、財産によって人が置かれる状態。身分（qualité）」[32]であると言い、一六九〇年のフュルチエールの辞書は

「conditionとは、身分、生まれ（家柄）、人が生まれたときの身分（état）を意味する。職業や特性も意味する」[33]と定義する。一六九四年のアカデミー・フランセーズの辞書も同様で、「物事や人物の性質、状態、資質。生まれ・家柄が与える状態。de conditionとは特に良い生まれのこと。職業」[34]と定義した。アカデミー・フランセーズによるこの説明は一七一八年版においても同様である。[35]

このように、conditionは、「血筋、家柄」および「職業」を意味したのである。社会における自身の位置を、血筋と職業の面から指し示す言葉であり、その意味において、conditionは「身分」を表わしている。礼儀作法書における清潔は、第一にこのような「身分」にふさわしい装いを整えることなのであった。

しかし、当時の身分概念は実際にはより複雑である。十七世紀フランスの身分について考えるとき、高等法院の弁護士で法学者であり政治学者でもあったロワゾー（1564～1627）の『身分論』（一六六六年）[36]を避けて通るわけにはいかない。ロワゾーは当時の身分がどのようなものなのかひとつの理念として表わした。ロワゾーは身分を秩序と結びつけている。以下の『身分論』の冒頭の言葉から、そのことはうかがえる。

すべてものごとには良いしきたりとそれを方向付けるために、秩序が必要である。この世界全体がラテン語でそのように（秩序と）呼ばれるのも、そのすばらしい配置の飾りつけと恩恵によっているのである。[37]

つまり、ロワゾーによれば、整然とした秩序による配置が世の中の形であり、それが神の意思にかなう理想的な状態であった。ordre「秩序」とdignité「品位」という抽象的な言葉を用いているものの、詳細な定義も行なっている。まず、中世末以来の三身分論[38]を踏襲して説明した上で、「身分とは公権力への適性をともなった品位である」[39]と述べる。秩序ある社会のなかで、自らに割り当てられた位置が、職業であり身分なのである。しかしそれは、常に変動する世の中において、決して不変のものではない。個々の身分や職業が有機的に結びつき連鎖し、ひとつの統一的な構造を成して社会を形成しているのである。このような考え方を、十七世紀の身分と社会構造を考える上で、まず知っておく必要がある。(40) ロワゾーの身分論は職業の問題としてとらえている点が新しい(41)。このように、ロワゾーは dignité や ordre の言葉で表現するが、血筋のみならず職業を含めた個人の社会的立場が condition なのだろう。

さらに、condition は、後に検討する奢侈禁止令において、「我われは、いかなる身分や職業の者であれ、すべての臣民に対し、至急以下のことを禁じる」(42) という常套句で用いられた。傍点部の原文は de quelque qualité & condition qu'ils soient である。身分にあたる言葉は、ここでは qualité と condition である。両者とも身分の意味であるが、前者は、肩書きや称号を含めた意味での身分、後者は職業の概念も含んだ身分になる。なぜなら、qualité をフュルチエールは次のように説明するからである。

> その人の貴族性や権利を表わすために人に与えられた称号のこともいう。たとえば、ポーランド王はスウェーデン王の qualité を得た、というように(43)。
>
> 地位や身分《コンディション》をあらわすためにも使う。homme de qualité は、貴族身分であるにせよ、職業にせよ、品位《ディニテ》にせよ、国家において最高位に位置する男のことである(44)。

つまり、qualité はロワゾーのいう品位に近い。qualité と condition の二つの語によって「身分」概念が包括的に表現できた。

奢侈禁止令の条文中、常套句として condition は用いられた。これらの文脈から考えても、この語を「身分」ととらえることは妥当であり、それに適合した身なりを整えることが、礼儀作法書が求めた清潔の第一義である。

（2）白いリネン類による清潔

清潔の視覚的具体像を示したのは、ニコラ・ファレの『オネットム、すなわち宮廷で気に入られる術』（一六三〇年）である。ニコラ・ファレの作法書は、それまでの外国から導入された作法書、とりわけカスティリオーネの『宮廷人』をモデルにしつつ、フランス独自の宮廷作法を論じた最初の本格的な礼儀作法書である。後に続くフランスの作法書の原型となり、一六三〇年から一六八〇年頃にかけて広く読み親しまれたものであった[45]。このなかで、その後の時代の清潔観を決定づける内容が提示された。ファレは次のように述べた。

> 衣服に関しては着飾るよりも清潔であるほうがよい。よき趣味を持つ人は誰でも、贅沢に着飾っている人より、清潔にしている人を好む[46]。

> 美しくて非常に白いリネン類を常に身につけていれば充分である[47]。

つまり、ファレによって、清潔の内容は、白いリネン類という具体像と結ばれた。ヴィガレロが論じた白いリネン類によって完成する清潔は、ここで明確になった。ファレの述べる「清潔」は、カスティリオーネが用いた pulito の意味である「洗練され、汚れがなく、礼儀にかなっている」状態とほぼ同義と解釈できる。

その後、白いリネン類と清潔の結びつきはいっそう強くなる。一六四二年のシャルル・ソレルの『ギャラントリーの法則』は次のように明言したからだ。

見つけられる限りのもっとも美しくて最も繊細なリネンを身につけるべきである。[48]

ソレルは、二重三重に重なったバティスト布やオランダ亜麻布のトワル、さらに二重三重に重なった「ジェノバ産のレース」を襟飾りのジャボにあわせるのが良いとさえ付け加えた。シュミーズの開口部にはレースがのぞいているのが望ましかった。

さらに身を飾るために、バティスト布にせよ、オランダ亜麻布にせよ、二重三重に重なったトワルがあるのが望ましいし、そこに二重三重にかさなったジェノバレースがあればもっとよいだろう。これらは同じような装飾品である襟飾りのジャボに合わせるとよい。紐やエギュイエットが小さなガチョウ《プティトワ》と呼ばれるように、腹部の上のシュミーズの開口部をジャボといい、これに常にレース飾りをあわせるべきである。[49]

このようにして、白いリネン類とりわけ美しい白いレースを、襟元やシュミーズの開口部に見せることが、清潔の視覚的表象となった。

(3) 複合概念としての清潔

清潔は作法にかなった装いに不可欠であったが、カイイエール(一六六二年没)は一六六四年の作法書で、宮廷人は清潔に配慮するのであれば、自身の身なりのみならず、供まわりの者や金銭の使い方にも気を使うべきであるとの見解を示している。[50] 身なりだけでなく、本人を取り巻くすべてのものに清潔を要求している。

さらに、一六七一年と一六八一年のアントワーヌ・ド・クルタン（1622～1685）による『フランスにおいて紳士の間で行なわれている新礼儀作法論』では、清潔は次のように説明された。

清潔でありたいと思うなら、衣服を自分の体格と、身分と、年令に合わせるべきである。[51]

清潔であるために不可欠な法則はモードである。[52]

清潔の第二義は汚れのないことである。[53]

衣服が清潔であって、とりわけ白いリネン類を身につけているならば、豪華に着飾らなくてもよい。[54]

清潔とは第一に、自分の体格、年令、そして身分に合わせて装うことであり、またモードにしたがうべき事柄であった。第二の要点が汚れのない状態である。汚れのない状態とは白いリネン類によって表現されるため、白いリネン類さえあれば、豪華に着飾る必要はなかった。一七〇三年のジャン・バティスト・ド・ラ・サル（1651～1719）の作法書も、クルタンと同様のことを述べている。[55] つまり、第一に体格と年令と身分にあわせた服装をし、モードにしたがわねばならない。その上で白いリネンを頻繁に着替えて、白さを保つのが清潔であるために肝要であると言った。

一方、清潔に反する状態は、行き過ぎた清潔であると作法書は説明する。[56] 作法書の言う清潔には節度も求められたのである。

(4) 作法書に見る清潔の推移

作法書において清潔をめぐる言説は次のように推移した。

まず、十六世紀の外国からフランスに導入された初期の作法書においては、清潔であるか否かにかかわらず、作法にかなう装いは自らの身分に適した装いをすることであった。作法上のこの原則が、清潔概念の広まる上で基本的な土壌を形成した。

これを出発点として清潔の具体像が形成されたのは、ニコラ・ファレからである。ファレは白いリネン類（下着）を身につけていれば清潔を示すことができると明言した。ソレルはそれを極端に推し進め、具体的なリネンの種類、とりわけレースの種類と用い方と着装まで提示した。十七世紀の半ばのことである。この時点で、白いリネンを身につけるか否かが、清潔の判断基準になっていた。

十七世紀後半になると、クルタンとラ・サルにおける清潔は微妙なニュアンスをおび、清潔の総合的な概念が再確認される。第一に、自らの体格と年令と身分にあわせた装いであること、第二に、モードにしたがったものであること、第三に、汚れがないこと、つまり白いリネン類を身につけていること、これをなるべく頻繁に着替えること、主にこの三点に集約された。また、過度の清潔は否定された。

礼儀作法の文脈の中で、以上のような経緯を清潔はたどった。いずれにしても清潔は作法の最重要課題をなしていた。クルタンが「清潔は礼儀作法の大きな部分をなしている」[57]といい、ラ・サルも「衣服の清潔は礼儀作法にもっとも関係のある事柄のひとつである」[58]といっている通りである。

したがって、アンシャン・レジーム期の清潔概念において、汚れのない状態は、二次的な概念であるといわねばなるまい。もっとも重要なのは、自らの「身分」condition に適合することである。換言するならば、清潔とは、身分という秩序に自らを従わせる行為でもある。清潔の対概念が不適切さであるのもそのゆえんである。白いリネン類は清潔概念の発展過程で付随してきた新しい清潔の表象であった。

注

1 *Grand Larousse de la langue Française*, Librairie Larousse, Paris, 1976, tome5, p.4699, «propre». P. Robert, *op.cit.*, tomeV, p.1300, «propre»の項目に«1090, lat. proprius»と記してある。

2 Edmond Huguet, *Dictionnaire de la langue Française du XVIe siècle*, Didier, Paris, 1973, tome 6, p.222 , «propre»［以下では、Huguet, Dictionnaire と略す］

3 Edmond Huguet, *Petit glossaire des classiques Français du dix-septième siècle*, Librairie Hachette, Paris, 1920, pp.313-315, «propre», «propreté».

4 Huguet, *Dictionnaire*, tome6, pp.223-224 ; La Curne de Sainte-Palaye, *Dictionnaire historique de l'ancien langage François ou Glossaire de la langue Françoise*, Georg Olms Verlag, Hildesheim, New York, 1972. propreté の意味に propriété が記されていて混同されている。

5 Nicolas Faret, *op.cit.*, pp.92-93.

6 *Mercure*, mai, 1695, pp.276-281.「新婦はド・メーム館の大広間へと連れて行かれたが、そこはすばらしいしつらいで、すべてが豪華で清潔であり、趣味の良さと繊細さで、輝くばかりであった。」

7 ビュッシー・ラビュタンは軍人でありながら、アカデミー・フランセーズの会員で小説家でもあった人物。*Les Mémoires de Messire Roger de Rabutin, Comte de Bussy, lieutenant général des armées du roi, et mestre de camp général de la cavalerie légère*, JCLattès, Paris, 1987.［以下では Bussy Rabutin, *Mémoire* と略す］p.39.「我われを非常に豪華で清潔な様子で歓待してくれた。」

8 La Bruyère, *Les Caractères ou Les Mœurs de ce siècle*, (1688), in *Œuvres complètes*, Bibliothèque de la Pléiade, Gallimard, Paris, 1934, pp.348-349.「フィヂップはもうよい年だが、身の清潔さから言葉遣いまで万事に凝りぬき、しまいにはきわめて細かなところにまで気を使う。［…］無駄な身の飾りはさぞ窮屈であろうが、習慣は恐ろしいもので、しまいにはそれが必要品になってしまう。」（ラ・ブリュイエール『カラクテール、当世風俗誌（中）』、関根秀雄訳、岩波文庫、一九五三年、第十一章「人間について」一二〇、一八七頁）。

9 Fénelon, *Les Aventures de Télémaque*, (1699). Librairie Hachette, Paris, 1927, p.19［以下では *Télémaque* と略す］.「編んだ髪の毛をもち、白い衣をつけたニンフたちが、まず簡素な食事を運んできた。簡素ではあるが、それは、味も、清潔さも、申し分がなかった。」（フェヌロン『テレマックの冒険（上）』朝倉剛訳、現代思潮社、一九六九年、一〇頁）。

10 *Ibid.*, p.19, 脚注二.

11 *Ibid.* p.190.

12 *Ibid.*, p.189.

13 Marivaux, *Le Paysan parvenu*, (1735). Édition Garnier Frères, Paris, 1959, pp.42-43.「何の変哲もない地厚なタフタの襟巻、無地の角帽、それらにふさわしい色気の服、それによくはわからないけれども、その顔にみなぎっている敬虔な趣き、総てがすっきりした清潔な感じがしたので、私は、この婦人は宗教の教導的立場にある婦人だと判断した。と言うのは、こうした種類の婦人というものはどこへ行っても同じような服の着方をしているものである、それがそうしたご婦人方の制服であり、私にはあまり気に入らなかった。」（『世界文学全集古典編、第20巻、マリヴォー篇、色好み成上がり百姓』佐藤文樹訳、河出書房、一九五五年、三六頁）。*Ibid.*, pp.45-46.「「お上がりなさい、ね、あたくしと一緒にお上がりなさい、あたくし、お姉さまに話しますから。」と婦人は私に言った。私はその言葉に従った、そしてふたりは、家に入った、家の中はすべてがすっかり備わっているように見えた、その家具、調度も、その配置も、この信心家の衣裳の趣味と一致していた。淡白、簡素、清潔、この家に見られるものは、そうしたものである。どの部屋も祈祷所のようだった、そこへはいると、お祈りをしたくなるような気持ちになった、すべてが慎ましく、つややかだった、総てが魂を、聖なる瞑想の和やかさを味わいたいという気分に誘った。」（同書、三八頁）。

14 *Ibid.*, pp.59-60.「この聖職者の自ら称して、罪なき身だしなみと称するものは、以上のようなものであった、なんとなれば聖職者は、宗教自身、ひとびとの耳目を刺戟しないように、慎ましい身奇麗さを遵守するのを望んでいるということを、忘れなかったからである。この人は、ただ、少しばかり、義務としての身奇麗さを超えていたのである。しかし、そうした義務としての身だしなみなるものの正鵠を得ることは、実際、困難なことである。それゆえ、われわれの聖職者も、きっとその意図に反して、おしゃれにまで立ち至ったのかもしれない。」（同書、四八～四九頁）。

15　Voltaire, *Contes en vers en prose*, 1, *L'Education d'une fille*, p.81, in Bibliothèque nationale de France, Gallica, URL : http://gallica.bnf.fr/?lang=FR.

16　Fénelon, *Télémaque*, p.327.「彼女らは、家族の者のすべての衣服をつくったり、洗ったり、また住居を整え、おどろくほど清潔にします。」（前掲書、一七九頁）。

17　Fénelon, *De l'Éducation des Filles*, (1687), in *Œuvres complètes, précédées de son histoire littélaire par M.Gosselin*, tome V, Slatkine Reprints, Genève, 1971, p.589［以下では、*De l'Éducation des Filles* と略す］.「美容から装身の問題に移ろう。真の優美は決して虚栄的な気取った装飾に基づくものではない。なるほど、われわれがわれわれの身体を装うために必要な衣服において、清潔や調和や礼儀を求めるのはよろしい。しかしながらなおわれわれが着て、われわれが便利にかつ美しくすることのできる衣服は決して真実の美を与える装飾ではあり得ない。」（フェヌロン『女子教育論』辻幸三郎訳、目黒書店、一九二五年、一八九頁）。

18　Madame de Genlis, *Adèle et Théodore ou Lettres sur l'Éducation contenant tous les principes relatifs aux trois différents plans d'éducation des Princes et des jeunes personnes de l'un et l'autre sexe*, (1782), Presses Universitaires de Rennes, Rennes, 2006, p.278.［以下では *Adèle et Théodore* と略す］.「こう言って、彼は私たちのほうを向き、自分の家を見せましょうと提案した。彼自身が私たちを案内してくれたが、まず医務室へ通された。それは大きな部屋で、ベッドが六二床あった。部屋の整った様子は清潔で非常に凝ったものでもあったが、私たちがそこに想像できるもののすべてを凌駕していた。」

19　Nicolas Rétif de la Bretonne, *La Paysanne pervertie ou Les dangers de la ville*, Garnier Flammarion, Paris, 1972, p.326.「きわめてコケティッシュで色っぽく、あなたのお色気はきわ立っていました。清潔で、かぶりものや、履物にも、だらしのないものはひとつとして見当たりません。」

20　Jean-Jacques Rousseau, *Émile ou de l'Éducation, Émile et Sophie, in Œuvres complètes, IV, Émile, Éducation–Morale-Botanique,*

Bibliothèque de la Pléiade, Gallimard, 1969, pp.277-278.

21 カスティリオーネ『カスティリオーネ　宮廷人』清水純一・岩倉具忠・天野恵訳注、東海大学出版会、一九八七年、八七二頁。ウルビーノ公グイドバルド・モンテフェルトロの宮廷の夜会で、一五〇七年三月前半の四夜にわたって、十九人の紳士と四人の貴婦人によって宮廷人の心構えがさまざまな観点から討論され、その会話内容が書き記された設定になっている。

22 同書、二五一頁、「服装に関しては大方の慣習に従うという事以上に定まった規範を示すことはできかねます。」

23 同書、二五五頁。

24 *Dictionaire François et Italien,* par Pierre Canal, chez Robert Foüet, Paris, 1603 ; *Dittionario Italiano e Francese,* per M.Petro Canale, Stampato in Parigi, 1603. この辞書は二冊合冊になっている。*Dictionnaire François-Italien, profitable et necessaire a ceux qui prennent plaisir en ces deux langues ; Dittionario Italiano e Francese, Nel quale si mostra come I vocaboli Italiani si possino dire, e esprimere in lingua Francese.* Per M. Filippo Venuti, Appresso Iacopo StoeR, Geneva, 1638. この辞書も二冊合冊である。

25 *Dictionaire Italien et François,* Antoine Oudin (mis en lumière par), tome 1er, chez Guillaume de Luyne, Libraire Jure, Paris, 1681.

26 *Dictionaire Italien, Latin et François, contenant non seulement un abrege du dictionnaire de la crusca, mais encore tout ce qu'il y a de plus remarquable dans les meilleurs Lexicographes, Etymologiste s, & Glossaires, qui ont paru en differentes Langues.*, par M. l'abbe Antonini, chez Jacques Vincent, Paris, 1735.

27 Robert et Signorelli, *Dizionario Francese-Italiano, Italiano-Francese, II Italiano-Francese,* Signorelle, Milano, (Société du Nouveau Lettre, Paris), 1988.

28 Erasme, *La civilité puérile,* (1530), in *La bienséance la civilité et la politesse enseignées aux enfants,* Jean-Pierre Seguin (textes réunis et présentés par), Jean Michel Place Le Cri, Paris-Bruxelles, 1992, p.256.

29 Huguet, *Dictionnaire,* tome 5, p.363, «moyens».

30 Giovanni della Casa, *Galatée ou Des manières,* Jean de Tournes (présenté et traduit de l'Italien d'après la version de) (1598),

Alain Pons, Paris, 1988, p.48.

31 Fénelon, *De l'Éducation des Filles*, p.590.

32 P. Richelet, *op.cit.*, tome 1, p.551, «condition».

33 Furetière, *op.cit.*,tome 1, non pagination, «condition».

34 *Le Dctionnaire de l'Académie Français*, (1694), tome1, p.227, «condition».

35 *Nouveau Dictionnaire de l'Académie Françoise*, (Jean Baptiste, Paris, 1718), Slatkine Reprints, Genève, 1994, tome 1, p.314, «condition».

36 *Les œuvres de Maistre Charles Loiseau, avocat en Parlement, contenant les cinq livres du droit des Offices, les Traitez des Seigneuries, des Ordres & simples Dignitez, du Déguerpissement & Délaissement par Hypotheque, de la Garantie des Rentes, & des Abus des Justices de Village, derniere édition plus exacte que les precedentes*, la Compagnie des Librairies, Lyon, 1701.『身分論』については絶対王政期の社会構造を知る上での基本的な文献として多くの研究者が言及してきた一方で、ピエール・グベールのようにこれを鵜呑みにすることへの警鐘を鳴らした研究者も存在し、盛んに議論されてきた史料である。

37 *Ibid.*, p.1.（阿河雄二郎「ロワゾー『身分論』の世界—十七世紀初期のフランス社会の理念像にふれて」『ステイタスと職業—社会はどのように編成されていたか』前川和也編著、ミネルヴァ書房、一九九七年、六〇頁参照［以下では『ステイタスと職業』と略す］）。

38 第一身分を聖職者など、第二身分を君主や貴族など、第三身分をその他の人びと、つまり文芸の人、金融関係の人、商人や職人、農民などの人びとで構成されているという考え方。

39 阿河雄二郎、前掲論文、六一頁。Loiseau, *op.cit.*, pp.2-3.

40 当時の身分についての詳細な議論については、阿河雄二郎、前掲論文参照。

41 前川和也編著『ステイタスと職業』四頁。

42 Nicolas Delamare, *op.cit.*, tome 1er, livre 3me, Des Mœurs, p.374, p.375, etc.

43 Furetière, *op.cit.*, non pagination, «qualité».

44 *Ibid.*, non pagination, «qualité».

45 Montandon, *op.cit.*, p.48.

46 Nicolas Faret, *op.cit.*, p.91.

47 *Ibid.*, p.93.

48 Charles Sorel, *op.cit.*, p.12.

49 *Ibid.*, pp.15-16 .

50 M.de Caillière, *La fortune des gens de qualité et des gentil-hommes particuliers. Enseignant l'art de vivre à la Cour.* Estienne Loyson, Paris, 1663, p.86.「自身が清潔であるならば、身なりや供廻りのものも同じようにするべきだ。」

51 Antoine de Courtin, *Nouveau traité de la civilité*, p.106.

52 *Ibid*,. p.106.

53 *Ibid*,. p.108.

54 *Ibid*,. p.108.

55 Jean-Baptiste de la Salle, *op.cit.*, p.121.「衣服が清潔であるためには、身につける人にふさわしくなければならない、つまり、体格と、年令と、身分にあわせるべきである。」*Ibid.*, p.123.「衣服の清潔さを決定付けるのはモードである。われわれは必ずこれにしたがわねばならない。」*Ibid.*, p.126.「衣服よりも下着（リネン類）が汚れていてはいけない。少なくとも一週間ごとに取り替えるべきで、かならず白いものであること。」

56 Antoine de Courtin, *Nouveau traité de la civilité*, p.106 ; Antoine de Courtin, *Traité de la civilité*, p.49 ; Fénelon, *De l'Éducation des Filles*, p.592.

57 Antoine de Courtin, *Nouveau traité de la civilité*, p.106.

58 Jean-Baptiste de la Salle, *op.cit.*, p.121.

第2章 「白いリネン類」による身分秩序の身体化

1.「白いリネン類」linge とは

当時の清潔に白いリネン類が不可欠であったのは、作法書の記述から明らかである。すでに述べたように、ニコラ・ファレが白い下着の着用を推奨したことも手伝って、白いリネン類が飛躍的にもちいられるようになっていたのは間違いない。第2章では、これらの白いリネン類が身分秩序を表象するものであったことを、奢侈禁止令から読み解く。本論で言う「白いリネン類」linge とは、フュルチエールによれば、肌に直接身につける麻や亜麻布類と家庭で使う布類の総称であり、広範な種類に及ぶものであった(1)。布とは toile であり、麻や亜麻や木綿の白い平織りの布を指す。広く一般的にもちいられたのは麻で、亜麻布は上等品であった。これを裁断し、製品化して売買したのが、「下着製造販売業者」lingère である。下着製造販売業者が扱った全ての品を linge と総称できる。

フュルチエールは次のように続ける。[2] linge は gros linge と menu linge に分類できる。前者は「シーツ」、「ナプキン類」、「シュミーズ」などを指し、後者は「襟飾り《ラバ》」、「カフス」、「襟巻《クラヴァット》」、「ハンカチーフ」などの小物を指した。また前者は「洗濯女《ブランシスーズ》」に、後者は「洗濯糊付業者《アンプズーズ》」に洗濯を頼んだ。洗濯糊付業者とは、十六世紀以降、特に「襞襟《フレーズ》」のひだ付けを行なった専門家のことを指している。[3] さらに、linge uni はレースのついていない白無地のリネンであり、「美しいリネン類」beau linge はレースのついているものを指した。それゆえ、ニコラ・ファレなどが言う清潔に不可欠な beau linge とは、レース付きの美しいリネン類を指している。

下着製造販売業者の取り扱う商品は多岐にわたる。一七二三年に出版されたジャック・サヴァリー（1657～1716）の『商業辞典』によれば、下着製造販売業者が商う商品は以下の通りである。

亜麻布、麻布、バティスト、リノン、カンブレイ、オランダ亜麻布、キャンバス（地の粗いものから細かいものまで）、ズック（白から黄色まで）、そしてあらゆる布製品、シュミーズや下穿き《カルソン》、襟飾り《ラバ》やその他これらの布にかかわる製品。[4]

最後の「これらの布にかかわる製品」には、さまざまな白い布製品が相当するが、そこには多くの場合レースが含まれており、下着製造販売業者はレースも取り扱っていた。[5]

バティスト[6]、リノン[7]、カンブレイ[8]はいずれも上質の白い亜麻布で、フランス北部の近隣地域で作られていた。しかし、上質で繊細な亜麻布ばかりではない。なかにはキャンバスのような粗布[9]も白いリネン類には含まれる。このように、さまざまな亜麻布と麻布をもちいた製品が「白いリネン類」linge であった。

下着製造販売業者は十三世紀頃から続く伝統的な女の職業である。見習いになれるのは未婚女性と限られていた。見習い期間は四年間、さらに二年間は職人として働かなければ女親方になれず、身元が確かで、敬虔なカトリック信者であることが条件とされた。(10) この条件は一六四五年一月三日に打ち出された下着製造販売業者の組合《コミュノテ》の規約に記されたものであるが、一七二三年刊行のサヴァリーの『商業辞典』においても、この規約を最新のものとしている。下着製造販売業者の女親方は一七二五年の時点でパリには六五九人いた。その後も増減は見られず、一七七三年も一七七九年も同様であったという。(11) このことから、十七世紀から十八世紀にかけて、下着製造販売業者の仕事や規模に大きな変化はなかったと考えられる。

一七七一年に科学アカデミー会員のガルソー(1693～1778)が著した『下着製造販売業者の技術』によると、下着製造販売業者の仕事内容は、亜麻、麻、木綿の布を扱うこと、それらを製品に合わせて採寸、裁断を行なうこと、さらに製品にして販売することであった。下着製造販売業者が注力する仕事は、女性の人生におけるふたつの大きな節目、結婚と出産のときに必要な布類をそろえることである。もうひとつの重要な仕事は、キリスト教会に納めるさまざまな白い布類をそろえることであった。女性の結婚と出産に必要な白い布類とは、かぶりもの、化粧着、肩掛け、シーツ、枕カバー、おくるみ、乳児用のかぶりものなどであり、教会に納める布類とは、祭壇布や聖体布などの布類、祭服、かぶりもの、肩掛けなどであり、これ以外の商品としては、男女共に身につける肌着のシュミーズや、襟飾り、カフスなどを商っていた。(12) これらすべてが linge と呼ばれる白いリネン類であり、美しい白いレースが付属しているのが常であったため、亜麻の白糸レースに限っては、下着製造販売業者が商うものとされた。つまり linge はレースを含んでいる。そのため、本論で用いる「白いリネン類」という語は、白い亜麻布や麻布から精緻な上等のレースなど亜麻糸による手工芸品までを含む広範な白い布類を指している。

ガルソーによれば、下着製造販売業者が取り扱ったレースは、白い亜麻糸を用いたレースのみである。(13) 同様に、サヴァリーも、すべての種類のレースを商うことができたのは小間物商であり、下着製造販売業者は白い亜麻糸レースのみを扱ったと述べる。(14) つまり金銀糸や絹の色糸のレースは管轄外であった。このように下着製造販売業者は広範な白い布製品を商ったが、慣例的にそこにはレースが含まれていた。清潔の表現に不可欠とされた白いリネン類は、これらのうち、人が身につけるものすべてである。

2．奢侈禁止令における白いリネン類

作法書は、清潔のためには、衣服を体格と年齢と身分にあわせるべきであると説いた。身分とは condition であり、すでに述べたように、血筋、家柄、そして職業も指す言葉であった。奢侈禁止令の中では「あらゆる condition の者に禁じる」という常套句で使われた。それゆえ、身分にふさわしい身なりを整えることは、アンシャン・レジーム期フランス社会においては、奢侈禁止令にしたがった服装を整えることにつながる。

清潔であるために不可欠な白いリネン類は、奢侈禁止令において、常に対象品目になってきた。つまり白いリネン類を一部の者たちの専有物にしようとしたのが、奢侈禁止令の目的であった。白いリネン類がどのように規定されてきたのか。なかでもレースは、再三再四、禁令の対象になっており、その意味を読み解くことによって、当時の清潔の意味を理解することができる。

最初のレースの詳細な禁令は一六二九年一月のものである。条文は使用できるレースの大きさと値段を定めている。

この勅令はすべての麻と亜麻布の刺繍、刺繍の偽物、麻・亜麻布のネットとルボルドマン、襟飾り《ラバ》の切込み装飾、

襟とカンタン布のカフス、その他のリネン類、ポワン・クペ、ダンテル、パスマン、その他の亜麻糸やボビンで作られたものを男女共に禁じる。王国内で作られた一オーヌ三リーブル以内のパスマンとポワン・クペ以外、襟飾りやカフス、その他のリネン類につける装飾を禁じる。［…］王国外で作られたり、輸入されたポワン・クペを商うことを禁じる。(15)

このように、当時のあらゆるリネン類による装飾、レース類の着用が禁じられた。ポワン・クペとは十七世紀初めのレース揺籃期に現れた技法で(16)、厳密にはレースとは異なるといわれる。白布に白糸で刺繍をほどこし、布を残したまま透かしの部分を切り取り、周囲をボタン・ホール・ステッチでかがっていく技法である。たとえばカトリーヌ・ド・メディシス（1519～1589）に献じられたフェデリコ・ヴィンチョーロ（生没年不詳）のパターン・ブック『あらゆる種類の麻製品のための、ヴェネチア人、フェデリコ・ヴィンチョーロ氏の数奇なポートレート』（一五八七年）(17)を見ると、精緻なポワン・クペのデザインを見ることができる。パスマンとはリボン状のボビン・レースのことであり、長さの単位あたりで値段が定められ切り売りされていたものである。そこで、禁令の中では「一オーヌ三リーブル以下」という記述が出てくるのである。レースはニードルポイント・レースとボビン・レースに大別できるが、ボビン・レースはその技法が「組紐」passement 作りに似ていたため（図2、3）、長らくパスマンと呼ばれていた。(18)このパスマンは奢侈禁止令に頻出する。ダンテルは狭義では歯形の連続模様になっているレースを指す。(19)一六二九年の禁令で許されたのは、襟飾りやカフス、そのほかのリネン類に付属させる、王国内で生産された一オーヌ三リーブル未満のパスマンとポワン・クペのみであった。

ドラマール（1639～1723）の『諸事取締要綱』（一七〇五年～一七三八年）には第一冊の三巻目が「風俗」と題されており、その第一編に奢侈禁止令が集められている。(20)ドラマールは、ここで禁令の条文を紹介するだけでなく、解説も付している。その中で、豪奢な織物や真珠や宝石類を禁じる衣服改革が進むにつれて、禁令に抵触しない白いリネン類とレース類が注目を浴びるようになったと述べる[21]。その結果、本来禁じられていなかったリネン類は贅沢品へ変貌をとげていった。長らく禁じられ続けた豪奢な織物に変わりうるものが、衣服の内側に秘めていた白いリネン類、レースだった。しかし、禁令を守るべき貴族たちも、貴族としての体面を保たねばならず、庶民とは異なる美しい姿を示すことによって威信を示さねばならない。結果として、イタリア、特にヴェネチアやジェノバから入ってきた新たな奢侈品であるレース類は、常に追い求められるものとなった。このようにして一六二九年には外国産レース類の一大流行が生まれ、フランスの財貨が外国に流出してしまうことになったため、これらは禁令対象になったとドラマールは解釈している[22]。一六二九年以降、同様の禁令は毎年のように少しずつ変更を加えながら発せられる。一六三三年十一月十八日の禁令はほぼ同様の内容である。

この勅令が印刷されてから八日後より、すべての人に対し次のことを禁じる。王国内で生産された一オーヌ九リーブル以下の価値のパスマン以外、国内産であれ、国外産であれ、シュミーズや襟、カフス、かぶりものやその他のリネン類に、いかなる切込み装飾も金銀の刺繍もパスマンもダンテルもポワン・クペも用いてはならない。[…]下着製造販売業者とそのほかの商人が、上記の期日以降、国内外で生産された禁止品を流通させたり、店先に並べたりすることを禁じる。違反すれば、没収と一五〇〇リーブルの罰金を課す[23]。

国内産の一オーヌ九リーブル以下のパスマン以外、国内産も国外産も禁止したのである。一六二九年の条文では三リーブルと記されているので九リーブルに緩和されてはいるものの、レース類を締め出そうという意図は明白であり、変わりはない。パスマンはシュミーズ、襟、カフス、かぶりもの、その他の身につける白いリネン類に付属するものであり、違反した場合には一五〇〇リーブルの罰金が課せられた。

版画家のアブラハム・ボッス（1602～1676）は、一六三三年の禁令に従って衣服を整えなおした貴族の姿を版画に描いた（図4、5）。レースを取りはずし、レース無しの簡素なリネンのみを身につけた姿である。これが奢侈禁止令の要求する姿であったが、ボッスが版画に詩を添えているように、多くの貴族たちにとって、このような姿は一種の屈辱として受け止められた。

なんといやなことだろう。
この改良服での私の変貌ぶりを
目にするのは。
この服を拒否するのはなんと難しいことか。
しかも、身に着けるのは実に腹立たしい。
慣れていないからだ！

私の本来の姿を歪曲する
こんな姿になるなんて、
まったく呆然としてしまう。
しかしこの不平の何が私に役立つだろうか。
理屈と強制によってであるにしても、
禁令にはしたがわねばならない！

時と、国と、モードに
したがうのは当然のことだ。
聖なる法の命令にしたがって。
偉大な王ルイの
衣裳の中で光り輝やくもの以上に
豪奢なものなどは追い求めずに。(24)

自分の本来の姿を歪めてしまう禁令にしたがうのは、耐え難いのだが、時と国とモードにしたがうのは当然のことゆえ、聖なる法を守らねばならないと、宮廷人であるこの男性は諦観している。禁令にしたがうことは、フランス王国の秩序にしたがうことにほかならない。図4の男性はあきらめなければならないレースを足で踏みつけている。同様にボッスは女性の姿も描き、次のような詩を添えている。

私はとても美しいので、
うぬぼれからではなく、
ほかにもっと美しい女性はいないと断言できる。
にもかかわらず、
金やレースをつけているほうが、
ずっと私には似合っているように見える。

毎日、私はサテンやビロードを
身につけるのが好き。
エタミーンなど身につけたこともない。
なぜって、私は本当に
豊かに着飾っているときには
いつもとても美しい姿をしているのだもの。

それでも、私は自分の心を
新しいことに向けなければならない。
ギャラントリーからも離れなければならない。
これからは、ポワン・クペも、刺繍も身につけられない。
こういう余計な装飾はもう何も身につけられない。[25]

図5の女性は、エタミーンのような粗末な布地ではなく、サテンやビロードの高価な布地で作られた衣服に、レースや刺繍のほどこされたものを身につけているほうが、自分本来の美しさを演出できると思っているのだが、禁令以降、ギャラントリー、つまり流行の風俗からも離れ、余計な装飾がいっさいできなくなったことを嘆いている。図5に描かれる女性は簡素なリネンのみを身につけ、黒い質素な衣服を身にまとっている。
ボッスが版画に描いたように、たしかに一時的には、禁令の効果は認められたことであろう。しかし、実際にはこ

れらの禁令の効力に持続性はなく、レースの流行と奢侈は相変わらず続く。経済力のある者たちはあらゆる不法手段をもちいてレースを手に入れた(26)。

ゆえに、禁令の発令は続いていた。一六三四年四月十六日の禁令は、最大でも幅一ドワのパスマン二本までと制限し(27)、ミラノ産のパスマンを特に禁じた(28)。一六三六年四月三日には国内外問わず、九リーブル以下で、高さが一プスまでのものとされた(29)。禁令がなかなか守られないためなのか、六月九日にも再確認するかのような禁令が出る。一六三九年には最も豪華な衣装であったとしても、パスマンは二本まで、またレースは高さが二ドワまでとなり、少し緩和された。そしていかなる者も、身につけるリネン類にパスマンもレースも加えてはならなかった。同様に、商人は国内で生産された高さ一プス以下のパスマン以外売ってはならない。またパスマンを禁じる代わりに、絹の普通のボタンを多くて四列まで上着《アビ》につけてもよいことになった。一六四〇年の禁令では、一六三九年の禁令が発せられたのにもかかわらず、非常に多くの人びとがレースばかりか、金銀のパスマンさえ身につける虚栄心に走っていることを憂えている(30)。禁令に効果がないことは当局も承知していたのだろう。

一六四四年五月三十日の禁令はさらに詳細なものになった。

Ⅳ．最も高価で贅沢な衣装であっても、ビロードかサテンかタフタか他の絹地でできたものであり、大きくて幅二ドワのパスマンか絹のダンテルを二本、あるいは幅一プスの刺繍の帯一本以外の装飾をつけてはならない。

Ⅸ．同様に、パスマンやダンテル、その他の外国産の亜麻糸手工芸品に対する過度の出費を抑えたい。われわれは至急、すべての臣民に対して、いかなる身分と職業のものであれ、この禁令発令後八日目から、リネン類、襟、カフス、ブーツ飾り、他の一般的な全てのリネン類に、いかなるパスマンもダンテルもアントルトワルもジェノバ産レース《ポワン・ド・ジェヌ》もポンティニャックもポワン・クペもその他の外国産のいかなる亜麻糸手工芸品も用いることを禁じる。違反者に対しては身につけている品の没収と一五〇〇リーブルの罰金が科せられる。

X．下着製造販売業者こそが、わが国臣民のなす過度の出費や奢侈の主たる原因となっているのだから、彼らと他のいかなる身分と職業のものであれすべての臣民に対し、王国外で作られた亜麻糸手工芸品を仕入れて流通させることを禁じる。すべての下着製造職人にそれらを用いることを禁じる。[31]

この条文ではこれまで見られた「一オーヌいくら」という条件が消えている。いっぽうで、王国内の人びとが贅沢に流れる主たる原因と責任は下着製造販売業者にあるとして、王国外の亜麻糸手工芸品を流通させることも、リネン類に用いることも厳しく禁じている。高価なレースを用いたリネン類が当時の奢侈品の主たる品目であると断じ、社会に蔓延している奢侈の元凶が下着製造販売業者にあると名指しした。そして、一六五六年十月二十六日にはまた新たな禁令が出る。

Ⅳ．今日に至るまで、はなはだしい行き過ぎが見られる、パスマンやリネン類に付属するほかの亜麻糸手工芸品に関しては、われわれは至急、いかなる身分と職業の者であれ、すべての臣民に対して以下の事を禁じる。身につけるリネン類に、いかなるパスマンもダンテルもアントルトワルもジェノバ産レースもポンティニャックもポワン・クペもヴェネチア産レースもその他のどのような名前のものであれ、一般的ないかなる亜麻糸手工芸品であれ、男性のカフスや襟の周囲や、女性の襟とハンカチーフとカフスにつけられる唯一本のパスマンと亜麻糸レース以外のものを禁じる。[32]

パスマンや亜麻糸レース類の過度の消費増大が指摘され、これまでの禁令が効力をもたなかったことがうかがえる。

あらゆる亜麻糸手工芸品があらためて禁じられたが、これまでの経緯において、「一オーヌ三リーブル以下」から「一オーヌ九リーブル」へ、また「一ドワ」から「二ドワ」へと変化を続け、ここではとうとう制限が設けられなくなったことを考えると、禁令自体は緩和し続けているかのようにも見える。このことは、禁令が矢継ぎ早に出されるものの、ほとんど効果がなかったことの証でもあり、その状況を容認せざるをえなくなりつつある当局の苦心の跡とも見える。しかしながら、最高級のレースは、王のみのものとして死守しようとする意図はいっこうに変わっておらず、むしろその圧力はいっそう強まりつつある。レースをめぐって、王とそれ以下の者たちとの激しい攻防が目に見えるかのようである。また、このように禁令が相継ぐ中で、新たなレースも誕生する。それは女性の衣服を飾るギピュールで、金銀レースと同程度の高価なものであった[33]。

一六六〇年十一月二十七日にさらに厳しい禁令が発令される。ドラマールは、これによってようやく奢侈が沈静化し、王国の平和が訪れたと述べる。

V．同様に、大部分が外国から入ってくるパスマンやダンテルやその他の亜麻糸手工芸品による過度の出費を抑えたい。それゆえ、われわれは、至急、すべての商人とその他の人びとに対して、この禁令の発行と同時に、いかなるパスマンもダンテルもアントルトワルもジェノバ産レースもポワン・クペも亜麻糸刺繡も切込み装飾も他の外国産のいかなる亜麻糸手工芸品も、またフランスの他のパスマンもダンテルも、高さ一プス以下のもの以外、売ることを禁じる。違反者には一五〇〇リーブルの罰金が科される。本禁令の実行のために、商人の家と店の家宅捜索と調査が行なわれる。たとえば、布製カノン（膝飾り）の使用は、耐え難い過度の出費をともなう多くのパスマン、ヴェネチア産レース、ジェノバ産レース、そしてその他の装飾品によって、王国に持ち込まれたものである。われわれは、それが簡素な布や衣服に認められている同様の布地でダンテルなどの装飾がないもの以外は、断固としてこの使用を禁じる。これは一月一日から開始する。しかしながら、本禁令が出されたときに所持している、パスマンのみの襟やカフスは調達してよいし、一年間は使用してもよい。しかしこの時期を過ぎたら、王国内で作られた幅が一プス以下のダンテル一本を除いて、襟やカフスについているその他のパスマンは、買うことも身につけることも禁じる。(34)

この禁令が大きな効力をもったとするならば、それは白いリネンおよびレースを商う商人の家宅捜索や調査が行なわれた点にあるのだろう。これによって厳重にレース類が店の在庫から締め出された。フランス国内で作られた幅が一プス以下のパスマンとダンテル以外は禁じるとし、罰金は一五〇〇リーブルであるので、従来のものと内容に変化はない。翌年の四月十九日にも同じものが再度発令されている。(35)この禁令による「レース職人」への損害は甚大なものになり、禁令は大きな成果をあげたとドラマールは説明している。(36)

この禁令の影響力の大きさは、たとえばモリエールの『亭主学校』の中でしまり屋のスガナレルが女性の贅沢に歯止めがかかることを喜ぶ台詞からもうかがえる。スガナレルは禁令を買って、結婚相手にしようと思っているイザベルに無理やり朗読させようかと言うほど、禁令に満足している。

ああ、華美な服装を戒めたあの勅令にはいくら感謝してもきりがない。これで、亭主の苦労の種も減る。女房があれも欲しい、これも欲しいというのにも歯止めがかかる。こういう勅令を発布される王様に感謝しきりだな。それに、レース飾りや、刺繍飾りと同じように、女が色目を使うのも禁止されれば、亭主も安心なのにな。勅令を買って、イザベルに朗読させせようか。(37)

また、セヴィニエ夫人（1626～1696）のいとこのド・ラ・トルッフ嬢に捧げられた作者不明の韻文詩『レースの叛乱』でも禁令のことが歌われた。レースがフランスを破産させたが、レースを禁じる王令は誰も彼もが不服だったという内容である。

美しき才媛のド・ラ・トルッフ嬢、
今日、私は
あなたがあの戦いを非難するのを望んでいる。
あの後悔とあの苦境を
あの攻撃終了とあの殺戮を。
それは刺繍職人の女性たちと
無駄な装飾と
さまざまなレースによるもの。
それこそが、浪費によって
今日フランスを破産させている。
そのむなしい努力と恨みが
王令を生んだが、
一六六〇年のそれには
だれもかれもが不服だった。(38)

このように、一六六〇年の禁令は人びとの不興を買ったが、一六六一年四月十九日に再度出されて、厳しくレースの流通売買を取り締まることになった。しかし、一六六一年六月三十日の勅令で状況は一変する。一転して、王国内で生産されたパスマンとダンテルはすべて許される。

わが国の臣民は、王国内で生産されたものに限り、あらゆる種類のパスマンとダンテルとそのほかの亜麻糸手工芸品を身につけることができると宣言しよう。しかしながら、いかなる身分と職業の者であれ、すべての人に対し、外国で作られたパスマン、ジェノバ産レース、ヴェネチア産レースやその他の亜麻糸手工芸品を身につけることは禁じる。(39)

ドラマールは、この条文の誕生を、国内のレース職人たちの極度の窮乏と結びつけて説明している。ようやく成長しつつあった国内のレース関連業者を保護するために方向転換が図られたのである。フランス国内におけるレース産業の育成に、宰相コルベール（1619～1683）は熱意を燃やしていた。一六六五年八月五日に、国内の一定数の都市に（クノワ、アラス、ランス、スダン、シャトーティエリ、ルーダン、アランソン、オーリャックなど）王立レース製作所を設置する宣言を出す。(40) このとき、コルベールはフランス産レースがイタリアやフランドル産のレースに劣らず上質なものになるように、ヴェネチアからおよそ三〇人、フランドルからおよそ二〇〇人の熟練女工を招聘した。門外不出であったヴェネチアのレース製作所の情報は、当地のフランス大使のボンジー枢機卿から暗号の手紙で伝えられた。(41) そして勃興しつつあった国内産業を保護する観点から、外国産、特にミラノ、ジェノバ、ヴェネチアのレースを排斥した。

フランス国内のレース産業が一定のレベルに達したのは一六六〇年代後半であり、平行して国内産レースのみ禁令から除外されるようになった。一六六四年にも外国産レースは禁じられる。一六六七年も同様であったが、一六六九年以降、レースの品目を逐一取り上げて細かな規定を設ける禁令は収束に向かっていった。一六七〇年には、ヴェネチアの最高級レースであるグロ・ポワン・ド・ヴニーズを模して、フランス流に洗練させたものを主としたポワン・ド・フランスが輸出されるほどになる。奢侈禁止令は一七〇四年以降、途絶えた。[42] しかし、それまでの期間、幾度にもわたって、レースは、禁じられるものとそうでないものとが細かく峻別され続けたのである。

禁令の対象は国王の臣下すべてであった。フランソワ一世（1494～1547）治世下では禁令の対象外の人として、王太子とオルレアン公が指定されていたが、ルイ十三世（1601～1643）およびルイ十四世（1638～1715）の時代において、禁令の対象外になっている人はいない。[43]

3. 作法書の言説と奢侈禁止令

以上のような奢侈禁止令によるレース禁止の動きと、礼儀作法書によるレース推奨の動きは符合する。このことを分析すると、清潔の重要な側面が見えてくる。

最初の詳細なレース禁令が出た一六二九年の翌年一六三〇年に、ファレの作法書が白いリネン類を推奨する。冒頭に引用したように、ファレはレースとは記していないが、「白く美しいリネン」は、先述のように、レースを含めたものと解釈できる。作法書が白く美しいリネンを清潔の観点から賞賛する一方で、時をほぼ同じくして、レースの禁令が相次いで出されるようになっていった。「清潔」は各人の身分、職業、経済状況に見合ったものであったはずだが、清潔の概念も白いレースも、すぐに過度なものへ進展したからである。その例を、一六四二年初版一六四四年再版のソレルの『ギャラントリーの法則』に見ることができる。ソレルは、「見つけられる限りの最も美しくて最も繊細なリネンを身につけるべきである」と強調し、すでに引用したようにジェノバ・レースを二重三重に身につけ、ふんだんにレースを用いて身を飾ることを勧めた(44)。

同じ年の禁令は、レースの禁令の中でも詳細かつ厳密なものであり、ソレルが掲げたジェノバ・レースを禁じている。ソレルは二重三重に重ねるのが良いというが、それは禁令が許すものではなかった。清潔に不可欠であるリネン類は奢侈の範疇のものとなっていたのが明らかである。

清潔の追究は作法にかなうことであると同時に、奢侈を求めることにもつながる。礼儀作法とは本来宮廷のふるまい様式を説くものであり、だからこそ、当時の清潔とは、本質的に誰もが享受できる身体感覚ではなかったことが、ここに明らかである。目に見え肌で感じることのできる清潔という新しい快楽は、一部の人間のみが占有すべきものであった。美しいリネンによって実現される清潔は、万人に許される姿ではなかった。

奢侈禁止令から読み取れることは、清潔を王のみが掌握できるものにしようとしたことである。もちろん、実際には、王以外の上流貴族をはじめ多くの富裕な人びとが、作法書の普及に伴う清潔の追究とともにレースを飽くなく求める。王のみに許される装いであるからこそ、レースをめぐる奢侈は増長された。王は誰もが目を見張るほど豪奢であるべきであり、当然ながら、レースはそれに見合うものへと発展する。

作法書が奨励する一六三〇年から一六四〇年代、レースの禁令は激しさを増す。これはレースへの渇望が増大したことの証左であると同時に、王のみにこれを集中させようとした努力の結果でもある。この時期は、ルイ十四世が若くして王位についた時期であり、これからさらに王権を強固で強大なものに発展させていく過渡期であった。それゆえのことであろう。

禁令が収束した時期に当たる一六七一年のクルタンの作法書は、清潔とは身分にふさわしく衣服を整えることであると改めて明言した(45)。一七〇三年のジャン・バティスト・ド・ラ・サルの作法書も、クルタンと同様に清潔を定義し、それに先立つ一六八七年のフェヌロンの作法書『女子教育論』では、すでに述べたように、清潔について言及したものではないが、婦人の装いに身分不相応のものをも許してはならない[46]と強調して、身分にふさわしい外見の重要性を説く。これらは、十六世紀当初からの作法の考え方の再確認、復活であるかもしれないが、それ以上に、清潔の象徴である白いリネン類をめぐって、度を超した贅沢が増加していることに対する警告であったろう。

さらに、クルタンは「ふさわしさ」を欠いた清潔の状態を悪徳であると断じ、次のように述べている。行き過ぎた清潔は不適切なものと見なされた。

清潔《プロプルテ》に対峙するのは不釣合いである。これは行き過ぎや、過度の清潔のうちに生じる。これは自分を愛しすぎる人が陥りがちな悪徳である。[47]

問：清潔に反することは何ですか？
答：それは行き過ぎや過度の清潔やだらしなさの中に見られる不適切さです。[48]

つまり、清潔には節度が求められた。フェヌロンも同じように過度の清潔を避けるべきだと述べている。[49] 作法書によれば、節度を保つ限りにおいて清潔は美徳となりうるが、これを逸脱すると悪徳に結びつくのである。清潔はモードでもあったためである。このように作法書がしばしば戒めた「行き過ぎの清潔」とは、身分不相応の豪奢なレースで身を飾る状態にほかならない。

4. 奢侈品であるレースとその序列

禁令では一オーヌ九リーブル以下のパスマンは認められていることが多かった。また違反した場合、一五〇〇リーブルの罰金が科される。この額はどの程度の価値をもつのか。

一六九九年六月二十日には、ブリュッセル生まれのクレマン・ド・グーフルヴィーユ（生没年不詳）という人物がサン・ドニにレース製造所を作るための許可証を王の勅許状によって手にした。[50] 五〇〇〇〇リーブルの貸付金といくつかの特権も認められていた。このレース製造所は「イギリスレース王立製造所」を設立するという名目で認められたのだが、イギリスレースとは実際にはブリュッセルのものである。[51] なぜなら、イギリス商人が大量にブリュッセルレースを不法に輸入して、イギリスの名前をつけて流通させていたからである。この製造所の必要経費の見積もり額によれば、[52] 一オーヌ九リーブルのパスマンは、レース女工一人分のシーツ一組の値段と同程度の額であり、一五〇〇リーブルの罰金は、女工たち二〇〇人分のベッドのシーツ四〇〇組分の合計一六〇〇リーブルより少し低い金額である。

レースは明らかに種類によって格付けされていた。それは奢侈禁止令の条文に太さで区別されていたことから明らかである。このことは、レースの売買、特に輸出入の際にかけられた関税からもうかがい知ることができる。当然上等のレースほど関税額は高く、これらの金額が商品の値段に上乗せされていたはずである。サヴァリーによれば、当時の関税額は表1に示す通りであった。[53] つまり、レースには商品価値としての序列がある。貨幣価値は年々変動するので単純比較は難しく、貨幣単位のリーブルとフランの比較も難しいが、[54] 金銀のレースや金と絹の混ざったレース、およびアンヴェール産、ブリュッセル産、マリーヌ産などの外国産の亜麻糸ダンテル、ポワン・クペ、亜麻糸のパス

表1　レースの関税額

Jacques Savary des Bruslons, *Dictionnaire universel de commerce*, tome1, Jacques Estienne, 1723, tome1, p.1679 より筆者作成。

年月日	種類	関税額（1リーブル〔重量単位〕につき）
1664年	リエジュ、ロレーヌ、コンテのダンテル（上質品および粗悪品）	10フラン
1664年	上質な金銀のダンテル、金糸絹糸の混ざったダンテル	5リーブル
1664年	上質の亜麻糸ダンテル	0.4リーブル
1664年	リエジュ、ロレーヌ、コンテのフランス産ダンテルの粗悪品	0.1リーブル
1667年	絹のダンテルとギピュール	8フラン
1688年8月14日	亜麻糸ダンテル、ポワン・クペ、亜麻糸のパスマン（アンヴェール産、ブリュッセル産、マリーヌ産やその他の外国産のもの）	40フラン
1692年7月3日	金銀のダンテルあるいは同質のダンテル	15ソル（出国の関税額）
1692年7月3日	絹のダンテルあるいは偽の銀のダンテル	5ソル（出国の関税額）
年月日不詳	地場産亜麻糸ダンテル	4フラン（リヨンの税関）
年月日不詳	リエジュ、ロレーヌ、コンテの地場産亜麻糸ダンテル	40ソル

重量単位：1リーブル＝約500グラム
貨幣単位：1リーブル＝20ソル、
1ソル（スー）＝12ドゥニエ、
1フラン（1575年以降鋳造の銀貨）＝20スー

マンの関税額が高く定められている。

レースの品質は大きく見れば、まだ技術も質も劣っていたフランス国内産レースの上に、外国産のパスマン、ポワン・クペ、ニードル・ポイント、そして最高級品としてのヴェネチアのグロ・ポワンが君臨するという位置づけになっていた。先述のようにレースはボビン・レースとニードルポイント・レースに大別できるが、ニードルポイント・レースの方が上等と見なされていた。図2、図3から理解できるように、ボビン・レースはボビンの動かし方さえ習得すれば、比較的誰でも簡単に作られるからである。ニードル・ポイントはまるで空中に白糸刺繍を行なうような技法で複雑な図柄を描くことができた。その最高級品が十七世紀においてはグロ・ポワン・ド・ヴニーズである。そして、さらに細かい種別、多くは産地と技法による区別があった。模様と太さと長さを見れば、着用者がどれほどの財力と身分の人物なのか容易に識別することができた。

奢侈禁止令は上等の白いレースを王の専有物にするべく、白いリネン類に序列を生み出そうとしたものである。それは再三再四にわたって、禁令で峻別されたパスマンの種類から明らかである。さらに関税額からもレースの序列は明白である。そのようにして、商品価値としてのレースの序列と、それを身に着ける身体と、身分秩序は視覚的に結び付いた。少なくとも、着用者の経済状況は映し出していただろう。

禁令が緩和されながらもくり返し発令され続けたところに、高級レースをめぐって、多くの人びと（とりわけ宮廷人）が狂奔していたことが明白である。レースは奢侈であり、ゆえに名誉を保証するものであり、何人にとっても垂涎の対象となっていた。しかし、それは王のみに許されるものであり、多くは身分にふさわしく身を装わなければならなかった。以上のことが当時の清潔のひとつの重要な意味であると言わねばなるまい。

注

1 Furetière, *op.cit.*, non pagination, «linge».「家事や人のために使う布製品。」

2 *Ibid.*, non pagination, «linge».

3 A. Franklin, *Dictionnaire historique des arts, métiers et professions exercés dans Paris depuis le XIIIe siècle*, (1905-1906), Laffitte Reprints, Marseille, 1987, tome 1, p.300, «empeseuse»［以下では Franklin, *Dictionnaire historique* と略す］.

4 Jacque Savary des Bruslon, *Dictionnaire universel de commerce*, Jacques Estienne, Paris, 1723, tome2, pp.548-549, «linger, lingère»; A. Franklin, *Dictionnaire historique*,t.2. p.437 にもこの部分が引用されている。アルドゥアン・フジエらの織物辞典によれば、「ズック」treillis とは、カバンや農民服や労働着に用いられた麻の粗布のことを指す（Elisabeth Hardouin-Fougier, Beranard Berthod et Martine Chavent-Furaro, *Les Etoffes : dictionnaire historique*, Les Editions de l'Amateur, Paris, 1994, pp.384-385）。

5 Franklin, *ibid.*,t.2, pp.435-437, «lingère». Franklin の注は Delamare, *op.cit.*, t.1, p.125 によるとしているが、Delamare に該当箇所はない。

6 Savary, *op.cit.*, tome1, p.302, «Batiste».「バティスト。非常に繊細で、真白い、亜麻布の一種の名前である。これはヴァランシエンヌ、カンブレイ、アラス、バポウム、ヴェルヴァン、プロンヌ、サン・カンタン、ノワイヨン、そのほかのエノー地方やカンブレイ地方や、アルトワ地方や、ピカルディー地方で作られている。バティストには三種類がある。ひとつは薄いもの、もうひとつはそれほど薄くないもの、もうひとつは非常に丈夫なものである。バティスト・オランデと呼ぶものは、オランダ亜麻布の品質に非常に近いものであり、これと同じように、非常に目の詰まった無地のものである。」亜麻布の中でも最高級品とされるオランダ亜麻布に近い高品質のフランス産の亜麻布と言って良い。

7 *Ibid.*, tome2, p.551, «Linon ou Linomple».「リノン、またはリノンプル。ヴァランシエンヌ、カンブレイ、アラス、バポウム、ヴェルヴァン、プロンヌ、サン・カンタン、ノワイヨン、そしてそのほかのエノー地方やカンブレイ地方や、アルトワ地方や、ピカルディー地方で作られている、白くて、薄くて、繊細で、非常に上質な亜麻布のことをこのように呼ぶ。三種類のリノンが作られる。ひとつは無地のもの、もうひとつは縞模様、もうひとつは斑点のあるもの。［…］リノンは無地も縞も斑点模様も、頭部の装飾品や、フィシュ（肩掛け）やネッカチーフや小さな布類やほかの似たような女性が用いるものを作るのに適している。しかしながら、無地のものは、聖職者の祭服（サープリス）や司教の着る短い白衣（ロシェ）に使われる。同様に上流社会の男性の襟巻（クラヴァット）やカフスにも用いられる。」

8 *Ibid.*, tome1, pp.532-533, «Cambray ou Cambresine».「カンブレイ。亜麻で作られた白くて薄くて繊細な布の一種をこのように呼ぶ。これはブルターニュ地方の薄くて上質のカンタン（コート・ダルモル県の伝統的な布地）とのつながりがある。とは言え、それよりもずっと上質ではあるが。［…］これらは女性の頭部の装飾品や男性の襟飾り（ラバ）やカフスに非常によく用いられている。」

9 *Ibid.*, tome1, pp.545-546, «Canevas».「キャンバス。非常に薄い麻か亜麻の布。［…］キャンバスはペルシュ地方で作られているすこし薄地の麻の粗布のことも言う。［…］キャンバスはまた非常に粗い麻布の一種に与えられた名前であり、これは布巾にもちいられている。」

10 *Ibid.*, tome2, p.548, «linger, lingère».

11 A. Franklin, *Dictionnaire historique*, tome2, p.437, «Lingères».

12 M.de Garsault, *L'Art de la Lingère*, De L'imprimerie de L. F. Delatour, Paris, 1771.（巻末付録資料1参照）

13 *Ibid.*, p.9. ここでいう白い亜麻糸レースは、ニードル・ポイントもボビン・レースも含む。

14 Savary, *op.cit.*, tome1, p.1677, «Dentelle ou Passement».

15 Nicolas Delamare, *op.cit.*, tome 1er, livre 3me, p.370. ルボルドマンは不明。長さの単位については注27を参照。Furetière によれば、一リーブルは二十ソル、一ソルは十二ドゥニエ。

16 アン・クラーツ『レース、歴史とデザイン』深井晃子監訳、平凡社、一九八九年、二四頁。

17 Federico Vinciolo, *Renaissance Patterns for Lace and Embroidery, An Unabridged Facsimile of the 'Singuliers et Nouveaux Pourtraicts' of 1587*, Dover Publications, New York, 1971, p.v. 同書所収の '*Singuliers et Nouveaux Pourtraicts*' にポワン・クペの図柄が多い。このパターン・ブックは一六五八年までに改訂を加えながら十七版以上再版された。

18 アン・クラーツ、前掲書、二七頁。
19 Savary, *op.cit.*, p.1677.
20 N. Delamare, *op.cit*, tome 1er, "Des Mœurs", (pp.411-559), titre premier, "Du Luxe dans les habits, les Meubles, les Equipages & les Bâtiments", pp.411-458.
21 N. Delamare, *op.cit.*,p.370.
22 *Ibid.*, p.370.
23 *Ibid.*, pp.371-372.
24 図4の下部の詩参照。
25 図5の下部の詩参照。エタミーンとは、中世の修道士が身につけていた毛織物のシュミーズの名前「スタミネア」に由来する布である。横糸の処理の仕方に起因する小さな穴が無数にあり、布地の厚さ、素材、用途もさまざまで、十七、十八世紀には市民服や宗教服、家具、そのほかの雑多な手工業品、とりわけフィルターやこし器に用いられていた（E. Hardouin-Fugier, *op.cit.*, p.186参照）。
26 N. Delamare, *op.cit.*, p.371.
27 *Ibid.*, p.371.「もっとも贅沢な衣服であってもビロードやサテンやタフタやその他の絹地でのみ作られ、絹の刺繍の帯を二本か、あるいは幅一ドワのパスマン二本以外のものをつけてはならない。」ドワは長さの単位。
28 *Ibid.*, p.371.29　*Ibid.*, pp.373-374.
29 一ドワ＝一～二センチ、つまり指の幅ほどである。一プス＝1/12ピエ、つまり約二・七センチ。一オーヌは約一・二メートル。ガルソーによると一七七一年のパリの一オーヌは、三ピエ七プス八リーニュ。ピエは約三二センチ。リーニュは1/12プス＝約二・二五ミリ。したがってパリでは一オーヌ＝一一六・七センチ。この長さの単位についてはGarsault, *op.cit.*, p.3 参照。
30 N. Delamare, op.cit., pp.373-374.
31 *Ibid.*, pp.374-375. ポンティニャックは不明。

32 *Ibid.*, p.376.

33 *Ibid.*, p.376.

34 *Ibid.*, p.377.

35 *Ibid.*, p.377.

36 *Ibid.*, p.377.

37 Molière, *L'école des maris*, in *Œuvres complètes*, I, Bibliothèque de la Pléiade, Gallimard, Paris, 1971, pp.443-444.（『モリエール全集』秋山伸子訳、第三巻、臨川書店、二〇〇〇年、三六〜三七頁［以下では『モリエール全集』と略す］）。

38 Hyppolyte Cocheris, *Patrons de Broderie et de Lingerie du XVI*^{e} *siecle, Recueil de documents graphiques pour servir a l'Histoire des Arts industriels*, Librairie de L'Écho de la Sorbonne, Paris, 1872, p.10.

39 Delamare, *op.cit.*, p.377.

40 アン・クラーツ、前掲書、四六頁。

41 同書、四六頁。

42 Delamare, *op.cit.*, p.391.

43 *Ibid.*,pp.363-364, pp.371-391. この時期の禁令のすべてが nos Sujets（わが国の臣民）に対して発せられている。Sujet とは王の臣下すべてを指しており、フュルチエールの辞書には、「王は臣下を持つが、親族を持たない」と記されており、ゆえにこれらの禁令は王以下のすべての者に対して発せられたものであると言ってよいだろう。

44 C.Sorel, *op.cit.*, pp.15-16.

45 Jean-Baptiste de la Salle, *op.cit.*, p.121.

46 Fénelon, *De l'Éducation des Filles*, p.590.

47 Antoine de Courtin, *Nouveau traité de la civilité*, p.106.

48 Antoine de Courtin, *Traité de la civilité*, p.49.

49 Fénelon, *De l'Éducation des Filles*, p.592.「作法と清潔の行き過ぎを避けねばならない。清潔はそれが節度のあるときにはひとつの徳となる。」

50 Beatrix de Buffévent, *L'Économie dentellière en région parisienne au XVIIe siècle*, Société historique et archéologique de Pontoise, du Val-d'Oise et du Vexin, Pontoise, 1984, p.84. 付録史料2参照。

51 *Ibid.*, p.84, n.90. および Abbé Jaubert, *Dictionnaire raisonné universel des arts et métiers, contenant l'histoire, la description, la police des fabriques et manufactures de France et des Pays étrangers*, Amable Leroy, Lyon, 1801, tome 1, p.19. 参照。

52 巻末付録、史料2参照。

53 Savary, *op.cit.*, tome1, p.1679.「絹のレースとギピュールは、一六六七年の料金では、一リーブル（重さ）に対し八フランの関税を支払う。亜麻糸レース、ポワン・クペ、亜麻糸のパスマンのうち、アンヴェール産、ブリュッセル産、マリーヌ産やその他の外国産のものは、一六八八年八月十四日の決定にしたがって、フランス領フランドルに入ってくる際に、一リーブルにつき四十フラン支払う。これにしたがって、ルスラルとコンデ経由でしか輸入できない。リエジュとロレーヌとコンテのレースは上質のも粗悪なものもいかなる種類のものも、一六六四年の値段にしたがって、一リーブルにつき十フランを支払う。同年の値段にしたがって、上質な金銀のレースや金糸や絹糸の混ざったレースは同様に一リーブルにつき五リーブル支払う。出国の関税に関しては、外国に行く場合、一六九二年七月三日の決定にしたがい、金銀のレースあるいは同上の質のレースは、一リーブルの重さにつき十五ソル払う。同じ決定にしたがい、絹のレースあるいは偽の銀レースは五ソル支払う。亜麻糸の上質のレースは、一六六四年の値段にしたがい、百リーブルの重さにつき四十リーブル支払う。リエジュやロレーヌやコンテのフランス産の粗悪なレースは、同様に百リーブルの重さに対し、十リーブル支払う。亜麻糸レースのためにリヨンの税関に支払う税金は地場産のレースに対して一リーブルの重さに対し四フランである。そしてリエジュやロレーヌやコンテのものは一リーブルに対し四十ソルである。」

54 一三六〇年十二月五日に誕生したフランは当初金貨であり、一三八五年にはエキュ金貨にとって代わった。一五七五年五月三十一日にエキュ金貨は三リーブルに相当するようになり、したがって、一フランは一エキュ金貨、および三リーブルに相当するようになったと考えられる。しかしフランは一五八六年十月十三日以降鋳造されなくなったため、厳密に言えば本章の対象とする時代においてフランは鋳造されていない。しかし、通貨としては通用していたと思われる。アンシャン・レジーム期の貨幣については下記を参照。Philippe Minard et Denis Woronoff (sous la direction de), *L'Argent des campagnes, échanges, monnaie, crédit dans la France rurale d'Ancien Régime*, journée d'études tenue à Bercy le 18 décembre 2000, comité pour l'histoire économique et financière de la France, Ministère de l'économie, des finances et de l'industrie, Paris, 2003 ; *D'or et d'argent, la monnaie en France du Moyen Âge à nos jours*, Cycle de conférences tenues à Bercy entre le 22 octobre 2001 et le 18 février 2002, comité pour l'histoire économique et financière de la France, Ministère de l'économie, des finances et de l'industrie, Paris, 2005.

第3章 シュミーズの色による差異
——身体衛生と漂白の奢侈

1. 「白いリネン類」の代表、シュミーズ

清潔が奢侈と結びつき、身分表象となっていたことが第2章によって明らかになったが、第3章では、あらためて、清潔が特権階級の専有物であったことを、中産階層から一般庶民の衣生活の実態調査によって裏づけることにしたい。史料は遺体調書である。遺体調書の記述を分析すると、当時の中産階層から庶民に至るまでの人びとが実際に身につけていた衣服を知ることが可能である。遺体調書には、遺体が身につけていた衣服のすべてが漏れなく記されたため、図像資料ではうかがい知ることのできない情報を得ることができる。下着であったchemiseは、遺体調書ならではの検討対象であり、清潔に不可欠な白いリネン類の典型でもある。第3章はこのシュミーズに着目して論じることと

したい。

本章で取り上げるリヨンの調書は、本書が主たる対象としている十七世紀のものではなく、一七〇〇年から一七九〇年にかけてのものであるが、すでに序論で述べたように、十七世紀の史料数が少ないことと、一七〇〇年代以降においても、白いリネン類は当時の清潔の表象であり続けていたことから、この時代の調査結果から、それ以前の時代について推し量ることとしたい。またパリでも同時期に遺体調書は存在しているが、パリの調書では、「下着」chemiseの素材についての詳細な情報が乏しいことをはじめ、そもそも下着を身に着けている事例が少なく、よって下着の件数が少ないという難点がある。(1) そこで、比較的件数もまとまっており、より詳細な情報を記しているリヨンの史料を採用する。史料的制約があるのは否めないが、本章で扱うリヨンの遺体調書からは、特権階級のそれとはまったく異なる衣生活実態が見えてくる。そこから、十七世紀から十八世紀にまたがる清潔の意味が垣間見えてくるだろう。

当時の辞書によれば、シュミーズとは「肌の上に直接身につける衣服」であり、「麻、亜麻、あるいは木綿の平織りの布で作られている」と定義される。(2) 図6のフラゴナール（1732～1806）の作品《閂》に描かれている、男性が身につけているシャツがシュミーズである。その形は、ディドロとダランベールの『百科全書』では、図7と図8のように図解されている。ロングTシャツ状のもので、男女ともに身につけた衣服であった。(3) 前章でも述べたように、子供用の前掛けやおくるみ、ベッド用のリネンや襟飾りなどのレース類と共に、lingèreと呼ばれる白い布製品を商う下着製造販売業者の小売店で売られていた。

一七八四年十二月三日の王令は、植民地である小アンティル諸島の黒人奴隷に年二回支給する唯一の上衣としてシュミーズを挙げている。

すべての黒人奴隷に対し、例外なく、年に二回、麻の粗布の着替えを与えること。この着替えは、男性に対しては俗にヴァルーズと呼ばれるシュミーズが一枚と、キュロット一着、女性に対しては、シュミーズ一枚とスカート一枚、子どもに対してはシュミーズ一枚、という構成である。(4)

つまり、シュミーズは人が最低限身につけておく衣服であった。当時のシュミーズは、通常、上着の下に身につけられたものである一方で、寝巻きや奴隷の唯一の上衣になることもあり、庶民の労働着にもなったものである。シュミーズとは下着でありながら、それ一着で表着になることもあり、着用者と状況に応じて自在に変化した衣服であった。ルイ十四世の朝の着替えの際には、シュミーズを手渡すことができるのは名誉ある行為であり、それだけでひとつの官職をなしていた。つまり、フランス侍従長がその大役を担い、着替えの際には右袖を通すのは寝室部に所属する第一扈従官《こしょうかん》が、左袖を通すのは衣裳部の第一扈従官が受け持つという形になっていた。(5) 本来私的な空間で身につけられているシュミーズは、王の儀礼の中では、列席者の面前で日常的に披露されている衣服でもあった。またあるいは、貴族の結婚の際、その結婚が正当なものであることを示すために、花嫁や花婿に対し、初夜の床に入るためのシュミーズが、名誉ある人物によって手渡されることもあった。(6) これも、シュミーズがくつろいだ私的空間に限られていた衣服でありながら、人の目に触れる、あるいは公開されることもあるという二面性をもった衣服であることを明かす事例である。とりわけ、王の朝の起床の儀式において、シュミーズを手渡すことが仰々しく行なわれたのは、それが王の身体に触れるものであったからであろう。このように、地肌に直に身につけるのがシュミーズの特徴である。以上の事情をふまえながら、本論では、シュミーズを基本的には上着の下に身につける下着ととらえ、これを清潔の表象である白いリネン類の典型と見なして分析する。

2. シュミーズの素材と色

ローヌ県立文書館に所蔵される一七〇〇年から一七九〇年にかけての、リヨンの遺体調書に見られるシュミーズの事例は、着衣の男性遺体総数二三六件の六一％にあたる一四六件と、着衣の女性遺体総数五二件の四六％にあたる二四件で、全体では着衣の遺体総数二八八件の五九％を占める一七〇件であった。リヨンでは約四割程度の遺体がシュミーズをつけていないことになるが、これは上半身が裸であったり、シュミーズをつけずに直接上衣を身につけていたり、女性の場合はコルセットのみをつけていることが少なからずあるからだ。一七七〇年のパリの遺体調書では、シュミーズをつけているのは男性四一％（四四件中十八件）、女性三四％（八八件中二八件）である。(7)

表2はリヨンにおける着衣の男性遺体総数二三六件の分析結果より作成したシュミーズの素材に関する表である。リヨンにおけるシュミーズを着ている遺体計一七〇件中、素材不明の四八件を除くと、素材について何らかの記述があるのは一二二件である。表中のパーセントはシュミーズの総数一七〇件を一〇〇とした場合の数値である。表2から明らかであるように、シュミーズはほとんどの場合「布」toile 製であるが、その種類は多様であった。表2の上から順にそれらの名称を解説する。(8)

toile はすでに述べているように、本来、素材を問わず平織りの布を指すが、特に「麻」、「亜麻」、「木綿」のいずれかの平織り布のことを指している。しかし調書に記された以下の toile は高価な亜麻ではなく、原料を輸入に頼っている木綿でもなく、おそらく一般に最も流布していた麻がほとんどであった。

toile blanche は完全に漂白をほどこされた白い麻布である。toile rousse については、後に詳しく検討したいので

表2　1700年から1790年にかけてのリヨンの男性遺体が身に着けたシュミーズの素材
ローヌ県立文書館所蔵の1700年から1790年にかけての遺体調書計288件中、シュミーズを着ている170件の調書をもとに、筆者作成。

素材、色の記述なし 48（28%）		
素材、色の記述あり 122（71%）	麻布（toile） 19(11%)	
	白布（toile blanche） 2(1%)	
	赤褐色の布（toile rousse） 19(11%)	
	地場産麻布（toile pays） 1(0.5%)	
	並の麻布（toilecommune） 3(1%)	
	自家製麻布（toile de ménage） 42(24%)	自家製麻布（toile de ménage） 34(20%) 自家製白布（toile de ménage blanche） 1(0.5%) 赤褐色の自家製布（toile de ménage rousse） 2(1%)
	粗布（grosse toile） 32(18%)	自家製粗布（grosse toile de ménage） 5(2%) 粗布（grosse toile） 20(11%) 赤褐色の粗布（grosse toile rousse） 7(4%)
	屑麻布（toile étoupe） 3(1%)	屑麻布（toile étoupe） 2(1%) 赤褐色の屑麻布（toile étoupe rousse） 1(0.5%)
	白綿布（coton blanc） 1(0.5%)	
	その他 5(2%)	
合 計　170（100%）		

表3　1700年から1790年にかけてのリヨンの男性遺体が身に着けたシュミーズの色
表2と同様に、筆者作成。

roux (rousse) 赤褐色	170件中29件（17%）
blanc (blanche)　白	170件中4件（2%）

ここでは省略する。toile pays は地場産麻布のことである。おそらくこれは布地に印がついていて、他の土地のものと区別ができたと思われる。toile commune はごくありふれた麻布である。toile de ménage は自宅で紡いだ麻糸を職工に託して織ってもらう布で、商品にはしない自家製麻布のことである。この布はシュミーズの総数一七〇件の二四%を占める四二件あり、リヨンで最も一般的なシュミーズ用の布であった。grosse toile はその次に多い一八%を占める三二件あるが、これは地の粗い麻布で、シュミーズに用いるよりも、むしろテントや傘、ゲートル、荷馬車の幌にふさわしいとされる。先に述べた黒人奴隷に給付されるシュミーズも grosse toile 製であった。toile étoupe はくず麻で作られた、きわめて粗悪な麻布である。coton blanc は漂白された木綿の平織り布である。フランスにおける綿織物産業は十七世紀末にルーアンで始まり、ノルマンディ地方を中心に一七三〇年代から世紀後半にかけて急成長をとげたが、それは主に捺染布として消費されることが多かった。[9] 以上のように当時のリヨンの一般市民の間では自家製麻布のシュミーズをはじめ、幌などにふさわしい粗布のシュミーズが多く見られ、全体として上質なシュミーズを着ている人は少なかった。

本章で特に着目するのは、シュミーズの色である。表3はローヌ県立文書館所蔵の一七〇〇年から一七九〇年のリヨンの遺体調書のうち、着衣の男性遺体総数二三六件の分析結果より、シュミーズの色に着目して作成した表である。表中の割合はシュミーズの総数一七〇を一〇〇とした場合の数値である。シュミーズの色の記述は全体で三三件と少ないながら、そこには興味深い結果が見られる。なぜなら rousse という色のシュミーズが存在するからだ。rousse（形容詞 roux の女性形）について、当時の辞書は「燃えるような黄色」「生焼けのレンガや鹿皮のような薄い赤色」「赤みがさした黄色」「戸外に晒すと、紙や布などは roux になる」と説明する。[10] つまり黄色と赤色の中間にあるような色、茶系色と思われ、「赤褐色」のことである。

つまり、赤褐色のシュミーズを身につけた人がいることになる。確かに、多くのシュミーズの色が明示されなかったのは、それらが toile の当たり前の色、記述するまでもない色であったからかもしれない。しかし、その中に「白」や「赤褐色」と明示しているものがあり、白と明示しているのが四件に過ぎず、赤褐色は二九件もあるという事実は注目に値する。なぜなら、服飾史の一般論ではシュミーズは常に白いものであるとされてきたからだ。たとえば、パリのモードと衣裳博物館の主任学芸員であったマドレーヌ・デルピエールは「欠くことのできないものはシュミーズで、それは常に白く……」と述べるし、[11] リヨン史研究のフランソワーズ・バイヤールも、十八世紀のリヨンの衣生活を論ずる中で「シュミーズ、夜着、かぶりもの、そしてハンカチーフは常に白である」と述べている。[12] 赤褐色のシュミーズの存在は、シュミーズは常に白であるという見解が、すべての人にあてはまるものではなかったことを示している。この赤褐色のシュミーズの実体を明らかにすることによって、なぜ白い下着（リネン）類が強く求められていたのかが見えてくるのである。

3. 奢侈としての身体衛生

くり返すが、十七世紀において清潔の問題は常に礼儀作法と分かち難く結びつき、主として白いリネン類つまり下着を身につけているか否かで判断された。ヴィガレロによれば、当時の清潔観から水は遠ざけられており、白い下着によって、身体は洗われていた。[13] 水が忌避されたのは、フランス国内各地においてしばしばペストの災禍に見舞われたからである。[14] 当時、水はペストなどの病原菌を運ぶ恐ろしいものと考えられており、しかも、水は簡単に皮膚の小さな穴を通過して身体の中へ入り込んでくると思われていた。水そのものがパリなどでは汚染されており、水に対して肉体はあまりに脆弱で、それゆえ水に触れ合うことは、特別な場合を除いて危険視されたのである。中世まで続いた入浴の習慣は、このような新たな身体表象の形成、つまり恐ろしい水の前であまりに脆い身体というイメージと、一種の秘密の社交場である公衆浴場の風俗を社会が許容できなくなったことにより、ほぼ消滅していた。

そのような状況のもとで、唯一、身体を清浄に保つことができたのは、白い下着を身につけ、それを頻繁に取り替えることであった。十七世紀においては、水ではなく、白い下着によって清潔が実現されていたというのが、ヴィガレロの論であり、各種の作法書の言説に照らして、筆者もこの点は同様に考える。

たとえば、十七世紀において、身体衛生のために水を用いずにすませていた様子は、ルイ十三世の侍医であったジャン・エロアール（1551～1628）の日記を見ればよくわかる。王太子として誕生したルイ十三世の健康に最大の注意を払い、エロアールは当時の最新の衛生・医学知識に基づいて、王太子の身体管理に配慮し、その様子を詳細に記録した。その内容は当時の清潔事情の一側面を明かすものとなっている。

一六〇一年九月二十七日に誕生したルイ十三世を、エロアールは、産湯ではなくワインと油で身体を洗った。

私は王太子の全身を油の混ざった赤ワインで洗った。そして頭も同じワインとバラの香りを付けた油で洗った。身体を拭い、産着を着せて、おくるみでくるみ、仰向けに寝かせた。(15)

ワインと香油で身体を洗ってもらった新生児のルイ十三世は、約一ヶ月半たった同年十一月十一日に、初めて頭をこすってきれいにしてもらう。(16)同年十一月十七日には、はじめて新鮮なバターとアーモンド油で額と顔の垢を落としてもらっている。(17)さらに、はじめて髪の毛を梳かしてもらったのは、翌年一六〇二年七月四日のことである。(18)そして足をぬるま湯で洗ったのは、ようやく五歳になったときであった。

一六〇六年十月三日、ぬるま湯で王太子の脚を洗った。初めてのことである。[19]

この日まで、ルイ十三世は一度も水を用いて身体を洗われたことはなかった。風呂に入ったのは七歳になる年、一六〇八年八月二日のことである。[20]このように、フランス王国の王太子の身体でさえ、水を用いて汚れを落とすことはめったに行なわれなかった。一六〇六年五歳になるまで、一度も王太子の身体は水に触れていない。

それでも、大貴族は医療目的で入浴することもあった。たとえばルイ十四世は、侍医団の判断によって、一六五八年、マラリアと目される病気の治療の一貫として入浴したことがある。[21]七日間静養した後の最終的な医師の判断であった。その際、医学的見地から周到な準備がなされ、水が体に浸透して水ぶくれにならないように、前日には浣腸と下剤が処方された。[22]王は侍医団に見守られながら、休憩を挟みつつ、入浴を慎重に行なった。しかし、侍医団の努力に反して、王は体調を崩す。ただちに入浴は中止された。

私は風呂を用意した。陛下は午前十時に入浴された。その後、まる一日、陛下はこれまでにない重い頭痛と、前日までとは一変してしまった体調で、お体のだるさが続いた。症状が大変悪いので入浴は中止。私はそれ以上、入浴に固執しようとは思わなかった。[23]

ルイ十四世はその後まったく入浴をしなかったわけではない。一六六五年八月にも、やはり侍医の勧めで健康増進のための入浴を行なっている。七日から十七日まで連日行ない、計二十回ほど入浴した。このときは成功したものの、その後、王は二度と入浴をしようとしなかった。[24]次のような記述もあるように、入浴自体ができるだけ避けるべきものと考えられていたのも事実である。

医学的な理由でやむをえない場合を除けば、入浴は人体にとって無駄であるばかりか、非常に有害なものである[25]。

そのため、もっとも重視されたのが、下着の取り替えであった。清潔になるために下着を取り替えるという記述は、当時の文献には数多く見受けられる。第一にそれは健康のためであった。つまり、医学的見地から下着の取り替えが推奨されることがあった。たとえば、ティソ（1728～1797）によれば、悪性の高熱にかかったときには、下着を二日おきに着替える処置が行なわれた[26]。また疥癬の処置では以下のように指示されている。

しばしば下着を取り替える必要があるが、上に着ている衣服を替えるのは避けること。というのは感染している衣服は、快復したあとにそれを身につけると、着た者にまた疥癬をもたらしてしまうからだ。《身につける前に、シュミーズとキュロットと靴下に硫黄をたきつけること。この薫蒸は屋外で行なうべし[27]》。

このようにまず医学的な観点から下着の取り替えが勧められた。これはまさに当時の先端の衛生観念であろう。

また、ルイ十四世の生活を克明に記録したダンジョー（1638～1720）の日記によれば、一六八六年二月二十一日木曜日、体調を崩していたルイ十四世は一日中ヴェルサイユ宮殿の居間のベッドで過ごしていたが、下着だけは毎晩取り替えていた[28]。このような医学的措置や健康への配慮としてだけでなく、下着の着替えは清潔の観点からも行なわれた。そのような着替えは、ある種の贅沢や奢侈と関わる事柄としてとらえられていた。

たとえば、ビュッシー・ラビュタンの『回想録』に次のような記述がある。以下は、彼がある伯爵夫人の家に滞在したときに受けた歓待の様子である。

不便がないわけではなかった。というのは私たちは着替える下着もなかったし、私たちに仕えてくれる下僕もいなかったからである。伯爵夫人は彼女の家で私がうんざりするようなごく些細な原因さえつくりたくなかったので、衣服を脱いだり着たりするための小姓をひとりと、彼女の夫のシュミーズを数枚と替え襟をいくつか私に手渡した。私たちを大変な豪華さと清潔さで歓待してくれたのである。(29)

着替えの下着が提供されたことで、ビュッシー・ラビュタンはすばらしいもてなしを受けたと感じている。清潔を保つことができるからである。着替える下着の欠如は、非常に不快なことであった。

同様の事例はほかにもある。フェヌロンの『テレマックの冒険』において、テレマックが女神カリプソに歓待された時の様子は次のようであった。ただし、この作品の時代設定は古代であり、文中に出てくる下着は羊毛製であるので、白いリネンではない。しかし、十七世紀の下着の快適さにかかわる感覚が映し出されている。

ごゆるりとなさいませ。お召し物が濡れておりますこと。さあ、お着替えをあそばして。[…]こういい終わると、女神は、テレマックとマントールを、自分の居間に続く、岩屋で一番奥まった人目につかない部屋に案内した。そこには、ニンフたちの心づくしで、香柏《セードル》の大きな松明に赤々と火がともされており、その芳香があたり一面にただよっていた。それればかりではなく、新しい賓客《まろうど》のために衣服が用意されていた。テレマックは、上質の羊毛製で、雪より白い下着と、金で刺繍された緋の衣を見たとき、こういう奢侈を前にすると若者の心にふつう起こりがちな快感を覚えた。(30)

白さのきわ立った下着を取り替えることは、健康を維持するものでもあり、同時に贅沢な行為でもあった。それが十七世紀における清潔である。ヴィガレロの言うように、白い下着の取り替えは、清潔を実現し、身体を清浄にし、身体に快感を与えると思われていた。そこに水はまったく関与しない。

このような当時の観念を裏づけるものとして、シャルル・ペロー（1628～1703）の次の文章がある。水を使わずに下着によって清潔を保つ当時の習慣を、彼は誇らしげに礼賛する。風呂に入る習慣をもった古代人と同時代人とを比較して、十七世紀のほうがよほど優れているという論旨である。

たしかにわれわれは大きな浴槽を作ろうとしない。しかし、われわれの下着が清潔であること、そして下着をあふれるほどに持っていること、それは常に我慢のならない入浴からわれわれを解放し、世界中のすべての風呂に匹敵する価値があるのだ。[31]

白い下着つまり清潔な下着を着替えることができること、そしてそれをふんだんに所有していることが、入浴以上に清潔な状態をつくると信じられていた。ペローのこの一文は十七世紀の清潔観がいかなるものであったか、はっきりと示している。

以上のように、十七世紀の多くの作法書が白い下着の着用とその頻繁な着替えを力説したのは、当時の清潔においては、とりわけ下着の白さが重視されたからであった。

本章で扱う遺体調書のデータは十七世紀のものではなく十八世紀のものであるから、清潔に関する事情が異なるのは確かである。十八世紀になると、それまでは禁忌であった水が清潔の問題に徐々に介入し始めるからだ。特に上流貴族の間では、純粋に身体を洗うことだけが目的ではないにしても、入浴の習慣が生まれてくるのであった。[32]

入浴はまず第一に、医療行為として行なわれていた。先に引用したティソの一七六一年の医学書では、さまざまな疾患に対し、しばしば水浴を医療行為としてほどこしていたことがうかがえる。よく行なわれたのは足湯であった。旅人が脚の疲れを癒すために行なうのはもちろん、胸部の炎症の際[33]、歯が痛いとき[34]、日射病のとき[35]、疱瘡[36]、麻疹[37]、丹毒[38]、ひどい恐怖感のあと[39]、感染症など[40]、さまざまな疾病および身体の不調の治療に[41]、足湯が効果的であることが記されている。多くの場合、それはぬるま湯で行なった。全身浴も行なわれた。ルイ十四世が医師の指示にもとづいて試みていたし、ルイ十四世の王太子がしばしば健康増進のために川で水浴をしていたことを、ダンジョー侯爵は日記につづっている。

このような行為は宮廷の中でも王太子くらいしか行なっておらず、非常な好奇心を持ってそのことが記録されている。たとえば、一六八四年六月の日記には、何日もの間くり返して、「王太子殿下は水浴を続けている」と記されている[42]。このように特記すべきこととして、珍しいものを見るかのようにダンジョー侯爵は王太子の水浴について記録を続けた。王太子はもっぱら健康の維持、あるいは体調不良を改善するための措置として行なっていた。

ルイ十三世、ルイ十四世治世下においては、王族の間でさえ珍しかった入浴であるが、徐々に一般化してくる。例えば、ジャン=ジャック・ルソー（1712～1778）が『エミール』の中で、次のように述べていることからうかがえる。

子どもの体をときどき洗ってやるがいい。子どもの不潔な体はそうする必要があることを示している。拭くだけにしていると皮膚を傷める。しかし、子どもが強くなるにつれてしだいに湯の温度を下げていって、しまいには夏でも冬でも冷たい水で洗うがいい。凍った水でもかまわない。危険のないように、水の温度は長い期間にすこしずつ目立たないように下げる必要があるから、正確にはかるために温度計をもちいるとよい。この水浴の習慣は、いちど決められたら、その後、中断すべきではないし、一生保ち続ける必要がある。わたしは、清潔とか現在の健康とかの面からのみそう考えているのではなく、それは、筋肉に柔軟性をあたえ、さまざまな程度の暑さにも寒さにも、なんの努力もせず、なんの危険もなしに適応できるようにするのに有効なやり方だとも考えている。(43)

ここには、あれほど水を忌避し、めったに水で体を洗わなかったルイ十三世の時代と比べ、非常に大きな変化が見られる。十八世紀になると、明らかに健康増進、体力増強の手段として水浴が位置づけられ、それが子どもの正常な発育を促すことになると考えられるようになったのであった。

もうひとつの変化は、優雅な気晴らし、つまり新しい快楽の習慣として入浴が定着したことである。ディドロの『百科全書』を見ると、パリのセーヌ河には、かつら屋兼風呂屋であったポワトゥヴァン（生没年不詳）が一七六一年に設営した浴場船が浮かんでいた。これは最初の入浴施設だが、パリ大学医学部のお墨付きをもらった一種の温水治療施設としての性格をもっていた。入浴料は三リーブルで、当時の職人の日給が半リーブルであったことを考えると、贅沢な施設であったと言えるだろう。(44) また、貴族たちは自分の邸宅の一室にまるでソファのような浴槽を置いて、身体を洗う目的でなく、贅沢で優雅な新しい生活習慣として入浴を行なうようになっていた。しかし、入浴は贅沢なことであり、大多数の人びとには縁遠い事であった。

入浴が浸透しつつあった十八世紀になっても、入浴が身体を清潔にするととらえられていたわけではないため、白い下着を身につけ、それを時々洗濯して着替えればよいという清潔観は生きていた。それは十八世紀になっても、作法書が相変わらず白い下着の着用を奨励し続けていることからも十分推察できる。たとえば、すでに述べたように、アントワーヌ・ド・クルタンの作法書において、「清潔」に関しては、初版から十八世紀後半に至るまで変わらず、「白い下着を身につけていれば、贅沢に着飾っているかどうかは問題ではない(45)」と言っているのである。つまり十八世紀においても清潔の表象に白い下着は不可欠であった。白い下着はそれ自体贅沢品であった。そして、むしろ下着の着用が本格的に広まりを見せ、それが清潔であることの前提になったのが十八世紀であると考えられる。

4. 漂白・洗濯事情

以上のような当時の清潔観をふまえるならば、リヨンに見られた赤褐色のシュミーズを着ている人びとは、シュミーズを着てはいるものの、白さの欠如という点で、十七世紀から作法書が説き続けている清潔の水準に達していないのは明白である。清潔は奢侈であったため、遺体調書に記された人びとに無関係であったことは想像できる。しかし、彼らが身に着けた赤褐色のシュミーズとは具体的にいかなるものであったのだろうか。このことを分析することによって、白いリネン類の持つ意味をいっそうよく理解することができる。

リヨンとボジョレの遺体調書には見られなかったが、本来、下着、シュミーズに最もふさわしいと推奨される布は、toile d'Hollande あるいは Hollande と通称されるオランダ製の布であった(46)。この布は、みごとに漂白された美しく繊細で目のつまった白い上等の亜麻布である。亜麻は一般にもちいられる麻よりも格段に着心地が良く、色も白かったが、なかでもオランダ亜麻布は最上級のものであった。フランドル産の亜麻布の中でも上等のものはオランダ亜麻布と称されることがあったが、本場のオランダ亜麻布よりは質が劣った。オランダ亜麻布は、ていねいに折り畳まれて、白いきれいな紙で包まれた上、さらに青い粗紙がかけられ紐で結ばれて、オランダの都市ハーレムで取引されていた(47)。

麻製下着と亜麻製下着の価格差は大きく、十七世紀中頃のパリで麻製下着は、肉体労働者の三、四日分の賃金に相当する約二リーブルであったが、亜麻製下着はその四倍ほどの値段であった(48)。高価であるがゆえに亜麻製下着は盗難に遭うこともしばしばあり、[49] たとえば、後述するように、ジャン・ジャック・ルソーも、上等の亜麻製下着四二枚が盗まれたことを『告白』第八巻（一七五〇〜一七五一年）の中で述べている。[50]

このようにして盗まれた下着類は、ダニエル・ロッシュによれば、他の盗まれた衣類と同様に、古着屋を介してまた市場に出回るのであった。[51] ロッシュによれば、このような下着を含めた衣類の盗難は、十八世紀を通じて増加の一途をたどっている。ロッシュは衣類と下着類をまとめて統計を出しているため、下着類のみの傾向を見ることはできないが、ロッシュの計算によると、パリにおいて一七一〇年から一七三五年にかけて下着類と衣服の盗難は二〇五件で全体の盗難の二八％を占めていたが、一七六〇年から六十五年にかけて九一九件に増加し、全体の五二％を占めるほどになっている。また一七二一年から四一年にかけて、衣服のみの盗難は五七件、下着を含めた衣服の盗難は五〇件で同じ程度であったが、一七七〇年から九〇年にかけては下着を含めた衣服の盗難が五〇〇件にのぼり、衣服のみの盗難一八一件をはるかに上回っている。この調査結果を踏まえるならば、盗品として下着が価値あるものと見なされるようになったと考えられるだろう。[52]

このように下着類は盗難の対象になったのだが、なかでも、オランダ亜麻布は最高級の輸入品であるから、庶民の手になど届くものではない価値ある品であった。

フランス語の「白」blanc には漂白されているという意味が含まれている。[53] つまり白さとは漂白によって得られた色であり、清潔のために求められた白い下着とは、漂白された布の下着であった。下着の布は、漂白と無漂白のものとに大別でき、両者の差はあらゆる点で歴然としていたのである。

布の漂白には手間がかかった。漂白方法にはいくつかあるが、たとえば簡便なものとしては、ディドロとダランベールの『百科全書』に記されているインドにおける漂白の方法がある。この方法では、石に数百回も布地を打ちつけた上、家畜の糞を溶かした水に長時間晒し、それを洗い流し、次に煮立った湯で煮洗いし、日光に干すという行為を数回くり返すため、少なくとも一週間は要する。[54] しかし、ほかにも、フランドル地方の方法、オランダ方式、アイルランド方式などの主要な漂白方法があり、こちらのほうがより広く行なわれていた。布は織り上がった後、白くするためには「漂白屋《ブランシスリー》」へ移される。『百科全書』は、パリ北部のサンリスに実際にあった漂白屋の例を挙げて、そこで行なわれた作業を図27と図28のように図解つきで解説している。[55]

これによると、布はいくつかの専門工房で、複雑で多様な工程を経て漂白されていた。清水と灰の溶かされた冷水から熱湯、石鹸水や脱脂乳、そしてインディゴ・ブルーの溶かされた水を、何度も通過し、屋外で日光に何度も晒されて、最後には糊付けされることによって、白さが実現された。おそらく漂白にかかる時間は一週間どころではすまない。最後にプロワリー、つまり布をたたむ場所で、専用の布のしわ取り機にかけられて、きれいにしわが伸ばされて畳まれてから、商品として流通した。図29はしわ取り機の図である。

しかし、最上級の美しい白布を得るための漂白はジョベール（1715～1780）によれば、オランダ方式であった。オランダ亜麻布の輝くばかりの美しさは、当地の水質の良さに起因する。オランダの水は砂丘の砂で濾過されて、軟水で透明なため、布の漂白や洗濯には最適だった。[56] その上、オランダ独自の漂白方法があった。[57] 一方、grosse toile のような質が劣る麻布の場合は、アイルランド式の漂白が行なわれていた。[58]

オランダ式とアイルランド式は漂白する布の質によって使い分けられ、オランダ式の方が細心の注意をはらって行なわれていた。パリ北部のサンリスあるいはフランドルの漂白方法も上質な布の漂白に向いていた。しかし、いずれの漂白作業にも共通する基本がある。ジョベールはこれを以下のようにまとめている。

第一に発酵性の液体に浸けることによって、布の繊維の内部にある色の成分を分解する。その後、灰のアルカリに浸けて布の色素を付着させて、洗い流す。その次に酸に浸ける。これによって一気に色の成分が破壊され、布は白くなる。[59] 酸は主に酸化した牛乳によって生成された。さらに日光にさらすなどの工夫によって漂白効果は高まる。また最後に青色をわずかながら付着させる「青み付け[60]」によって、真白になると考えられていた。ジョベールは、オランダの「エナメル（釉薬）」や「青顔料《アジュール》」が、なめらかで色も薄いために美しい白を生み出すことができたと説明する[61]。この「青顔料」は、アラブ起源の貴重なラピスラズリという鉱物から採れた顔料で、十七世紀では一オンスが一〇〇エキュで取引されていた[62]。オランダは水、方法、最後の仕上げの青の顔料などの点で、漂白技術の頂点にあった。漂白には複数の方法があり、漂白前の素材の質によって、それは使い分けられた。採用する方法しだいで白さの質は変わっただろう。またその土地の水や、牛乳の質、最後にわずかにつける青色染料（および顔料）の質によって、白さには微妙な差異が生まれていたと思われる。

以上のような状況のなかで、パリの富裕層は、ボルドーの仲買業者に頼んで、オランダや西インド諸島で布地の漂白をしてもらっていた。ヴォーブラン伯爵（1756～1845）はその回想録の中で次のように慨嘆している。

> 人びとはこの下着の白さをパリの下着のやや黄色い色と較べたものだ。ボルドーの仲買業者は彼らの下着をサント・ドミンゴ［西インド諸島のドミニカ共和国の首都］に送って漂白させていたのである[63]。

ヴォーブランは外国で漂白された亜麻布の美しさを讃え、パリの洒落者たちがこぞって外国産の下着を身につけていると明かしている。フランス産の布はたとえ漂白されていても、オランダ方式で漂白された亜麻布の白さにはとうてい及ばなかった。高価な輸入品のオランダ亜麻布は一部の富裕な人間のみが手にできるものであり、一般の人びとには手間と費用のかかる漂白自体が手の届かないものであった。

『百科全書』に記されているように、パリ北部のサンリスでは上質な漂白を行なっていたが、パリでは水自体が汚染されていた。一六六六年から一七七七年にかけて、セーヌ川での洗濯禁止令は何度も発せられた。あまりに淀んだ水は疫病の原因になるので、セーヌ川で洗濯をした者は鞭打ちの刑に処せられた(64)。パリの「洗濯女たち」blanchisseuse は文字通り漂白業を行なったが、布を白くするために石灰を使っていた。そのため、漂白された布地は傷んで固くなり、触れるのも不愉快なものになっていた(65)。

このように、白い下着を手に入れたとしても、それを白いまま維持することは容易ではない。下着類は洗濯女に頼んで洗濯をしてもらうのだが、その方法は漂白と基本作業は同じである。洗濯も漂白に劣らず厄介な作業であった。洗濯の手順はたとえば以下の通りである。

洗濯女《ブランシスーズ》。これは下着類のしみを落としたり、垢をおとしたりするために、これらが洗濯されたり石鹸で洗われた後で、小川のほとりや川の船上で洗う人の名前である。

洗濯女の最初の作業は下着類をエサンジェすることである。つまり、洗濯桶の中に重ねていれる前にそれらを濡らす作業である。それから大きな釜に、洗わなければならない下着類の割合にあわせて、水と灰と炭酸ナトリウムを入れる。

釜の水の表面に小さな泡ができてきたら、洗濯をはじめる。つまり、洗濯桶の中に小さなバケツでこれを流し込むのである。下着類にぬるま湯を注ぐことから始めることを守りながら。この洗濯が行なわれるにつれて、温度を上げていき、最後に沸騰したお湯を入れて終わる。

洗濯が終わると、洗濯桶の水をすべて流しだして、下着類をそこから取り出して、川の洗濯船に持っていく。冬季には下着類の垢をよりよく落とすためにそこに釜を持っていく。彼女たちはそれから船べりや仕事台の上で下着類を洗濯べらでたたく。ときどき水に浸しながら、下着類の汚れが充分に落ちるまで(66)。

熱湯をかけたり、たたきつけたり、手荒い作業で洗濯は行なわれた。このような古くからの洗濯にかんしては、民俗学者イヴォンヌ・ヴェルディエの研究から具体像を得ることができる。[67] ヴェルディエによれば、二十世紀半ばにおいてもブルゴーニュのミノ村においては、年に二回「大洗濯」が行なわれており、そこでは半年もの長期間、納屋にためこまれていた白い下着類を、大きな釜にいれて、灰と熱湯を使って、大がかりな洗濯をしていたのであった。その手法はおそらくアンシャン・レジーム期の作業と大差はなかった。

メルシエは『タブロー・ド・パリ』の中で、パリでは、たとえ運良く白い下着を手に入れたとしても、洗濯女に洗濯を頼めば洗濯棒でさんざん打ちのめされて、擦り切れるのが早かったと嘆いている。十八世紀においては、同時代人の目にも、洗濯は乱暴な作業に映った。

> パリ以上に多くの下着が着つぶされる町はないし、下着の洗濯がこれ以上お粗末な町もない。[…] 繰り返していうが、こすりすぎるために下着をこれほどすり切らせてしまうようなところは地球広しといえどもほかにはない。四分の一リュー離れていても、洗濯女のよく響きわたる「洗濯棒」の音は聞こえる。次に力まかせに「ブラシ」でこする。彼女らは下着をシャボンで洗うかわりに、やすりにかけんばかりにする。それでこういう洗濯を五、六回されると、もう包帯にでもする以外には使い道がなくなる。[…]「おしゃれな旦那」もきれいに洗ったシャツ(下着)は二週間に一度しか着ない。[68]

白い下着は、多くの人の労力と時間をかけた複数の工程を経る漂白作業によって生み出された。しかも多くの場合、外国に依頼する必要があった。白い下着を得ることも、白さを維持することも容易でなかったのは明らかである。

5．赤褐色のシュミーズ

リヨンの遺体調書に出てきた赤褐色のシュミーズの具体像は、すでに明白である。一般に下着用の布を染色することはなかった。ゆえに、これは無漂白の麻布で作られたシュミーズのことである。リトレによれば、roux という言葉自体に「生成りの漂白されていない糸」という意味がある。[69] そして『百科全書』によれば、麻の品質は色によって厳密に選別されていた。

われわれは麻の色の検査にあまりに力を入れ過ぎることがある。銀色がかった色で、真珠のような淡い灰色のものは最高の品と評価される。緑色がかっているものも良いとする。黄色がかった麻はあまり評価しないが、茶色のものは廃棄してしまう。（中略）それは麻の雌株の硬さとこわばった感触によって容易に区別できるだろう、雌株はふつう雄株よりも茶色であり、雄株の方が光沢があり、銀色がかった色をしている。[70]

つまり麻の色には幅があり、それによる確固とした序列があって、銀色がかったものを最上とし、次に緑がかったもの、その下に黄色がかったもの、そして最低の品として茶色のものが位置づけられている。その上、麻の色の検査に同時代の人びとは最大の関心を抱いており、加工前の麻の株にまで注意を向けていた。

茶系統の色をした赤褐色のシュミーズは、廃棄処分の可能性もあるほどの粗悪な麻から作られた無漂白のシュミーズであった。リヨンの遺体調書にみられる赤褐色のシュミーズの布地が、表2に見られるように、「自家製麻布」や、

「粗布」や、「くず麻の布」であったことからも、赤褐色のシュミーズの質の劣悪さは想像できる。そして、リヨンの市井の人びとが全体としてあまり上等のシュミーズを着ていないことや、以上のような当時の漂白事情や麻の色自体にかなりの幅があったことを考えあわせてみるならば、色が記述されなかった多くの事例も、それらがすべて真に白いシュミーズであったとはとうてい考えられない。

6. シュミーズの色による差異

シュミーズ（下着）の色によって、明らかな視覚的格差が形成されていた。この差異は身体感覚としては厳然たるものであったと考えられ、[71]それが、ある程度、遺体が生前属していた社会階層にも対応するものと思われる。そのことは、実際にリヨンの遺体調書をもとに赤褐色のシュミーズを着ている遺体の職業を整理することによって、ある程度裏づけられる。赤褐色のシュミーズの事例二九件中、職業不明の十六件を除くと、その内訳は、乞食、石工、ワイン商人、卸売商人がそれぞれ一人ずつ、ブドウ園労働者、水夫、使用人がそれぞれ三人ずつである。人頭税の額によって当時のフランス社会を二二の階級に分けているブリュッシュとソルノンの研究を参考にすると、[72]石工は不明だが、ワイン商人は十六級、ブドウ園労働者は十八級以下、水夫と使用人は最下級の二二級、卸売商人はやや裕福で十一級にそれぞれ位置している。乞食がこの等級にさえ加えられない最下層であるのはいうまでもない。したがって卸売商人は別として、赤褐色のシュミーズを着ているのはほぼ低所得者の階層である。

たとえば一七五八年六月四日に池で溺れ死んだクロード・ブデは、分益小作人ジョセフ・デュランの使用人であったが、次のような服装をしていて、シュミーズのみならず、身なり全体もどこか粗末な様子であった。

使い古され破れた茶色のサージの上衣、キュロット、麻くず布で裏打ちされた木靴、赤褐色の粗布のシュミーズ、靴と帽子はない[73]

一方で、明らかに白い下着を身につけている四件の遺体のうち、職業不明の事例二件を除くと、一人は使用人だが、もう一人は貴族身分を持った職人であるガラス製造業者である。[74] 奉公先の事情によって使用人のお仕着せは変わるだろうから、この使用人は白いシュミーズを着られるような身分の家に仕えていたと考えるのは可能だろう。彼は一七七九年八月十二日に溺死体で発見されたフランソワ、出身地名ボジョレで通称される二八歳の男で、奉公先は残念ながら不明だが、先のクロード・ブデと比較すると、同じ使用人とは言え、幾分上質な身なりをしている。

赤いウールのチョッキ、白い平織り布のシュミーズ、灰色の毛織物のキュロット、白い長靴下、両足には粗悪な靴[75]

事例が少ないとはいえ、その差異は見える。清潔であるか否かが基本的には白い上等の下着の有無によって測られていた時代に、安価で粗悪な無漂白の下着を身につけている人びとは、清潔とはかけ離れた身体をもつ人びとであった。彼らの身につけた赤褐色のシュミーズはまた、清潔の欠如の証しであると同時に、布地を漂白するほどの経済的余裕のないことの証しである。

逆に言えば、礼儀作法に結び付けて、ことさらに清潔という問題にこだわった特権階級の人びとは、一般には白い下着が用いられないからこそ、それに執着し、上等の白い下着によって自らの特別な地位を顕示していたのである。たとえば、先述の、ルソーが盗まれた上等の亜麻布の下着とは、以下のようなものであった。

私の下着はヴェネチア時代の残り物だが、上等で、数も多く、とくに愛着していた。清潔を求めたあまり、贅沢に流れ、かなり金がかかった。ところが誰かのおかげで、こうした気遣いから開放されることになった。〔中略〕そこには洗濯したばかりの私たちの下着がそっくり干してあった。それがすっかり持っていかれたのだ。そのなかには、私の上等のリンネル地のシャツ四二枚も含まれていた。これが私の下着類の主なものだった。〔中略〕とにかく、この事件のおかげで私の贅沢な下着道楽はやみ、それ以後はごく普通の、全体とつりあった下着しか持たないようになったのである。(76)

ルソーが自身の「下着道楽」を回顧して「清潔を求めたあまり、贅沢に流れ、かなり金がかかった」と明かしているとおり、十八世紀のフランスでは、清潔には財力が欠かせず、一部の人のみが享受できる贅沢な身体感覚であったのは疑いようがない(77)。第2章で見たとおり、下着に付属しているレースは奢侈品と見なされ、シュミーズ自体も真に白いものは奢侈品であり続けた。『百科全書』のシュミーズの項目には奇しくも次のように記されている。

シュミーズは多かれ少なかれ上質な平織り布でできているが、それはその人の身分《コンディション》しだいである(78)。

シュミーズ（下着）は人間の身体と最も近接した部分で、当時の身分社会や差異の構造、そして富の配分の形を映し出している。白い下着で実現される清潔とは、奢侈が許される人びとのものである。つまり、清潔という名の秩序もまた、許された者のみが身にまとうものであり、白いリネン類である下着によって、肉体に刻印されたのである。

注

1　前掲拙稿「十八世紀パリ、リヨン、ボジョレにおけるchemiseの着用状況」参照。一七七〇年のパリの遺体調書では、男性がchemiseを着ているのは十八件（男性の遺体総数四五件中）、女性がchemiseを着ているのは二八件（女性の遺体総数八七件中）である。そのうち素材がわかるものは男性では十五件、女性では十七件である。ロッシュも同じ史料を用いて指摘している（D. Roche, *Le peuple*, p.255）。これらのうち、最も多い素材はgrosse toile（粗布）で、男性は六件、女性は七件である。これらの史料から、パリとリヨンの地域差を読むこともできるが、充分な比較をするにはデータ量が乏しいため、本章ではこれについて論じることはしない。拙稿「十八世紀パリ、リヨン、ボジョレにおけるchemiseの着用状況」では若干触れている。

2　Furetière, *op.cit.*, non pagination ; Richelet, *op.cit.*, tomeI, p.465 ; Diderot et D'Alembert, *op.cit.*, tome I, p.553.

3　Diderot et D'Alembert, *op.cit.*, tome IV, p.1122.

4　Isambert etc., *Recueil général des anciennes lois françaises, depuis l'an 420 jusqu'à la Révolution de 1789*, Belin-Leprieur, Paris, 1827, N° 2018, Ordonnance concernant les procureur et économe des habitations sise aux Iles du Vent, Titre II-5, Versailles, 3 décembre 1784.

5　安成英樹「フランス絶対王政期における官職売買制度の展開とその再検討」平成十六年度～平成十八年度科学研究費補助金（基盤研究（C））研究成果報告書、平成十九年三月、二二頁参照。

6　Dangeau, *Journal d'un courtisan à la Cour du Roi Soleil*, tome I, 1684-1685, Paleo, Paris, 2002, p.123.

7　Procès-verbaux de levée de cadavre, Archives Nationales, ［Y15707］. D. Roche, *Le peuple*, p.255も参照。

8　以下に続く各種toileの解説は次の文献を参照。Furetière, *op.cit.*, «toile», non pagination ; Richelet, *op.cit.*, tome3, p.737 ; Diderot et D'Alembert, *op.cit.*, tomeIII, p.819 ; E. Hardouin-Fugier, *op.cit.*, pp.381-382 ; Larousse, *Grand dictionnaire universel du XIXe siècle*, (1866-1879), Slatkine, Genève-Paris.1982, tome XV, pp.257-258. ［以下では*Grand dictionnaire*と略す］

9　柴田三千雄・樺山紘一・福井憲彦編『世界歴史大系　フランス史2――十六世紀～十九世紀なかば』山川出版社、一九九六年、六一頁参照。フランスにおける綿業については、服部春彦『フランス産業革命論』未来社、一九六八年を参照。また綿布の貿易、つまり綿布がいかにしてフランスに入ってきたかについては深沢克己『商人と更紗—近世フランス＝レヴァント貿易史研究』東京大学出版会、二〇〇七年が詳しい。

10 Furetière, *op.cit.*, non pagination. ; Diderot et D'Alembert, *op.cit.*, tome III, p.350, «roux».

11 Madeleine Delpierre, *op.cit.*, p.48.

12 Françoiise Bayard, *Vivre à Lyon sous l'Ancien Régime*, Perrin, 1997, p.257.

13 ヴィガレロ、前掲書。当時の清潔観と白い下着の関係については以下も参照。D. Roche, *La culture*, chapitre VII, ‹L'invention du linge›, pp.149-176 ; B.Garnot *La culture matérielle*, pp.125-132.　G・デュビイ、M・ペロー監修『女の歴史3、十六～十八世紀1』杉村和子、志賀亮一監訳、藤原書店、一九九五年。拙稿、「ギャラントリー—十七世紀前期フランスの社交生活と服飾」服飾美学二四号、一九九五年、五七～七四頁。

14 宮崎揚弘、前掲書。

15 Madelaine Foisil (sous la direction de), *Journal de Jean Héroard*, Fayard, Paris, 1989, p.371.

16 *Ibid.*, p.379.

17 *Ibid.*, p.379.

18 *Ibid.*, p.379.

19 *Ibid.*, p.1085.

20 *Ibid.*, p.1472.

21 ヴィガレロ、前掲書、十八～十九頁。

22 Vallot, Daquin et Fagon, *Journal de santé de Louis XIV*, Jérôme Millon, Grenoble, 2004, p.137 .

23 *Ibid.*, p.137.

24 *Ibid.*, p.156.「王は、この唯一の機会をのぞいて、以後決して寝室での入浴をなさろうとはしなかった。」

25 *Recueil général des questions traictees és Conferences du Bureau d'Adresse, sur toute sortes de Matieres ; Par les plus beaux esprits de ce temps,*

tome 2, I. Baptiste Loyson, Paris, 1655, p.533.

26 Samuel Auguste André David Tissot, *Avis au peuple sur sa santé* (1761), Quai Voltaire / Histoire, Paris, 1993, p.183.「下着を二日おきに着替えるべきである。」

27 *Ibid.*, p.239.

28 *Journal du marquis de Dangeau*, tome II, 1686-1687, Paleo, Paris, 2002, p.31, Jeudi le 21 février, à Versaille.「彼は唯一下着を取り替えるためにのみ夕方起き上がった。」

29 Bussy Rabutin, *Mémoires* p.39.

30 Fénelon, *op.cit.*, pp.15-17.(『テレマックの冒険』九頁)。

31 Charles Perrault, *Parallèle des anciens et des modernes en ce qui regarde les arts et les sciences dialogues avec le poème du siècle de Louis Le Grand et une épître en vers sur le génie*, seconde édition, tomes 1, (1692), Slatkine Reprints, Genève, 1979, pp.80-81.

32 ヴィガレロ、前掲書、一二三～一八五頁、および B.Garnot, *La culture matérielle*, pp.126-132 を参照。

33 Tissot, *op.cit.*, p.60.

34 *Ibid.*, p.85.

35 *Ibid.*, p.124.

36 *Ibid.*, p.135.

37 *Ibid.*, p.161.

38 *Ibid.*, p.169.

39 *Ibid.*, p.199.

40 *Ibid.*, p.335.

41 *Ibid.*, p.361.

42 Dangeau, *op.cit.*, pp.26-29.「十九日月曜日、王太子殿下は川で水浴を始めた。二十二日木曜日、王太子殿下は川での水浴をまだ続けている。二十四日土曜日、王太子殿下の風呂は続く。二十五日日曜日、王太子殿下は水浴を続けている。二十六日月曜日、王太子殿下は水浴を続けている。二十九日木曜日、王太子殿下は水浴を続けている。」

43　Jean-Jacques Rousseau, *Émile ou de l'Éducation, Émile et Sophie*, in *Œuvres completes*, IV, *Émile, Éducation–Morale–Botanique*, Gallimard, Bibliothèque de la Pléiade, Paris, 1969, pp.277-278.（ルソー『エミール（上）』今野一雄訳、岩波文庫、二〇〇八年、八五頁）。

44　ヴィガレロ、前掲書、一三九～一四〇頁。

45　Antoine de Courtin, *Nouveau traité de la civilité*, pp.74-75. 前章で述べた通り、「白い下着」linge は chemise も含めて襟飾りやハンカチーフなど身につけるすべてのリネンを総称する。

46　Savary, *op.cit.*, p.351, «Hollande» ; Diderot et D'Alembert, *op.cit.*, tome III, p.819, «toile».

47　Savary, *op.cit.*, tome 2, pp.1750-1751, «toile».

48　ヴィガレロ、前掲書、九六頁、およびG・デュビイ、M・ペロー監修、前掲書、八六頁を参照。

49　ローヌ県立文書館所蔵の遺体調書を含む刑事裁判文書の中には、下着や布類の盗難に関する調書も見受けられる。また当時の衣服の盗難事情については、D. Roche, *La culture*, chapitre XII ‹Du vol à la revente...›, pp.313-346. を参照。

50　ルソー、桑原武夫訳『告白（中）』岩波文庫、一九六五年、一三九頁参照。第八巻は一七五〇年から一七五一年にかけての回想部分である。

51　Roche, *La Culture*, pp.313-345.

52　*Ibid.*, p.320 の表を参照。

53　Larousse, *Grand dicitionnaire*, tome 2, p.788, «blanc» : «qui a été blanchi».

54　Diderot, *op.cit.*, tome III, p.819, «toile». 牛糞を使う漂白は十九世紀にも行なわれていた。M.Julia de Fontenelle, *Manuel complet du blanchiment et du blanchissage, nettoyage et dégraissage, des fils et étoffes de chanvre, lin, coton, laine, soie*, tome 1er, Librairie Encyclopédique de Roret, Paris, 1834, p.35.

55　巻末付録史料４参照。

56 Abbé Jaubert, *op.cit.*, tome 1, p.272.

57 巻末付録史料5参照。

58 アイルランド式については巻末付録史料6参照。

59 Jaubert, *op.cit.*, pp.268-269.

60 この技法では「青み付け」が行なわれている。「青み付け」に用いたのは、サンリスの場合、インディゴ・ブルー、あるいはプロシア・ブルーであった。インディゴはもちろんインド原産の藍の青であろう（Furetière, *op.cit.*, non pagination. «indigo»）。プロシア・ブルーはベルリンで作られていたもので、専門の業者が存在していた（Franklin, *op.cit.*, vol.1, pp.86-87. «Bleu de Prusse»）。青み付けに関しては次を参照。駒城素子「白さと日本人の好み」『繊維学会誌』43（5）、一九八七年、一七八〜一八二頁。生野晴美、駒城素子、中島利誠「市販蛍光増白綿布の増白度と青み付け」『日本家政学会誌』44（12）、一九九三年、一〇五一〜一〇五六頁。駒城素子「白さの色彩科学的考察と人間の感性による捉え方」『紙パ技協誌』49（9）、一九九五年九月、一二九〇〜一二九八頁。

61 Jaubert, *op.cit.*, p.270. 深沢克己の前掲書によれば、インド更紗の交易の関係からオランダにはインドから良質の藍（インディゴ・ブルー）が入っていた。このような事情もオランダの高度な漂白技術に反映していたかもしれない。

62 一オンス＝約三〇・五九四グラム。エキュ金貨は貨幣単位三リーヴルに相当。Furetière, *op.cit.*, «azur». ドイツのもの（azur d'Allemagne）も上等であった。プロシア・ブルーに相当するのではないか。この青顔料は洗濯の際に剥落した可能性もあるが、洗濯のたびに青み付けを行なったかどうかは不明である。

63 *Memoires de M. le comte de Vaublanc*, Librairie de Firmin Didot Frères, Paris, 1857, p.118.

64 Alfred Franklin, *Dictionnaire historique*, tome 1, p.85. ここの注ではDelamare, *op.cit.*, tome 1, p.557からの引用となっているが、Delamareに該当箇所なし。

65 Jaubert, *op.cit.*, p.272. また、以上の当時の漂白事情に関する説明は以下も参照。F・クライン＝ルブール著、ポール・ロレンツ監修『［新装版］パリ職業づくし―中世から近代までの庶民生活誌』北澤真木訳、論創社、一九九八年、一〇八九〜一九三頁、〈川で洗濯〉〈洗濯船の「女親分（キャピテーヌ）」〉。Alfred Franklin, *Dictionnaire historique*, vol.1, pp.85-86. «blanchisseurs».

66 Jaubert, *op.cit.*, p.271.

67 イヴォンヌ・ヴェルディエ『女のフィジオロジー―洗濯女・裁縫女・料理女』大野朗子訳、新評論、一九八五年、一〇六―一三四頁。

68 Louis Sébastien Mercier, *Tableau de Paris*, I, Mercure de France, Paris, 1994, pp.1086-1088.（ルイ＝セバスチャン・メルシエ著『十八世紀パリ生活誌―タブロー・ド・パリ（上）』原宏編訳、岩波文庫、一九八九年、一六一〜一六三頁、〈ひどい目にあう下着〉）。

69 Littré, *Dictionnaire de la langue Française*, Paris, 1880, «roux».

70 Diderot et D'Alembert, *op.cit.*, tomeI, p. 520, «chanvre». 麻は雌雄異株である。

71 拙稿「十八世紀パリ、リヨン、ボジョレにおける chemise の着用状況」参照。この中で、不十分な論証ではあるが、シュミーズの素材の差異は、皮膚感覚としても感じとれるものであったろうと推論した。つまり上等の亜麻布のシュミーズは素肌に心地よく感じられるものであり、その滑らかな触感自体が奢侈として受け止められていたと考察し、清潔とは皮膚感覚の心地よさにも結び付く奢侈であるとも考えられると結論した。

72 François Bluche et Jean-François Solnon, *La véritable hiérarchie sociale de l'ancienne France, le tarif de la première capitation*（*1695*）, Droz, Genève, 1983.

73 ローヌ県立文書館所蔵 procès-verbaux de levée de cadavre, le 4. juin 1758, [2B320]

74 ガラス製造業者（verrier）という職業に関しては、Alfred Franklin, *Dictionnaire historique*, vol.2, pp.726-727 を参照。ガラス製造業者には貴族身分を持っている者が従事したと説明されている。このような身分の人を noblesse commerçante と呼ぶが、これについては *Ibid.*, pp.500-502 を参照のこと。

75 ローヌ県立文書館所蔵　procès-verbaux de levée de cadavre, le 12. aout 1779, [11G314]

76 J.-J. Rousseau, *Les confessions*, in *Œuvres complètes*, I, *Les confessions autres textes autobiographiques*, Gallimard, Bibliothèque de la Pléiade, Paris, 1959, p.364.（ルソー『告白（中）』桑原武夫訳、岩波文庫、一九九七年、一三九頁。傍点は筆者による。）

77 G・ヴィガレロ、前掲書、九四〜九七頁、およびG・デュビイ、M・ペロー監修、前掲書、八六頁を参照。

78 Diderot et D'Alembert, *op.cit.*, tomeI, p.553, «chemise».

第Ⅱ部

服装規範

――ふるまいの秩序

第1章　服装規範

1. 服装規範

第Ⅱ部では礼儀作法のなかでもモードと密接であった服装規範に着目して、ふるまいの秩序化について論じる。服装規範は、いつ、いかなる状況下で、誰といるときに、身につけている衣服をどのように着脱すべきか、という問題に集約される。なぜなら、衣服の着脱は、相手への敬意を表わすふるまいとして機能していたからである。この方法をすこしでも誤れば、相手を侮辱する結果を招き、自身の尊厳を傷つけることにもなる。宮廷社会においては、位階や序列は厳しく遵守されなければならなかったため、ささいな服飾にまつわるふるまいのコードは、微妙な人間関係を左右するものとして、慎重さが要求された。

なかでも、細心の注意を要するのは、帽子の扱いであった。帽子の扱いは服装規範の要であり、ほかのすべてはこれに準ずるものと考えてよい。そこで、帽子については、第2章と第3章において詳しく論じる。帽子の扱いに準ずるものは、男性にとっては、マント、手袋、ハンカチーフの扱い、女性にとっては仮面の扱いであった。ラ・サルは、これらに、靴下、靴、シュミーズ、クラヴァットを付け加えている。その着脱基準とはいかなるものであったのか。まず、マントの例を挙げる。

マントには、身につける場とそうでない場があった。たとえば、クルタンとラ・サルによれば、マントは、教会や食卓では身につけてもよいが、敬意を払うべき場所や相手の前では脱ぐ必要があった(1)。それゆえ、クルタンはまた、王族のいる場や大貴族のいる場所に、マントを身につけて入るのは無作法であると断じた(2)。敬意を払うべき人やものの前で身につけているものを取るのは、服装規範の基本的な考え方である。

マントと同様、手袋も中世以来、騎士なら誰でも身につけるもので、これらは騎士の証とも言える服飾品であった。貴族の名誉にかかわる必携品であったため、マント同様の着脱の作法が存在する。十七世紀における手袋は、刺繍など美しい装飾がほどこされ、それ自体価値あるものと見なされた。

たとえば、少年の手袋の作法は、次の通りである。通りを歩くとき、仲間とともにいるとき、田舎に行くときは手袋をはめる。しかし、神に祈るときと食卓でははずさなければならなかった(3)。このように、少年も敬意を払うべき場では手袋をはずすことが求められた。大人の場合は、女性に付き添うときには手袋を手に持たなければならなかった。つまり、女性に手を差し出すときには手袋を必ずはずし、手に持つのが原則であった(4)。

一方、女性に求められる着脱の規範は、黒いビロード製の仮面に見ることができる。仮面は女性固有のふるまいと風俗を生んでいた。これについては第Ⅲ部第1章で論じる。

以上のように、敬意を表すべき相手や事物の前では自分の身に着けている衣服を脱ぎ去るのが、服装規範の基本である。これらの着脱規範は、対人関係の潤滑油のような役割を果たしていた。

その意味において、ハンカチーフにも規範が存在した。作法書の中で、ハンカチーフの扱いは、主に洟のかみ方とともに説明される。当時はまだ手鼻をかむ人が多かったため、エリアスも論じているように、洟をハンカチーフでかむようになるのは一種の文明化の過程と位置づけることができる[5]。そのため、洟のかみ方の変化は衛生観念の変化ととらえられてきたが、これは同時に、対人関係の領域に属する問題でもあった。身体の汚物の取り扱いを、しだいに他人の目から隠すようになっていったのであり、他人に不快な思いをさせないための配慮として、ハンカチーフが登場するからである。

たとえばクルタンは、素手や衣服の袖などで洟をかむことは無作法であるとくり返し注意し、ハンカチーフをもちいることを勧める[6]。そして、洟をかみ終わったら、中の物を隠すため折りたたむように促す[7]。このような稚拙な説教はどの作法書でも行なわれるが、それは、周囲にいる他者への配慮を教えるものでもあった。たとえば、洟をかむときには顔をそむけるか、帽子や手で隠すべきだという[8]。同様のことはラ・サルも言及した。他人の面前で洟をかむのは良くないので、顔をそむけるか、帽子で隠すべきだと言い、さらに、洟をかむときに大きな音を立てるのも無作法だと述べている[9]。ハンカチーフの作法は、着脱規範とは異なるが、対人関係の中で守るべき事柄であり、以上のふるまいができるか否かが、社会で許容されうる人物か否かの判断材料になった。

作法書に見られる服装規範は、着こなしに関する注意も多い。着こなし方によって、着用者自身の他者に与える印象が左右されるため、注意が促された。まず、ラ・サルはマントの着こなしについて、両方の肩に羽織ることが大事であると述べる[10]。腕まくりをすることや、折りたたんでいるのもよくないという。クルタンは少年に対しても両肩にマントを羽織るべきだと述べる[11]。つまり、老若問わず、マントは両肩に羽織るものであった[12]。また相手のマントに手をかけることを禁じている[13]。クルタンもラ・サルも同様で、他人の衣服に対しての距離のとり方、つまり他者の身体との距離のとり方を心得ていることが肝要であった。これを心得ていない場合、相手の身体領域に踏み込み、侮辱することになるからである。

青少年の手袋の扱い方については、手に持った手袋をもてあそぶこと、手袋を誰かに打ち付けること、口元に持っていくことは見苦しいと戒められている。(14) 手袋をもてあそぶのは恥ずべき行ないであり、洗練されない野蛮なふるまいと見なされた。ハンカチーフも同様である。洟をかむ前にハンカチーフを長い間引っ張り続けることや、ハンカチーフのどこでかむべきか探すことは不作法であると見なされた。(15) 先述のように、そばにいる他者に不快な思いをさせないことが、ハンカチーフの作法では求められていた。すべて他者への敬意の表わし方にかかわってくる問題である。

ほかには、たとえば靴下はしわがあること、破けていること、継ぎが当たっていること、大きさが適切でないことがよくないとされた。(16) 靴に関しても同様である。バックルで留められていないこと、スリッパのようにかかとを踏むことが戒められた。(17) この場合の靴とは、木靴ではない。革製の靴であり、バックルか、紐締めになっているものであった。(18) シュミーズに関しては、胸がはだけているような着方や、袖が長すぎることが注意され、衣服のあちこちからシュミーズがはみ出ていることも、困惑させられることを理由に、認めていない。(19) つまり、戒められるのは、だらしのなさである。衣服の開口部からシュミーズが出ているのは作法に反するが、シュミーズが見えるように着こなす人は多かった。このような着こなしは十六世紀以来、よく見られたものである。その理由は第Ⅰ部で論じたように、清潔の表象とかかわっている。白さを視覚的にきわ立たせるためであった。

さらに首周りは、ハンカチーフや襟巻《クラヴァット》で覆っているのが望ましいという。(20) 首周りの素肌が見えていることは、家の中でくつろいでいるときでも、体調の悪いときでも、作法では認められないことであった。常になにかで覆っている必要があった。

以上の靴下、靴、シュミーズ、襟巻《クラヴァット》に関する規範は、装いのだらしなさ、つまりnégligenceな状態を戒めるものであったといえるだろう。換言すれば、だらしのない姿、くつろいだ姿を作法書は斥けた。このことに関しては、第Ⅲ部第2章で論じたい。

2. 礼儀作法とモード

このような服装規範を求める当時の礼儀作法は服飾の流行（モード）との関連が深く、礼儀作法にかなう理想的な外見を提示する中で、いくつかの服飾が推奨されることがあった。たとえば第Ⅰ部で見た白いリネン類や、リボンのような小物である。第Ⅰ部で論じたように、一六三〇年代以降「清潔」であることが礼儀にかなう装いをするための基本条件であった。そしてそれは、襟元や袖口から見え隠れする「白い下着類」、つまり麻や亜麻でできたシュミーズやレースなどの布類を身につけることで表現されていた。また一六四〇年代を中心に見られた流行現象ギャラントリー[21]にふさわしい装いには、リボンが不可欠であった[22]。このようなリボンや白いリネン類の推奨は、作法の問題だけでなく、モードの領域の事柄である。

礼儀作法とモードは連動している側面があった。十六世紀から十八世紀における礼儀作法書は、モードの情報伝達手段の一翼を担っていたのである。アンシャン・レジーム期の作法書が、衣服をモードにしたがわせなければならないとしたのは、決して気まぐれな流行にまかせた服装を推奨しているのではない。フュルチエールが説明するように、当時のモードとは第一に、特に宮廷における慣習であったからである。

モード（女性名詞）、慣習、生き方、物事のやり方。モードとは、時と場所に応じて変化する全てのもの。モードとは、特に宮廷の慣習にしたがった衣服の身につけ方のことを言う。[23]

つまり、十七世紀におけるモードは、特に宮廷の「慣習、しきたり」coutumeであり、「生き方」manière de vivreにほかならない。これは「処世術」ととらえることが可能であり、時代の礼儀作法を指している。流行と言うよりはむしろ時代に適合した生き方であり、ゆえに作法であった。[24]

この点を指摘する歴史家はすでにいる。ルイーズ・ゴダール・ド・ドンヴィルは著書の中で、フランス十七世紀におけるモードとは、すなわち礼儀作法そのものを指していたと述べている。[25]ドンヴィルは、たとえば、十七世紀の流行作家シャルル・ソレルの一六六二年の著書を取り上げて、ソレルにとって、モードは新しい「慣習」usageにすぎなかったとしているし、「慣習に同化したモードが肯定的な色調に富んでいるのは注目すべきである」[26]、「清潔と作法（civilité）はモードに従う人の占有物になる」[27]と述べている。第Ⅰ部で触れたように、清潔に関してもモードとのつながりは明らかである。[28]

それゆえ、当時の主だった作法書は、常に作法にかなうためにはモードにしたがうよう促す。たとえばカスティリオーネも同様で、[29]十六世紀から常に作法書の中では、モードにしたがうことが求められ続けた。ニコラ・ファレは『オネットム、すなわち宮廷で気に入られる法』（一六三〇年）の「常軌を逸したモードの創造者に対して」という節のなかで、モードに関心を持つことの重要性を主張する。

何にもまして、モードに関心を持つべきである。私は宮廷の若者の中に見られる軽率さをいっているのではない。彼らは放蕩者になるために、大きなブーツに体の半分を沈めてみたり、わきの下からかかとまでオ・ド・ショースの中にもぐり込ませてみたり、顔全体をイタリアのパラソルと同じくらい大きな帽子の中に埋めてみたりしている。そうではなくて、大貴族や紳士たちの間で充分に認められていて、そのため権威を与えられて、ほかのすべての人にとってまるで法律のような役目をはたすモードのことを、私は言っているのである。何であれ、とりわけ衣服のようにどうでもいいものについて受け入れられている慣習を、やっきになって反対しようとする者は気まぐれ者だと思う。紳士《オネットム》であるならば、このような気まぐれに陥らないように。自分が成功できるのではないかと思って、新しい流儀を発明する変わり者になろうなどと思わないように。[30]

ファレが述べるのは、大貴族や紳士の間ですでに認められ、権威づけられている慣習としてのモードである。いっぽうで、気まぐれを起こして、新たなモードを生み出すのは、軽率な態度として認めない。作法書におけるモードとは、宮廷における規範であるからだ。

クルタンも次のようにモードを重視している。

モードは絶対的な教師であり、彼女の元では理屈も曲げなければならない。もし作法（civilité）からはずれたくないのであれば、理屈をこねずに、私たちの衣服をモードが命じるものにしたがわせるべきだ。[31]

このように、十七世紀においては、モードと礼儀作法は等式で結ばれる関係にあったと言える。

モリエールの『亭主学校』（一六六一年）の第一幕第一場では、年も離れ、性格もまったく異なる、スガナレルとアリストという兄弟のモード談義から始まっている。このなかで、兄アリストはモードに従った服を着ているのだが、弟のスガナレルは、やや時代遅れの衣服に固執している。アリストは、世の中の流れであるモードに合わせるのが賢明な人間の行動であると言って弟を諭すが、弟は聞く耳を持たない。[32] 作法書がモードにしたがうよう求めるのは、アリストと同じ理屈であった。新たなモードを生み出すのは奇をてらった行為であるものの、たとえば、ソレルは紳士は最新流行のものを身につけるべきであると言う。

衣服に関しては与えられるべき大原則があり、それはしばしば変化することと、常に可能な限りの最新流行のものであることとである。〔…〕それが着心地がいいからと言って、もはや時代遅れになってしまったモードに執着する人は、善良なるガリア人か過去の宮廷人と見なすべきである。次のように言うのはまったくこっけいだ。私はいつも襞襟をつけていたい。なにしろあたたかくしてくれるからね。私はつば広の帽子をかぶっていたい。太陽や風や雨から守ってくれるのだから。私には小さな膝当てのついたブーツが必要だ。大きいのは邪魔になるからね。[33]

この文章は、『亭主学校』のスガナレルを批判しているかのようである。つまり衣服の大原則とはモードにほかならない。時代遅れでもいけないし、先を行き過ぎてもいけない。たとえ、身体には不都合なものであるとしても、できるだけ最新流行でありながら、権威ある人びとに了解済みの衣服を、時機を逸さずに身に着けていること、それが肝心なのである。モードに合わせて、柔軟に変化できる感覚が求められた。つまり、今という時点において、権威ある人びとの中での最大公約数的な風俗に従うことが重要であり、それが当時のモードに対する考え方であった。

しかし、ラ・ブリュイエールは、モードを常に移り変わる軽率なものであると考え、批判する。流行を追って右往左往するのも、またそれを拒むのも賢明ではないと主張した。[34]

さらに、ジャンリス夫人は一七八二年の著作の中で、モードを次のように否定的にとらえている。

モードはあなたにきれいな外見を与えることはできました。しかしそれは気まぐれと発作によるものでしかないのです[35]。

モードは十八世紀に向かって、徐々に道徳家の間で否定的にとらえられていった。これについては第Ⅲ部で詳述する。しかし、十七世紀の半ば頃までは、従うべき慣習の側面が強調されていた。宮廷人にとっては模範とするひとつのモデルであり、十七世紀のモードは宮廷規範そのものなのである。そのようなモードは、十七世紀に理想とされた紳士《オネットム》たちに当然のごとく是認されていた。十七世紀においては、モードは単に移ろいゆく流行ではなく、より奥深い内面の洗練を目指す総合的な身体術にほかならない。作法と結びつく理想的な装いは単にモードとして流布しただけでなく、それにふさわしい身体行動を伴って内面とかかわる理想像として示される。しかもすでに述べたように、対人関係における潤滑油としての役割も果たし、社会的な約束事としてそれは機能した。

服装規範は、何が洗練され、何が洗練されていないか、何が作法にかない、何が不作法であったか、何が宮廷人に求められ、何が野蛮とみなされるかを厳密に峻別していくものであったから、「もの」としてただ身にまとっていれば良いというものではなかった。どのような衣服を、どのように扱い、どのように身につけるのか、そして、どのような身体行動と結びつけた時にそれらが理想とするものになるのかを伝えるものである。当然ながらそれらすべてが調和のとれたものでなければならなかった。

3. 服装規範の二面性

歴史家ロベール・ミュシャンブレは、十五、十六世紀においては「生まれや貧富の差によって現実の階層分裂が生じてはいても、支配者と被支配者の間にはまだそれほど大きな集合的感性や行動様式の差異が生まれていたわけではない[36]」と指摘している。しかし十七世紀になると、特に礼儀作法書の膨大な量の出版により、貴族と庶民の間の身体行動様式、突きつめて言えば身のこなしの基盤となる感性そのものの溝がしだいに広がっていったと言う。この時期はまさに、身体感覚や感性の部分から人為的にこの溝を創っていこうとする時代だったと言える。

流行の衣服を身につけてさえいれば、理想的な装いとして成立するものではなかった。精神と身体行動と衣服を有機的に結びつけることが、服装規範の眼目である。そうであるとすれば、それらの流行の衣服とそれにともなう心身の動きを合わせる上でさまざまな誤解や齟齬が生じたことが想像できる。このようなアンシャン・レジーム期フランスの服装規範の特色を念頭においてみると、これらの規範がモードとしてそのまま広く伝播されたとは思えない。

礼儀作法書の流布によって作法にかなう生活様式が広範に広まったのは事実であろうが、他方で、これらの規範が広まるにつれて階層間の差異を生み出すことにもなっただろう。それが服装規範の二つの側面である。礼儀作法書による服装規範には、万人のふるまいを同質化しようとする側面と差別化する側面が存在していた。

作法書に記された服装規範はひとつの理想形を伝える情報である。情報は広く行きわたれば、皆が平等に同じ情報を共有できるものと考えられる。しかし、実際には情報を得られる者、情報を得られない者、情報を得てそれを自分のものにすることができる者、情報を得ても自分のものとして理解することができない者、とその受容のあり方は多様である。情報によって平等化および均質化が進むより、むしろ差別化も促進されていく。

作法書による服装規範の伝達は、流行の服飾の伝達という意味だけにとどまらなかった。作法書による服装規範の流布は宮廷をモデルとするふるまいの理想形の伝播という意味を持つだけに、情報の発信源である宮廷あるいはパリの貴族の生活全体に対しての憧れを助長し、それをフランス社会の頂点に押し上げていくことを促した。このような、情報によるヒエラルキーの創出は、たとえばソレルの『ギャラントリーの法則』で、ギャラントリーの中心地はパリであり、それ以外の土地ではギャラントリーは存在できないと明言していることからもうかがえる。

フランス以外のいかなる国も、ギャラントリーに関する規則をみごとに守るという栄誉をわがものにしてはならないということ、ギャラントリーに関する源泉を探し求めるべきところは、あらゆる流儀の首都であるパリなのだということを、我われは決定したのである。[…] 田舎の人びとには上流社会の雰囲気もギャラントリーもありえないであろう。というのは、パリでしか通用していないからである。(37)

このようにパリがモードの中心地であるという共通理解が形成されることによって、パリを頂点とするモードの階層、作法の階層が作り出される。

宮廷をモデルとする服装規範、それによる身体表象の差異化の創出に一役も二役も買った作法書は、絶対王政期の宮廷文化形成に際して重要な役割を担っていた。モードと結びつく服装規範によって、宮廷に起源をもつ稀少な身体作法を生み出すこと、そしてそれらを流布させつつ、逆説的にそれらをさらに社会の頂点の人びとの占有物として、奢侈の領域に押し上げていくこと、それがアンシャン・レジーム期フランスにおける服装規範の特色であった。

注

1　A.de Courtin, *Traité de la civilité*, p.58.「問　マントはいつ身につければよいですか。／答　教会や食卓でマントを身につけているのは礼儀にかなっています。／問　マントを羽織って教会や敬意を払うべき方がいる場に入ってもよいですか。／答　いいえ、それは礼儀に反します。そのようにして王子様の館に入っていけば、人びとの叱責を受けます。」ラ・サルも同様のことを述べている。La Salle, *op.cit.*, p.129.「要人がいるような場にマントで身を包んで入って行ってはいけない。王太子の家であれば、叱責されるだろうし、追い払われることさえあるだろう。」

2　A.de Courtin, *Nouveau traité de la civilité*, p.18.「（大貴族の）邸宅や寝室において、マントで身を包んでいるのは作法に反する。王の居室であれば、何らかの体罰を受けるであろう。」

3　A. de Courtin, *Traité de la civilité*, p.59.「問　子供はいつ手袋をはめるべきですか。／答　次のような場合が礼儀にかなっています。一．通りを歩いているとき。二．仲間と一緒にいるとき。三．田舎へ行くとき。／問　いつ手袋をはずさなければなりませんか。／答　神に祈るときと食卓につくときには手袋をはずすべきです。」

4　A.de Courtin, *Nouveau traité de la civilité*, p.96.「貴婦人を教会などにお連れするときには、手袋を手に持ち、敷石や上座の位置によっては、婦人の右手を支えてお連れするべきである。教会でもそのほかのところでも、貴婦人に手を差し出すときには、必ず手袋を手に持つのが一般的である。」

5　ノルベルト・エリアス『文明化の過程』二九五～三〇九頁。

6　A. de Courtin, *Traité de la civilité*, p.14.「問　子どもはどのように洟をかむべきですか。／答　素手や、服の袖や、衣服で洟をかんではいけません。素手でかみ、そのあと衣服で拭ってもいけません。魚屋さんがするように、鼻に指をつっこんで、その中にある汚物を地面に押しつけてもいけません。不快な洟汁を取るためにはハンカチーフを使うべきです。」

7　*Ibid.*, p.16.「問　洟をかんだあとはどのようにすればよいですか。／答　ハンカチーフをきちんと折りたたんで、鼻からでたものを覗かずにそれを隠すべきです。」

8　*Ibid.*, pp.14-15.「問　仲間と一緒にいるときにはどのように洟をかめばよいですか。／答　可能ならば、一緒にいる人のいない方に顔をそむけるべきです。振り向いたら誰かと顔を突き合わせてしまうのであれば、帽子か別の手を前にそえるべきです。」
9　La Salle, *op.cit.*,p.95.「洟をかみながら、鼻で大きな音をたてたり、両鼻からあまりに大きな息を吐いたり、ぶんぶんうならせたりしないこと。なぜなら、そんなことは大変下品なふるまいだからだ。」
10　*Ibid.*, p.128.「作法ではマントは両肩の上に羽織って、前に垂れ下がっていることを求めている。腕の上にまくりあげているのはよくない。肘の下に折り畳んでいるのはさらによくない。テーブルについているときに脱がずにいるのは礼儀にかなっている。」
11　A. de Courtin, *Traité de la civilité*, p.58.「問　子どもはどのようにマントを羽織ったらよいですか。／答　両肩の上に。」
12　しかし当時の服飾版画には、どちらか一方の肩にマントを羽織っていることがあり、流行の着こなしと作法の食い違いもないわけではない。
13　La Salle, *op.cit.*, p.129.「話しかけたい相手のマントやローブを引っ張るのは無作法である。特に、その人が身分の高い人であるときはなおさらである。」
14　*Ibid.*, p.129.「通りを歩いているとき、仲間と一緒にいるとき、田舎へ行くときには、手袋をしているのが礼儀にかなっている。手袋を手に持ち、それを動かしたり、もてあそんだり、誰かに打ちつけるのは無作法である。こんなことはまるで学童のすることだ。教会に入るとき、聖水に触れるとき、神に祈るとき、テーブルに着くときには、手袋をはずすこと。誰かに挨拶をしたり、たとえば手にキスをするために、深くお辞儀をするときには、素手になること。右手の手袋をはずすだけでよい。何かを与えたり受け取ったりする作法も同じである。仲間といるときに、ひっきりなしに手袋をひっぱったりはめたりするのは無作法だ。手袋をはめるべきときに、それを口元に持っていって、しゃぶったりなめたり、左腕の下にもっていったり、左手しか手袋をはめていなかったり、左手で右の手袋をひっぱったり、あるいはポケットに手袋をいれてしまったりするのは、同様に無作法である。」
15　*Ibid.*, p.95.「洟をかむ前に、長い間ハンカチーフを引っぱっているのは無作法である。このようなことは、一緒にいる人に対して敬意が欠けている行為である。またどこで洟をかんだらよいか見るためにあちこちを広げるのも無作法だ。ポケットからハンカチーフを出したら、すぐに洟をかむこと。他人には気づかれないようにして。」
16　*Ibid.*, p.129.「結びつけていないために、靴下が靴のかかとの上にさがってしまっているのは非常に見苦しい。脚部にしわができないように、ぴんと張らなければならない。ちょっとでも破けていたり、靴の外にいくつか継ぎがあったり、あまりにきつすぎたり、それらを通して、脚部が見えてしまうことを、決して我慢してはならない。」

17 *Ibid.*, p.130.「靴に関しては、バックルでしっかりと留められているか、あるいは紐で締められているようにしなければならない。家の中にしろ、屋外にしろ、靴をスリッパのようにしてはいけない。そして靴は常に清潔に（汚れのない状態に）しているのが礼儀にかなっている。」

18 バックルの靴に関しては、拙稿「一七七〇年代の遺体調書にみるパリとリヨン、ボジョレの服飾」『人間文化論叢』第9巻、二〇〇七年参照。

19 La Salle, *op.cit.*, p.130.「衣服は常に前面がきちんと閉められて、シュミーズが見えないようにするべきである。とりわけ胸の部分はそうである。そして、きちんと留められていないので、シュミーズの袖の部分が手首にかかってしまっていたり、下穿き《カルソン》の紐が垂れ下がっているのは許しがたいだらしのなさである。同様にあちらこちらからシュミーズが見えているのは困惑させるものである。」

20 *Ibid.*, p.130.「作法では首がむき出しのままになっているのは認められず、首の周囲に常にクラヴァットを巻いていることが望ましい。姿を見せているとき、そして家の中にいるときには、服を脱いでくつろいでいるときであろうと、具合の悪いときであろうと、適当なハンカチーフで首を覆っているのが望ましい。」

21 前掲拙稿「ギャラントリー」参照。

22 Charles Sorel, *op.cit.*, pp.17-18.「あまり費用がかからず、にもかかわらず男性を非常に飾り立て、彼は完全にギャラントリーの世界にあると人に知らせるような小物が存在した。［…］それはたとえば、金色や銀色の美しいリボンを帽子につけたり、時には何か美しい色の絹を混ぜたり、ズボンの先にサテンの美しいリボンを七、八本つけたり、鮮やかなこの上なく輝かしい色のリボンをつけるということである。［…］そしてこのリボンのあらゆる扱い方が男性のギャラントリーの表現に非常に貢献することを示すために、リボンは他の品々よりも先に選ばれてギャランの名を獲得したのである。」

23 Furetière, *op. cit.*, non pagination, «mode».

24 増田都希、前掲論文。

25 Louise Godard de Donville, *Signification de la mode sous Louis XIII*, Edisud, Aix-en-Provence, 1978, p.171.

26 *Ibid.*, p.172.

27 *Ibid.*, p.172.

28 多くの作法書が礼儀作法の要である清潔を実践するためには、モードにしたがうことを勧めている。クルタンは次のように述べる。「問　清潔であるために必ず守るべき法則は何ですか。／答　それはモードです。私たちは衣服をモードが好んで命じるものにしたがわせながら、それについていかなければなりません。」(Antoine de Courtin, *Traité de la civilité*, p.50. 清潔とモードが結びつく点は、十七世紀における清潔のひとつの重要な側面である。

29 カスティリオーネ、前掲書、二五一頁。

30 Faret, *op.cit.*, p.92.

31 A. Flanklin, *La civilité*, p.111, note2 : Antoine de Courtin, *Nouveau traité de la civilité*, édition de 1728, p.125.

32 Molière, *L'École des maris*, in *op.cit.*, Acte 1er, scène 1er, p.419.「いつだって、みんながやっていることにあわせなきゃ。変わったことをして目立つのはまずいよ。極端に走っちゃダメだ。賢明な人間は、服装にも言葉使いにも、あんまり執着しないで、流行に合わせて自然にふるまうものだよ。いつも流行の最先端を行こうとして、夢中になって流行を追いかけた挙句に、誰かに先を越されて腹を立てる連中の真似をしろといっているわけじゃないさ。だけど、どんな理由があっても、みんながしたがっているものをかたくなに拒むのは間違っているよ。自分ひとりが賢いつもりで、みんなと違ったことをするよりは、みんなと同じように頭がおかしいほうに数えられた方がましだからね」(『モリエール全集』第三巻、九〜十頁。)

33 Sorel, *op.cit.*, pp.12-13.

34 La Bruyère, *op.cit.*, p.414.「馬鹿な気取った男は、長い帽子をかぶり、肩飾りのついたプールポワンを着こみ、飾り紐のついた半ズボンに半長靴をはいている。彼は毎晩、明日はどの点でどんなにして人目をひこうか工夫をこらす。ただ哲学者はその仕立て屋が着せてくれるままになっている。流行を避けるのも、これを追うのとおなじくやはり気取りである」。(『カラクテール（下）』、前掲書、第13章　流行について、二四頁）。*Ibid.*, p.416.「ひとつの流行が前の流行を骨折って滅ぼしたかと思うと、それがさらに新しい流行に打倒され、それが、また次に来る流行に負ける。しかもこの流行もまた最後のものではないのである。我われの軽佻さはだいたいこんなものである」。（同書、二九頁）。

35　Mme de Genlis, *Adèle et Théodore*, p.73.

36　ミュシャンブレ、前掲書、六頁。

37　C. Sorel, *op.cit.*, p.1.

第2章　帽子の表象——ふるまいが構築する社会秩序

1．帽子の作法

第2章では、服装規範のなかで、もっとも重視された帽子の作法を取り上げ、作法によって秩序が創出され再生産されていく様子を跡づける。すでに述べているように、他の衣服に関する規範はすべて帽子の作法に準ずるものであった。最初に帽子の作法を明文化したのは、エラスムスである。彼は、場所と状況に応じた作法、たとえば、教会での作法、食事のときの作法、人に会うときの作法を次々と語る中で、帽子についても言及した。その後、しだいに帽子の作法として詳細な規範が整えられていった。エラスムスは『少年礼儀作法論』（一五三〇年）の第3章「教会のなかでのふるまい方」の中で、次のように述べた。

信心深いふるまいをせずに聖なる場所を通ってはならない。せめてそっと手を合わせなさい。無帽でひざまずくこと。［…］宮廷人の集まっているところで、あるいは王の前で話をするときに、脱帽し、膝を折ることを怠れば、しつけが悪いと見なされるだけでなく、非常識だと思われるだろう。[1]

聖なる場所である教会や、敬意を払うべき宮廷人や王の面前では、帽子を脱いで頭を見せることが求められた。これが帽子の作法の基本である。エラスムスの作法書第四章「食事」においては、身分の高い人と食卓を共にするときに、髪を梳いて脱帽することを求めている。[2] 帽子についての言及は第五章「人と会うとき」にも続く。年長者や聖職者、あるいは地位や称号から敬意を払わねばならない人に対しては、脱帽をすること、そして、話をするときには帽子を左手でしかるべく持つことが記されている。[3]

このように、エラスムスは作法が要求される状況下で、帽子をどのように扱うかを述べたが、後に続くクルタンとラ・サルは、帽子自体を論じるようになった。帽子の章を設け、その扱い方を議論するようになった。

特に、クルタンの作法書では、他の服飾品と比較して、きわ立って多くの紙面が帽子のために割かれている。『現行の作法に従い体系的かつ正確な方法を新たに記した礼儀作法論』では、第三章「衣服」の中で帽子に関して三つの節が連続して割り当てられている。ラ・サルも一章を帽子の作法の説明に費やしている。いずれも他の衣服には行なわれないことである。

クルタンは、まず、帽子のかぶり方から始める。かぶり方についての類型が示され、それがどのような身分・職業の人の姿に映るか説明されている。つまり、目深にかぶると皮肉屋に見え、高すぎる位置でかぶるとシャンソン売りのかぶり方になり、つばを折ると兵士のかぶり方になるため、このようなかぶり方をしてはいけないというのである。[4]

少年が、皮肉屋や、シャンソン売り、兵士、農民などと同じかぶり方をしてはならず、名誉ある人びとのように帽子に羽根飾りをつけることも許されない。少年は少年らしいやり方で、つまり身分《コンディション》に応じたかぶり方をする必要があった。

帽子を脱がなければならない状況は次のように示されている。

問　少年が帽子を取らなければならないのはいつですか。
答　次のような場合は完全に帽子を脱ぎます。
1. 教会の中や身分の高い人がいる場に入るとき。
2. 食卓につくとき。
3. 挨拶をするとき。
4. 人に何かを与えたり、受け取ったりするとき。
5. イエス様の名が聞こえる時。帽子を脱いでいたり食卓についている場合は頭を垂れること。
6. 聖職者、行政官、司法官、その他の身分の高い敬意を払うべき人の前では帽子を脱ぎます。[5]

大人の場合も同様である。ただし大人の場合は、右の六項目のほかに、大貴族の館の広間や控室、王妃や貴婦人の寝室、さらに大貴族に随行し話しかけられた時には、帽子を脱がなければならなかった。

（大貴族の館の）大広間や控えの間に入るときには帽子を脱いでいるのが礼儀にかなっている。そして、中に入る人は部屋にはじめからいる人に必ず挨拶をしなければならない。[…] 寝台のある部屋では、脱帽すること。そして、王妃の居室では、貴婦人は入るときに、寝台にお辞儀をすること。手すりがないときには誰もそこに近寄ってはならない(6)。

身分ある人に随行するとき、彼らには敷石の高いところを歩いていただき、直接横に並ばず、すこし後ろに立つように。彼らが私たちに話しかけるとき以外は、ものを言ってはならないし、ものを言うときには脱帽すること(7)。

ラ・サルも帽子を脱ぐ状況についてクルタンと同様の見解を示している(8)。ラ・サルは食卓における作法にも言及した。食卓で帽子を脱ぐのはエラスムス以来言及されてきたことであるが、ラ・サルは食卓では帽子をかぶる必要があると述べた。

食卓についているときに脱帽しているのは、非常に名誉ある人が不意に訪れないかぎり、礼儀に反している。しかし、もしだれか身分の高い人が、誰かの健康を祝して乾杯したり、話しかけた相手に何かを見せたりするときには、脱帽すべきである。食卓に誰か身分の高い人がいる場合には、そしてその人がくつろぐために脱帽している場合には、その人を真似してはいけない。それはあまりに馴れ馴れしい態度だろう。必ず帽子をかぶっていること(9)。

このように、帽子の着脱の時機はしだいに微細をきわめて決められていった。クルタンは「敬意を表すためには脱帽する」と明確に述べ(10)、ラ・サルも「身分の高い人や非常に敬意を払う人のいる場所に立ち入るときには、必ずそこに入る前に帽子を脱がねばならない(11)」と述べている。このように、帽子の作法では、敬意を払うべき相手の前では必ず帽子を脱ぐのが大原則である。第1章で見たように、ほかの衣服に関してもこれらの原則は適用されたが、もっとも厳しく求められたのが帽子の作法であった。

帽子の作法では、常に目の前の人物と自らの身分とを心得て行動しなければならない。つまり、面前にいる相手の身分によって、また自身との関係性によって、脱帽の作法は変化した。たとえば、親密な関係にある者や同じ身分の者が相手のときは、お互いに口には出さずとも何らかの合図を仕草によって示して、同時に帽子をかぶるようにしなければならなかった。[12] もしくは、なるべく婉曲的な表現をつかって一緒に帽子をかぶることをほのめかさなければならなかった。

問　身分の同じ人に帽子をかぶらせるにはどのようにいえばよいですか。

答　たとえば次のような婉曲的な表現を使うことができます。「ここは寒いですね」など。あるいは次のように親しげに話すこともできます。「信頼してください。このようなことはやめて、帽子をかぶりましょう。[13]」

また、自身より身分の低い者が無帽で話をしているときには、思いやりの気持ちを持って、相手に帽子をかぶらせなければならない。[14]

クルタンは、自分に属する従者ではないかぎり、という但し書きをつけながらも、たとえ身分が下位の者であっても、帽子をかぶらせる場合には丁重にするべきだと述べる。[15] いっぽうで、自身より身分の上の人から帽子をかぶるように勧められたら、二、三度それを失礼のないように断わった後、かぶらなければならなかった。[16] しかも身分の高い人に何度も同じことをいわせるのは失礼だという。その上、身分が上位の人に帽子をかぶるようにいうのは非常に不作法なことと見なされた。[17]

目の前にいる相手との関係を常に考慮しつつ、帽子の着脱の時機を見きわめなければならなかった。このような微に入り細にわたる注意は、ほかの服飾品には行なわれない。服装規範の中で、帽子の作法が何より細かく神経を使うものであったのは明らかだ。

帽子の作法を心得ていなければ、高位者に気に入られることが肝要の宮廷や社交界において[18]、人間関係を壊しかねない事態にさえ発展する。帽子の着脱は身分を確認する行為であり、身分という秩序を求めたアンシャン・レジーム期の社会において、きわめて好都合なふるまいの規範であったことは間違いない。

2. 帽子着脱の記号化

さらに、礼儀作法として作法書に明記されるだけでなく、帽子の着脱そのものに、万人の暗黙の合意を得た意味作用が付与されていた。貴族が集う国王の「親裁座」の議事録を見ると、そこには逐一帽子の着脱が一定の決まった表現で記されており、いささか奇異な感じがするほどである。この点は王の儀礼論においても注目されており、たとえばルイ十三世の親裁座がそうであった[19]。このような親裁座における帽子のふるまいはその後も継続され、たとえば、一七七六年三月十二日に行なわれた国王の親裁座の議事録の一部に、次のような記録が残っている。

王は着席し帽子をかぶっている。国璽尚書《こくじしょうしょ》が王の命令にしたがって述べた。「陛下が開廷するよう命じられました」。その後、王は脱帽し、再び帽子をかぶって、次のように言われた。「諸君、私は私の意向を伝えるためにあなた方を招集しました。国璽尚書がそれをこれから説明します」。国璽尚書が王の前に進み出て、足下にひざまづき、命令を受け、再び自分の場所に戻り、着席し、帽子をかぶって言った。「王は帽子をかぶることを許可します」。［…］国璽尚書が次のように言った。「王が起立するよう命じます」。彼らは起立し、脱帽している。[20]

議事録には「着席し、帽子をかぶっている」、「脱帽し、再び帽子をかぶって」、「王は帽子をかぶることを許可する」、「起立し、脱帽している」という常套句が見られ、それらが幾度もくり返し記述される。一定の話が終わると帽子をかぶることが許され、誰かが話をするときは必ず起立し、話者に敬意を表し、無帽のまま話を聞くことになっていた。議事録に逐一記録された帽子の着脱行為は、帽子の作法の延長線上にあると思われるが、半ば儀式化されて意味を担い、単調な議事の進行を助けるものであった。

また民衆の暴力沙汰においては、帽子の奪取がひとつの重要な攻撃目標となり、攻撃手段になっていた。暴力事件に関する刑事訴訟記録のそこかしこに帽子の記述が特徴的に現れることが報告されている[21]。帽子を落としたり落とされたりして、それが契機となって暴力沙汰が起こり、無帽状態が時には生命にかかわる危機的状況を意味することがあったように、帽子の着脱のひとつひとつが記号化されて、共通の了解事項になっていた。

帽子を振り落とすことが怒りの表現になり、暴力発動の契機になる事例は、フィクションの世界にも描かれている。モリエールの『スガナレル』（一六六〇年）の第十六場がそれである。スガナレルが、自分の妻がほかの男と関係を結んだと思い込み憤慨し、相手の男を取り押さえられなかったことを後悔している場面である。

スガナレル　あの恥知らずはよその男に走って、俺を裏切りやがったんだぞ。ひどい目に遭わされた。［…］あんなにはっきりした現場を見ていながら、黙って行かせてしまうなんてな。せめてあいつの帽子を放り投げるとか、石を投げるとか、コートを泥だらけにしてやればよかった。「泥棒！　女房を寝取っ

た泥棒！」と近所中に大声で触れ回ってやれば腹の虫もすこしはおさまったのに。(22)

スガナレルは相手を侮辱し、徹底的に懲らしめるために、帽子を取り上げ放り投げてしまえばよかったと悔やむ。妻を寝取られたことの腹いせには、それが一番効果的な報復だと考えている台詞であるが、自らそれをふれまわるのはこっけいな姿以外の何ものでもない。

3. 帽子と頭部の表象

しかし、なにゆえ、これほどまでに、アンシャン・レジーム期の人びとは帽子をめぐる規範やふるまいに関心をもち、重視したのであろうか。なぜ作法書は、くり返し帽子を論じなければならなかったのか。その答えは、男性の帽子は男性の尊厳にかかわる象徴性を背負わされていたことにある。

帽子はいつでも必ず着用されたものであった。遺体調書には遺体が身に着けているさまざまな衣類が記されているが、その単調な記述の中で、明らかに異なる記述をされるものがある。それは、かぶりものと履物であった。そのほかの衣類は存在している場合にのみ記録されるのだが、かぶりものと履物は、存在しなくても、本来存在していたはずのものとして記録されている。具体的には、「無帽」という記述で調書上に現れる（リヨン二九件、ボジョレ九件）。つまり、本来は「存在する」ものであったため、「存在しない」ことがあえて記された。

遺体調書において実際に存在する男性のかぶりものの数は、リヨンでは「つばのある帽子《シャポー》」三九件、「縁なし帽《ボネ》」二一件、ボジョレでは、「つばのある帽子」三一件、「縁なし帽」十六件である。必ずしも多いとは言えないが、ほかの服飾と比較すると低くはない頻度である。第1章で見た礼儀作法にかかわるほかの衣類は、遺体調書にほとんど現れないからだ[23]。しかし、「存在しない」という記録は、本来、当然存在するものであった証になる。調書の遺体が無帽であるのは、溺死体の場合は水に流されたり、あるいは盗まれたりするなど、何らかの原因で死後に散逸した結果だろう。

遺体調書の記述から、帽子は男性なら誰もが常に身につけているものであったことがうかがえる。歴史家が指摘するように、人は中世以来、あるいはもっと古くから、宗教上の理由などから、当然のこととして頭を覆ったり飾ったりしなければならなかった[24]。何もかぶっていないことは、「無帽」とあえて記されるほど、尋常ではない状態だった。たとえば、モリエールの『守銭奴』(一六六八年)の第四幕第七場には、無帽によって非常事態を大げさに示す場面がある。

アルパゴン (庭のほうから「泥棒!」と叫んで、帽子もかぶらずに登場して) 泥棒! 泥棒! 人殺し! 殺人鬼! 正義よ! 正義の味方よ! 俺はもうおしまいだ。息の根を止められた[25]。

吝嗇家のアルパゴンが、庭に隠し持っていた金がないことを知って無我夢中で助けを求める場面である。モリエールはアルパゴンに帽子をかぶらせないことで、彼にとっての緊急事態であることを演出した。

このように、帽子が数ある服飾品の中でも特別の意味を担ったのは、その象徴性に起因する。つまり、帽子は頭部そのものを意味し、頭部が象徴するものと結ばれているのである。ミュシャンブレをはじめとする歴史家たちが指摘するように、当時の人びとの身体部位において頭部はもっとも象徴性に富み、心臓やほかの身体部位よりもはるかに重要視されていた[26]。また、中世フランスの民衆暴力について論じた歴史家クロード・ゴーヴァールによれば、頭部は高貴な部分であると同時に、性的象徴性を帯びていた。[27]

ゴーヴァールは、男性が女性に挨拶するときに脱帽しなければ、性的脅威を与えることになり、帽子に触れられることは男性にとって性器に触れられるも同然のことであったと述べる。男性の無帽状態は性的中性を意味するものであり、女性のかぶりものに対する攻撃は、性的略奪と等しいものと考えられていたという。ミュシャンブレも帽子に付与された性的象徴性を示唆する。しかし、それ以上に、帽子が頭部を覆うものであるがゆえに、人の魂、人格そのものを象徴するものであったことを強調している。[28] この点をうかがえる文献史料は複数ある。たとえば、十八世紀末のパリの風俗を伝えるメルシエ（1740～1814）の『タブロー・ド・パリ』（一七八二年）には、次のように記されている。

帽子は体のもっとも高貴な部分を覆うものであり、またそのために作られている。［…］だから、いつも帽子は頭にかぶって、か弱い脳を日光から守ろうではないか。[29]

生命の源であると考えられていた頭部は壊れやすく、常に何かで保護されていなければならないと考えられていた。頭部は何よりも厳重に保護しなければならない身体部位であったのである。

さらに十九世紀に、十七世紀の風俗を克明に描いたエドモン・ロスタン（1868～1918）の『シラノ・ド・ベルジュラック』（一八九七年）第二幕第七場を見れば、文学の世界の中で、帽子が命にかかわる、あるいは命と同等の意味を持っていたものであることが理解できる。シラノの宿敵ド・ギッシュ伯爵が、シラノの命を狙って一〇〇人余りの剣客を差し向けるのだが、シラノは彼らをものともせずに、ひとりで立ちまわり、簡単に相手を打ち負かしてしまう。その逃げ惑い倒れた無数の敵の帽子を、シラノの率いる部隊の者が剣に団子のように串刺しにして、シラノのもとに持って帰って来るのである。[30] シラノに自分の差し向けた刺客たちの哀れな帽子を投げ返され、ド・ギッシュ伯爵は荒々しく立ち去っていった。串刺しにされ傷めつけられた帽子は、シラノが戦った相手そのものの姿を象徴している。戦いの相手である剣客たちがいかに無残に倒れたかを、帽子の哀れな様子は物語っている。帽子はまさしく戦利品であり、帽子は敗者である男たちの命を表象しているのである。

『シラノ』の最終場面には、頭部と頭部を飾るものの重要性が、さらに明確に描かれる。以下はシラノが最期を迎える劇中の大団円である。

シラノ　そうか、貴様達は俺のものをみな奪る気だな。月桂樹の冠も、薔薇の花も！　さあ 奪れ！　だが、お気の毒だが、俺にはあの世に持って行くものがある。それも今夜。神のふところに抱かれる今夜、青色の天の入り口を広々と掃き清め、貴様たちなど構わずに、皺一つシミ一つつけずに持って行く。ほかでもない、それは…。

ロクサーヌ　それは？

シラノ　羽根飾りだ[31]。

シラノが最期にあの世に持っていく「羽根飾り」panache は、兜や帽子につける羽根飾りであるが、騎士としての「心意気、勇敢、貫禄」などの意味を持つ。月桂樹の冠は詩人であり武人であるシラノの社会的名誉を意味し、薔薇の花が永遠の恋人ロクサーヌを意味していることは言うまでもない。月桂樹の冠も薔薇の花もみな他人に奪われてしまったが、唯一この羽根飾りだけは生涯だれにも奪い去られることなく、常に頭上に高々と掲げていたことを、シラノは誇りに思い、死の間際に彼なりの勝利を宣言しながら死んでいくという終幕である。

『シラノ・ド・ベルジュラック』は十七世紀を舞台にした一八九七年作のものであるから、同時代の史料ではないが、十七世紀の風俗をみごとに反映しているといってよい。同様の羽根飾りの象徴性は、ラ・フォンテーヌ（1621～1695）の『寓話』（一六六八年）にも見られるからだ。『ねずみといたちの合戦』という作品の中で、ねずみの殿方たちがいたちを威嚇するために、頭上に誇らしげに羽根飾りをつけているのである。

ねずみの殿さまがたは頭上に
それぞれ前立てを、
角または羽根飾りをつけていた、
あるいは栄誉のしるしとして、
あるいはイタチらに
いっそう恐れをいだかせるために[32]

ねずみの頭を誇らしげに飾った羽根飾りであったが、これが邪魔になり、隠れる場所も逃げる場所もなくなったことが災いして、ねずみたちは死んでいくという結末である。しかし、ラ・フォンテーヌが指摘している通り、羽根飾りを帽子につけること自体が栄誉のしるしであったからこそ、ねずみたちは高々とそれを頭上に掲げて戦いに臨んだのである。羽根飾りが一部の人にのみ許されるものであったことは、ラ・サルの作法書において、「商人が帽子に羽根飾りをつけたり、脇に剣をさしたりするのは非常に慎みのないことである」[33]と記されていることから明らかであり、ラ・フォンテーヌの作品中の羽根飾りの象徴性は、作法書からも裏づけられる。つまり、ラ・サルは、帽子に羽根飾りをつけるのは、名誉ある貴族のすることであって、商人が身分不相応の姿をするのは神の意思に背く行為と見なしたのである。

このように、羽根飾りのある帽子をかぶっていることが、出自の誉れを保証するものとなっていたことを、モリエールのような喜劇作家は諷刺した。たとえば、『守銭奴』の第五幕第五場では、それまで出自を明かさなかったヴァレールが、自身が由緒正しい貴族であることを打ち明けるために、誇らしげに帽子をかぶり直してみせる場面がある。[34] 帽子自体、名誉にかかわるが、羽根飾りのついた帽子は、なおさらであった。また『滑稽な才女たち』第四場では、羽根飾りのついた帽子をかぶっていない男は、才女ぶった女性たちに相手にもされない。気取った彼女たちは、恋の相手が羽根飾りつきの帽子をかぶっていないことは我慢がならない。帽子に羽根飾りがなくては、愛を語る資格もないというのである。[35] モリエールは別の作品『国王陛下にささげる感謝の詩』（一六六三年）の中で、身分ある侯爵の姿を次のように嘲笑した。

宮廷では目を楽しませるものが喜ばれます。
よく心しておきなさい。
侯爵の格好で参上すれば、
より陛下のお気に召すでしょう。
侯爵に変装するこつはわかっていますね？
侯爵らしくもったいをつけ、侯爵らしい服装をすること。
三〇もの羽根飾りがついた帽子を、
高価なカツラの上にこれ見よがしにかぶること。[36]

さらに、つばのある帽子の着用は、一人前の男になることも意味していた。ルイ十三世がはじめて帽子をかぶったのは、一六〇六年八月七日月曜日、五歳のときであったが、その日のことを、侍医のジャン・エロアールは次のように記録している。

> 帽子をかぶらせるために、殿下［ルイ十三世］の子ども用の縁なし帽《ボネ》を取り、小さなリネンのかぶりものも脱がせた。私は殿下に申し上げた。「殿下、今、ボネをお取りしました。あなたはもう子どもではないのです。一人前の男になるのです。もう子どものようなことをなさってはなりませんよ(37)。」

このように、つばのある帽子《シャポー》は大人の男であることを象徴し、男性の命や名誉と深く結ばれていた。ミュシャンブレによれば、当時の殺人事件においてもっとも狙われた身体部位は頭部であった。たとえば、民衆の暴力沙汰では攻撃目標とされるのは帽子であった(38)。帽子の羽根飾りをへし折られた者が復讐のために相手を殺害することさえあった(39)。これらはここで述べてきた帽子の象徴性を考えれば、すべて理にかなった事柄であるといえるだろう。

以上のことから、頭部、帽子、羽根飾りはみな同様の意味と重要性を担っていたことが理解できる。頭部は生命の宿る場であり、そこを覆ったり飾ったりするものは人格そのものを表象し、名誉、誇りを意味するものとなった。帽子を傷つけられたり失ったりすることは、男性にとって屈辱であるのはもちろん、致命的なことにもなった。だからこそ、男性であるならば、帽子は常に身に着けていなければならなかった。帽子は男性にとって何よりも重要なものであり、男性としての存在意義に関わっていた。

脱帽は、頭部を飾る帽子が象徴する、人格や名誉や誇りをすべて失うことを示す行為である。それゆえに、相手への敗北を意味した。自ら脱帽することは相手に対して自らが劣っていることを認める行為であり、そこから高位者に対する謙譲の気持ちを表わすと見なされるようになったのであろう。

4. 喜劇に見る帽子の作法受容の諸相

帽子の着脱の意味作用は、身分を超えて、同時代人に共有されたものである。また帽子をめぐる人びとの心の動きもほぼ一致していた。しかし、礼儀作法書は主に貴族の子弟を対象にしていたため、帽子の作法は、基本的には文字の読める特権階級の人びとに向けられたものである。そのような帽子の作法は庶民階層にも等しく広まったのであろうか。帽子の着脱の意味作用は共有できているからこそ、かえってふるまいの差異が顕在化することもあったのではないか。

この差異を見きわめるために、文学作品、特に当時の風俗を鮮やかに描き出している喜劇を史料として検討する。当時の喜劇には、主人と従者というように、身分違いの人物の組み合わせが登場する。そのような人間関係の中で交わされる帽子の作法は、どのように戯画化されているのか。戯画化されること自体が、規範となるふるまいが一方的に植えつけられていったものではなかったことを明かしている。喜劇における帽子の表象と、帽子の規範に対しての多様なふるまいの現れ方を分析する。現実世界をそのまま反映していると考えるには慎重を期す必要があるが、虚構の世界であるとはいえ、それぞれの場面を共有して、笑い飛ばすことのできる精神的な土壌が観客の側に形成されていたことは事実であろう。まったく同じ現実は見られなかったとしても、これらに類似した社会事象は存在したものと推量できる。

取り上げる喜劇はモリエールとマリヴォー（1688～1763）の諸作品である。

モリエールの戯曲は、十七世紀の半ば以降のものが中心である。すでに引用しているように、モリエールは、一六六〇年代を中心とする社会状況をみごとに喜劇に仕立てた。戯画化されたものであるが、当時の典型的な風俗を時事問題として切り取って見せている点に史料としての価値がある。モリエールは当時の社会と文化を活写し、帽子をめぐる人びとの心の動きや行動の特質を、こっけい味を添えて鮮やかに抽出した。帽子をめぐるふるまいの差異を、モリエールは、辛口に揶揄した。

たとえば、モリエールの『ル・バルブイエの嫉妬』(一六六〇年)の第六場には、当時の人びとが帽子をあまりに重視したことを皮肉る場面が見られる。

ゴルジビュス　わかりました。ですからどうぞ、帽子をおかぶりください。

学者先生　「帽子、すなわちボネ」という語がどこからきたかご存知ですかな。

ゴルジビュス　いいえ、存じません。

学者先生　ラテン語のボーヌム、エスト、フランス語で申せば、ボネ、すなわち《良キコト、コレゾ良キコト》というところからきております。なぜなら、帽子をかぶれば、粘膜炎や充血炎を予防することができるのであります。

ゴルジビュス　おやおや、それは存じませんでした(40)。

この場面は、帽子を頭にかぶることを、世間の人びとが極度に重視し、ありがたがる風潮を、嘲笑している。帽子bonnetを「良い」bonと「である」estの結びついた言葉だという駄洒落で説明し、帽子をかぶれば、病気が治るとさえ言う。帽子に大きな意味をもたせている社会そのものを諷刺しているものだ。

モリエール後の時代には、帽子の作法をめぐる同時代人の反応に変化が見られただろうか。このことを検討するために、喜劇作家マリヴォーを取り上げる。結論から述べるならば、秩序としての帽子の作法の受容は、モリエールの時代からマリヴォーの時代に至るまで、大きな変化はなかった。[41] つまりアンシャン・レジーム期における帽子の作法は、エリート階級の人間に特有のふるまいであり、そうあり続けたため、これを模倣したり、批判したり、あてこするなど、身分の異なる人間関係の間で、微妙な軋轢や齟齬を生んでいた。帽子の意味作用は広く周知されていたものの、その作法は少数の人間の中でのみ通用するものであった。換言するならば、帽子の作法とは、ふるまいによって身体感覚としての身分秩序を再生産するものであると同時に、微妙な差異を理解しうる者たちのみが体現できるふるまいの奢侈となっていたのである。

モリエールの喜劇の中で顕著に現れるのが、帽子の作法を介した身分間の差異である。そのこっけいさは、当時の帽子の作法についての心得があればこそ、理解できるものであった。『はた迷惑な人たち』(一六六一年)第一幕第一場には、恋に夢中なエラストという青年貴族と、その従者ラ・モンターニュという登場人物がいる。エラストが恋の悩みをラ・モンターニュに打ち明ける。それを聞いているラ・モンターニュは、主人の話よりも、主人の身の回りのことをあれこれと世話することに夢中になっている。襟を直したり、髪をとかしてあげたり、ズボンの膝飾りをいじったりするのだが、そのうちに帽子にまで手を出して、以下のような場面が展開される。

ラ・モンターニュ　せめて、特別に帽子の埃を払わせてください。埃だらけですよ。
エラスト　じゃあそうしろ。仕方ないなあ。
ラ・モンターニュ　このままでずっとかぶっているつもりだったんですか?
エラスト　いいから早くしろ。
ラ・モンターニュ　黙ってられませんよ。

エラスト　（しばらく待ってから）もういいよ。
ラ・モンターニュ　もう少しの辛抱ですから。
エラスト　いらいらするなあ。
ラ・モンターニュ　（帽子に話しかけて）今までどこに突っ込まれていたんだい？
エラスト　いつまで僕の帽子を持っているんだい？
ラ・モンターニュ　さあ、できましたよ。
エラスト　じゃあ、よこせ。
ラ・モンターニュ　（帽子を落として）あれ！
エラスト　ほら見ろ。地面に落っこちた。おかげで綺麗になったよ。お前なんか熱病にかかればいい。(42)

この場面は、主人の身の回りの世話をしている従者ラ・モンターニュが、結局、主人の帽子を地面に落としてしまう喜劇的な場面である。主人の帽子を取りあげた上に、それをあれこれといじり、話しかけて、挙句の果てに帽子を落とす。帽子は着用者の人格を象徴するゆえ、主人エラストがラ・モンターニュにもてあそばれているかのような印象を与える場面になっている。

また帽子の作法の存在自体を皮肉る場面もモリエールは描く。次は『花嫁学校』（一六六二年）第三幕第四場で、アルノルフが述べる台詞である。

アルノルフ　まあまあ、そんな挨拶はいいから。何の役にも立たない挨拶は大嫌いなんです。無駄な挨拶がなくなればどんなにいいか。困ったことです。たいがいの人間は、人生の三分の二を挨拶で無駄にしてしまうんですから。さあ、帽子をかぶりなおして、ざっくばらんにいきましょう。[43]

人生の三分の二を挨拶に使うとは大袈裟であるが、それほど、当時の人びとは帽子の挨拶に神経をすりへらせていた。この台詞はアルノルフがそれを意に介さない無粋な人物であることを明かすと同時に、帽子の挨拶にばかり気を取られている人びとを揶揄したものである。同じような帽子の場面は、『いやいやながら医者にされ』（一六六六年）にもある。まず第一幕第五場である。[44] 青年貴族のヴァレールと従者のリュカが、本来は自身より身分が低いスガナレルをおだてるため、ていねいに挨拶をし、無帽のスガナレルに帽子をかぶらせようとする。しかし、相手に帽子をかぶらせることは作法にかなっていないのだから、ヴァレールの態度は実は慇懃無礼としか言えない。また、第二幕第二場では、おだてられて医者になったつもりのスガナレルが、次のように言う。

スガナレル　（医者のガウンを羽織り、先っぽのひどくとんがった帽子をかぶって）ヒポクラテスの言葉にしたがって…われわれふたりも帽子をかぶることにいたそう。
ジェロント　ヒポクラテスがそんなことを言っているのですか。
スガナレル　いかにも。
ジェロント　それはどの章のことですか。
スガナレル　帽子の章であります。[45]

その気にさせられたスガナレルは医者に扮し、勿体をつけて帽子をかぶった。さらに哲学者ヒポクラテスの言葉にしたがったものとして権威づけようとした。ヒポクラテスをあげて、帽子の作法を記した作法書を諷刺している。スガナレルの「帽子の章であります」という台詞は、クルタンやラ・サルの作法書の中での帽子の章に対する揶揄以外の何物でもない。
帽子の作法を、多彩にモリエールは描くが、特に多いのが、帽子の作法を知らないことをなじる台詞である。次は再び『ル・バルブイエの嫉妬』の第二場である。

ル・バルブイエ　実は折り入ってご相談したいことがありまして、ちょうど先生のところへうかがおうと思っていたんです。私事ですが、困ったことがあるんです。
学者先生　無教養な男だな。礼儀を知らないのか。育ちが知れるぞ。帽子もとらないで声をかけるというのはいったいどういうことです。(46)

しかし、たとえ、相手が身分の低いものであろうとも、このように高飛車になじる学者先生の姿は、作法にかなった態度でないのは言うまでもない。
同じような場面は他にも見られる。たとえば、『女房学校』（一六六二年）の次の場面である。無骨者のアルノルフと、その使用人アランとの間のやりとりである。

アラン　旦那さま、わしらは…わしらは…おかげさまでわしらは…
（アルノルフはアランの頭から三度帽子を取る。その度にアランの言葉は止まる）
アルノルフ　この馬鹿め。誰に教わった。俺の前で帽子をかぶったままものを言うなんて！(47)

敬意を表すべき人の前で脱帽するという帽子の作法を使用人アランがまったくわきまえていないので、アルノルフは憤慨した。とはいえ、作法書はたとえ相手の身分が低くても、無理やり相手から帽子を取り上げることは認めていない。不当に作法を笠に着て目下の者を怒鳴りつける姿から、アルノルフのやや粗暴な性格も読み取れる。使用人の無作法をなじるアルノルフ自身も実は礼儀作法を会得してはいない。アランが言葉を発するたびにアルノルフがアランの頭から帽子を取り上げ、三度目にアルノルフはその帽子を地べたへ叩きつけるという演出もある。[48]

同様の例は『町人貴族』（一六七〇年）の場面にも見られる。貧乏貴族のドラントはブルジョアで成り上がりのジュールダン氏に多額の借金をしている。ジュールダン氏は貴族に仲間入りしたいと熱望しており、貴族らしい趣味や身だしなみを身につけるために努力を惜しまない人物である。その気持ちを利用して、ドラントがさらに金を工面してもらおうとしている。

ドラント　さあ、お帽子をかぶってください。
ジュールダン氏　あなたに敬意を払わなければならないことは心得ております。
ドラント　おやおや！　お帽子をどうぞ。私とあなたの仲ですよ、堅苦しいことはやめましょう。
ジュールダン氏　でも…。
ドラント　お帽子をかぶってくださいと言っているのですよ、ジュールダンさん。
　あなたは私の友だちなのですから。
ジュールダン氏　私はあなたのしもべです。
ドラント　あなたが帽子をかぶってくださらなければ私も帽子をかぶりません。
ジュールダン氏　ではお気を悪くされてはいけませんから、失礼いたします。[49]

借金まみれの青年貴族ドラントが、身分が自分より下の金持ちのジュールダン氏に帽子をかぶらせて、卑屈に取り入ろうとしている様子がうかがえる。帽子を一緒にかぶらせることによって、貴族の自身と同身分であるように錯覚させ、おだてようとしている。貴族になりたがっているジュールダン氏は一応の作法の心得があるようにも見えるが、実際にはありきたりの言葉を習ったとおりに述べているだけである。(50)そして、貴族のドラントより先に帽子をかぶってしまうところで、この場面のこっけいさが演出される。

帽子にまつわる滑稽な場面が次々と描かれ、モリエールはあたかも帽子の扱い方ひとつで、人間関係と個々の人物像を浮かび上がらせようとしている。モリエールの喜劇の中で、帽子はいかにも雄弁だ。帽子によって双方の心情に変化が生じ、その扱い方で融和が図られたり軋轢が生じたりする。帽子の作法が介在することによって、ふるまいの差異と両者の摩擦があらわになる。帽子の扱い方と、着脱の時宜によって、品位の程度まで露呈する。当時の人びとは帽子ひとつに実に細かく神経を使い、感情を揺り動かされていた。これらの帽子にまつわる場面は、礼儀作法という秩序受容の諸相を表わしている。帽子をめぐって、人びとは十人十色のふるまいをしてみせたが、帽子のコードがあるからこそ、そこに意味が生じる。モリエールは帽子の作法の煩わしさをも舞台の俎上にのぼらせて、笑い飛ばしたのであった。

続く十八世紀の喜劇、マリヴォーの『二重の不実』(一七二三年)には次のような場面がある。第二幕第七場である。

(貴族は近づきお辞儀をする。アルルカンは答礼する。)

アルルカン　(傍白)どっかで見たぞ、この男。

貴族　あなたのご好意にすがりたくてやって参りました。ご迷惑ではありませんか、アルルカン殿。

アルルカン　どういたしまして。あなたはおいらにいいことも悪いことも実際しちゃいないもの。（貴族が帽子をかぶるのを見て）ひとつだけ、おいらも帽子をかぶるべきかどうか教えておくんなさい。

貴族　どうなさろうと、私には名誉なことです。

アルルカン　（帽子をかぶって）そうおっしゃるなら、それで結構。ところでおいらに何をお望みで？　くどいお世辞は抜きにいたしましょう。時間の無駄だ。第一、おいらお返しの仕方も全然知らないし。

貴族　お世辞ではありませんぞ。尊敬の証なのです。

アルルカン　お上手ばっかりおっしゃる！　あなたの顔には見覚えがありますよ。どこかの狩場でお会いしましたっけ。あなたはラッパを吹いていました。通りすがりにおいら帽子を取ってお辞儀をしたんだが。あなた、おいらにお辞儀をひとつ借りていますぜ。

貴族　なんと！　私があなたにご挨拶しなかったんですって？

アルルカン　全然。

貴族　では、あなたの正しい礼儀作法に私が気づかなかったとでも？

アルルカン　もちろん、気づいてましたとも。しかし、おいらの好意のしるしなんぞ、あなたにはどうでもよかったんでさ。だから、おいらの礼儀作法は骨折り損のくたびれもうけだったわけ。

貴族　私ともあろうものが、そんなことをしでかしたとは到底思えません。

アルルカン　まあ、いいさ、そっちに損はないんだ。[51]

アルルカンに丁重に近づいてきた貴族の男は、礼儀正しくふるまうが、実はアルルカンのことなど意に介していない。下心からアルルカンに近づいているのみである。しかし、礼法は守っている。形骸化している作法と、本人の内心との齟齬が描かれている。またアルルカンが作法を厳密には理解していないところから、彼の身分も浮き彫りになる。しかし、そのアルルカンでさえ、脱帽が敬意を表わすこと、身分の高い人には帽子を脱いで挨拶すべきであることは心得ているのであり、その意味では作法が、彼らのような人びとにも広まっていることの証ともいえる場面である。作法は熟知していなくても、帽子の着脱の意味は理解している庶民の姿、作法を熟知しているが、それにふさわしい内面を持ち合わせていない貴族、そのような双方の差異が描かれている場面である。

次は、一七三三年に初演された喜劇『うまくいった策略』の冒頭場面である。農夫ブレーズが娘リゼットの婚礼に必要なお金の算段のため、青年貴族ドラントのもとにやって来た場面である。まず二人が出会って、当時の作法にしたがい帽子を脱ぎ合って挨拶を交わし、その後に次のようなやりとりをする。

ドラント　さあ、さあ、役に立てれば嬉しいのだが。
ブレーズ　とんでもねえ！　旦那、嬉しいのは旦那じゃなく、こちらのほうで。
ドラント　話を聞かせてもらおう。
ブレーズ　まずは、お帽子をどうぞ。
ドラント　いや、私は帽子をかぶらない主義だ。
ブレーズ　旦那らしく、ご立派で。わしはいつもかぶる主義。
ドラント　いいから…
ブレーズ　（笑って）やあ！　ではちょっと！　これでどうです？　ご機嫌いかが、ドラントの旦那(52)？

頼みを聞いてもらう前に、農夫ブレーズが貴族のドラントに対し、おそらくは身分の高い者に対し礼儀を尽くす気持ちから、「まずは、お帽子をどうぞ（かぶってください）」と言う。この台詞は一見ていねいな印象を与えるかもしれないが、当時の作法から見れば礼儀にかなってはいない。

すでに見たように、当時の作法書によれば、自身より身分の高い者に帽子をかぶらせるのは不作法であり、自身より身分の高い者から帽子をかぶるように言われても、初めの二、三度はそれを断わらなければならない。さらに自身より身分の低い者が無帽で話をしているときには、相手を思いやり、帽子をかぶらせなければならない。それゆえ、ドラントが「いや、私は帽子をかぶらない主義だ」と答えるのは、身分の低い者から帽子をかぶるよう言われたことに対して憮然としたからなのか、あるいは相手は自身より身分が低いとはいえ、即座に帽子をかぶるのを遠慮する謙遜の気持ちから言っていると考えられる。「帽子をかぶらない主義」であるはずがないのだが、ブレーズは言葉を真に受け、無頓着に「わしはいつもかぶる主義」と応じてしまう。ドラントがブレーズに対して「いいから…」と言うのは、呆れて出てきた言葉である。しかし、これに対してもブレーズは的はずれな反応を示し、「やあ！　ではちょっと！　これでどうです？　ご機嫌いかが、ドラントの旦那？」と上機嫌で先に帽子をかぶってしまった。

芝居の中の些細な部分ではあるが、当時の礼儀作法を熟知している観客にとっては、非常にこっけいな場面であったにちがいない。ブレーズがおどけて帽子をかぶった瞬間、客席からは爆笑が起きたであろう。高貴な人びとのふるまいを猿真似して格好をつけてみたブレーズは、彼なりの礼儀を尽くしたつもりでいるものの、みごとに的がはずれており、最終的に貴族のドラントをさしおいて先に帽子をかぶり、作法の心得がないことを露呈した。

無知であり無邪気でもある農夫ブレーズは、庶民の代表である。観客の中でも、ドラントと同じ身分の者たちは、おそらくドラント同様、ブレーズを許してしまう。それは観客の無意識下の階級意識によるものであろう。同身分の者同士であれば、このような帽子をめぐる一件は決闘事件に結びつきかねないが、相手が庶民の代表であることから、作法に対する無知も許せるのである。結果として、ブレーズは一種の道化の役割を演じることに成功している。しかし、それは、上流貴族の階級意識をくすぐる仕掛けでもある。

帽子の扱い方ひとつで、人物像が明らかになる点に着目して、劇作家は人びとの心の動きや、双方の微妙な関係や、置かれている状況を滑稽に描き出してみせた。帽子をめぐるふるまいの基本的な意味作用を万人が共有し、だからこそ帽子の作法はかなり広範に流布したと言えるものの、作法書通りにそれを会得しふるまえる人は多くはいなかった。たとえ広まったとしても、むしろ、帽子の作法は宮廷貴族固有の身体作法であり続けた。帽子の作法は着用者の身分と人格に結びついて、着用者が自覚しているか否かにかかわらず、目に見える形でそれらを映し出す。モリエールはそれを批判的に見つめながら、これに憧れる者をも嘲笑する。モリエールをはじめとする当時の喜劇には、上流貴族の帽子の作法を真似る庶民を、決して彼らには身につけられるふるまいではないと、厳しく断じる視線さえ見え隠れしているのである。

注

1 Erasme, *op.cit.*, p.257.

2 *Ibid.*, p.260.「身分の高い人といっしょに食卓につくときには、あらかじめ髪をきちんととかし、帽子を脱ぎなさい。［…］いくつかの国の慣習では、子どもたちは大人の男性といっしょの食卓につくときには、テーブルの下座に座って食事をし、帽子をかぶっている。」しかし、食事時の作法は、のちには帽子をかぶるべきだとするものも出てくる。

3 *Ibid.*, pp.267-268.「子どもが路上で、年上の敬意を払うべき人や、聖職者であるがゆえに敬意を払うべき人や、地位や称号から敬意を払うべき人に出会ったときには、すこし離れて、脱帽し、軽く膝を折るべきである。［…］年上の人とは、敬語でわずかな言葉で話すべきである。同じ年令の人とは、愛情をこめ上品に話すべきだ。話をするときには、帽子を左手で持ち、右手は軽くへそのあたりに置くこと。帽子を両手で持つのはもっとふさわしい。親指を帽子の上にのせて、鼠頚部を隠すように。」

4　A. de Courtin, *Traité de la civilité, op.cit.*, p.53.「問　子どもは帽子を目深にかぶってもよいですか。／答　いいえ、それは皮肉屋か、あるいは他人に顔を知られたくないと思っている卑劣な人のしるしです。／問　高い位置でかぶるべきですか。／答　いいえ、それはシャンソン売りのやり方です。／問　帽子のつばを折り曲げてよいですか。／答　いいえ、それは兵士のやり方です。同じように帽子に羽根飾りをつけてはいけません。／問　帽子の紐に花をさしてもいいですか。／答　いいえ、それは農民のやり方です。」

5　*Ibid.*, p.55.

6　A. de Courtin, *Nouveau traité de la civilité.*, pp.68-69.

7　*Ibid.*, p.122.

8　La Salle, *op. cit.*, p.127.「帽子を脱ぐのは以下の場合である。一．敬意を払う人のいる場所にいるとき。二．誰かに挨拶するとき。三．誰かに何かを与えたり、受け取ったりするとき。四．食卓につくとき。五．イエスさま、マリアさまの名前を聞いたとき。ただし食卓についている場合は除く。なぜならその場合には、頭を垂れなければならないから。六．非常に敬意を払うべき人の前にいるとき。たとえば、聖職者や行政官や重要人物といるときである。」

9　*Ibid.*, p.128.

10　A. de Courtin, *Nouveau traité de la civilité*, p.65 .

11　La Salle, *op.cit.*,　pp.126-127.

12　A. de Courtin, *Traité de la civilité*, p.57.「問　親しい人や同じ身分の人に帽子をかぶらせるにはどうすれば良いですか。／答　お互いに合図をして、同時にかぶるべきです。」

13　A de Courtin, *Traité de la civilité*, p.57. または、La Salle, *op.cit.*, p.128.「このこと（帽子をかぶせること）は親しい人に対してと、自分と同じ身分の人に対してのみ可能である。しかしそれが命令によるものであってはならないし、そのことをほのめかすような言葉であってもならない。ただ合図をしめすことによって同時に帽子をかぶるべきである。あるいは、たとえば次のような婉曲的な表現をするべきである。「ムッシュー、無帽でいると不都合ではありませんか。」あるいは、自分の友達の誰かであるならば、次のような親しい表現を使う。「帽子をかぶりませんか」。」

14　A. de Courtin, *Traité de la civilité*, p.57.「問　子どもは無帽で話しかけてくれる人に帽子をかぶってもらうほうがよいですか。／答　はい、その人たちが自分よりも身分の低い人の場合や、自分に従属する人でないかぎりは。」

15　La Salle, *op.cit.*, p.128.「誰かが帽子をおろして話をしているときには、自分のほうが身分の高い場合には、通常はその人に必ず帽子をかぶらせるべきである。そのときには次のように言う。ムッシュー、帽子をかぶってください。この話し方は、しかしながら、自分よりずいぶん身分の下の人に対してのみ許される。」

16　A. de Courtin, *Nouveau traité de la civilité*,p.68.「もしあなたの方が身分が下であれば、今しがた述べたように、身分の高い人に帽子をかぶるように言ったり、自分自身が帽子をかぶると言ったりしてはいけません。その人があなたに帽子をかぶるように言った後でも、もしその人が非常に身分の高い人である場合には、礼儀正しくこの命令を拒むことさえしなければなりません。しかし、同様に、その人に三度も四度も同じことを言わせてはなりません。」

17　A. de Courtin, *Traité de la civilité*, p.58.「問　自分より身分の高い人には帽子をかぶってもらわねばなりませんか。／答　いいえ、それは非常に礼儀に反しています」。La Salle, *op.cit.*,p.128.「自分よりも身分の高い人に帽子をかぶらせるのはひどく礼儀に反している。」

18　Faret, *op.cit.*

19　今村真介、前掲書、六七〜一二四頁参照。

20　Isambert, *op.cit.*, vol.23, N°400（Lit de justice pour l'enregistrement des édits sur la suppression de la Corvée des jurandes et autres, Versailles, le 12 mars 1776). 文中の傍点は筆者が施した。

21　芹生尚子、前掲論文、一〇五〜一二九頁。

22　Molière, *Sganarelle ou le Cocu imaginaire*, in *op.cit.*, I, p.319 :（『モリエール全集』第二巻、一七七頁）。

23　一七〇一年から一七八九年にかけてのリヨンの遺体調書では、マント〇件、手袋三件、マスク〇件であり、同期間のボジョレの調書では、マント一件、手袋〇件、マスク〇件である。

24　ミュシャンブレ、前掲書、二三五頁。Claude Gauvard, *Crime, état et société en France à la fin du Moyen Age*, vol.2, Publication de la Sorbonne, Paris, 1991, pp.724-726.

25　Molière, *L'Avare*, in *op.cit.*, II, p.569.（『モリエール全集』第七巻、二〇七頁）。

26　ミュシャンブレ、前掲書、二三四～二四二頁を参照。「民衆の身体」という節の中で当時の「頭部の象徴性」に触れ、帽子の扱いに非常に多くの意味作用があったと述べている。

27　Claude Gauvard, *op.cit.*, pp.724-726.

28　ミュシャンブレ、前掲書、二三五～二三九頁。

29　Louis-Sébastien Mercier, *Tableau de Paris*, 1782, tome 1, Mercure de France, 1994, p.811.（『十八世紀パリ生活誌―タブロー・ド・パリ（下）』、九二～九三頁）。

30　Edmond Rostand, *Cyrano de Bergerac*, (1897), Hachette, Paris, 1997, p.136.「一人の青年隊（カデエ）（虫の食った羽根飾りのついた帽子や、裏に穴があいたり底の抜けたりした帽子を、剣で団子ざしにして持って入って）見ろ、シラノ！　今朝、河岸で拾った、羽根つきのきたねえ獲物だぜ！　逃げ出しやがった奴らの軍帽さあ！／カルボン　名誉の戦利品だ！／一同（笑って）アッ！ハッ！ハッ！／キュイジイ　察するにこの乞食共を使いやがった奴は、今頃は怒ってるに違いなかろうぜ。／ブリッサイユ　何奴だか知ってるのかい？／ド・ギッシュ　それは俺だ。／（笑い声、はたと止まる）／自分で手を下すまでもない―酔いどれのへぼ詩人を懲らしめるために、俺が使ったのだ。／（ばつの悪い沈黙）／その青年隊（カデエ）（おずおず声で、シラノに軍帽を示しながら）これをどうしたらいいんだ？　みんな油染みてやがる・・・まるでシチューだな？／シラノ（串刺しの剣を受け取り、お辞儀をしながら、軍帽を皆、ド・ギッシュの足元に投げ転がして）閣下、これをあなたのご友人の方々にお返しになったらいかがですね？」。（エドモン・ロスタン『シラノ・ド・ベルジュラック』、辰野隆・鈴木信太郎訳、岩波書店、一九九四年、一一七～一一八頁）。

31　Rostand, *op.cit.*, p.331.

32　Jean de la Fontaine, *Fables*, livre IV, fable VI, *Le combat des rats et des belettes*, in *Œuvres complètes*, I, *Fables contes et nouvelles*,

Gallimard, Bibliothèque de la Pléiade, 1991, p.148. ここでは羽根飾りは panache でなく plumail という語で記されているが、頭上を飾るものであることには違いはなく、事実上同じものを指している。

33　La Salle, *op.cit.*, p.122.

34　Molière, *L'Avare*, in *op.cit.*, II, p.579.「ヴァレール　(誇らしげな様子で帽子をかぶってから) 僕には後ろめたいことはなんにもありません。ナポリをご存知なら、ドン・トマ・ダルビュルシーについてもご存知でしょう。[…] つまりですね、その人こそが僕の父親なのです。」(『モリエール全集』第七巻、二二七頁)。

35　Moliere, *Les Précieuses ridicules*, in *op.cit.*, II, p.269.「カトー　伯父さまにはおわかりになりませんの？　あの人たちには人を惹き付ける魅力がまったくありませんわ。愛を語りに来たのに、あの格好は何です？　ズボンには膝飾りもない。帽子には羽根飾りもない。カツラもかぶらず、リボンが足りなくては服は風邪を引きそう。…あんな格好で、恋を語る資格がありますか？」(『モリエール全集』第二巻、一一五頁)。

36　Molière, *Remerciment au Roi*, in *op.cit.*, I, p.631.(『モリエール全集』第三巻、二四五〜二四六頁)。

37　*Journal de Jean Héroard*, p.1033.

38　芹生尚子、前掲論文。

39　ミュシャンブレ、前掲書、二三七〜二三九頁。

40　Molière, *La jalousie du Barbouillé*, in *op.cit.*,I, p.19.(『モリエール全集』第一巻、六七頁)。

41　モリエールに先立つコルネイユの作品からは、十七世紀初期、つまり帽子の作法が形成されつつあった時期の風俗を見ることができる。彼の喜劇中かなりの成功を収めた作品『ギャルリー・ド・パレ』(一六三二〜一六三三年) 第二幕第二場を挙げる。帽子の作法はささいなことではあるが、対人関係の中で、互いに神経を使うものであったことがわかる例である。Corneille, *La Galerie de Palais*, in *Théatre*, Bibliothèque de la Pléiade, Gallimard, Paris, 1950, p.402.「(リザンドルがセリデの家から出て、舞台に入ってくる。しかしドリマンとイポリットに向かって、帽子をあげて会釈をしただけで、停まらずに通り過ぎる。)／イポリット　おそらく、将来のことは…。ちょっと、そこ行くお方、待ってくださいな。そんな帽子をあげただけですまそうなんて。あなたは自分の空想との話し合いがお好きでも、騎士としては礼儀に欠けているわ。宮廷人がお辞儀に「こんにちは」の一言を添えないなんて、極めて似つかわしくない。／リザンドル　気に入った人といっしょにおられるときは、第三者は必要じゃないから、ぼくは迷惑をかけないようにと、礼儀を欠かすほうをとったんです。／イポリット　あら、体よく非難をかわすじゃない。まるで私が…。」（『コルネイユ喜劇全集』、持田坦訳　河出書房新社、一九九六年、一六〇頁）。この場面では、騎士であり宮廷人であるリザンドルが、女性たちに対して礼儀に欠けているということで、イポリットが不快な気持ちをあらわにしている。貴族としてのたしなみである帽子の作法を心得ていないとなじるのだが、リザンドルはそれを体よく繕う。身分違いの間柄でなくとも、帽子による身体作法はそれをする側とされる側の間で、うまく折り合いがつかなければ摩擦を起こすことがあった。

42 Molière, *Les Fâcheux*, in *op.cit.*, I, pp.492-493.（『モリエール全集』第三巻、八七～八八頁）。

43 Molière, *L'école des femmes*, in *Ibid.*, pp. 584-585.（同書、一八七頁）。「帽子をかぶりなおそう」という部分は原文で Mettons となっているが、chapeau の語がなくとも、身分の高い人が低い人に帽子をかぶらせる際に、mettre 一語で「帽子をかぶる」という意味になった。これについては以下を参照。Furetière, *op.cit.*, non pagination, «mettre».

44 Molière, *Le médecin malgré lui*, in *op.cit.*, II, p.234.「ヴァレール　先生、それはご親切に、ありがとうございます。ところで、先生、帽子をおかぶりください。強い日差しにやられるといけませんから。／リュカ　先生、帽子をかぶられえ。／スガナレル　（小声で）ばかに丁寧な連中だな。」（『モリエール全集』第五巻、一八一頁）。

45 *Ibid.*, p.240.（同書、一九三頁）。

46 Molière, *La jalousie du Barbouillé*, in *op.cit.*, I, p.14.（『モリエール全集』第一巻、五七頁）。

47 Molière, *L'École des femmes*, in *op.cit.*, I, p.555.

48 『モリエール全集2』、鈴木力衛訳、中央公論社、一九七三年、一一三頁。

49 Molière, *Le Bourgeois gentilhomme*, acte 3, scène 4, in *op.cit.*, II, p.741.

50 *Ibid.*, p.1427 の注は、一六九三年の Callière の作法書を引用して、ジュールダン氏の台詞はブルジョアに典型的な非常に陳腐な言い回しであるとしている。

51　この場面は一七三六年以降、第七場とされてきたが、本来は第五場であった。Marivaux, *La doubre Inconstance*, in *Théâtre complet*, I, Bibliothèque de la Pléiade, Gallimard, 1993, p.881 参照。*Ibid.*, pp.223-224.（『新マリヴォー戯曲集Ⅰ』井村順一・佐藤実枝・鈴木康司訳、大修館書店、一九八九年、一一九～一二〇頁）。

52　Marivaux, *L'Heureux stratagème*, acte 1er, scène 1ère, in *Théâtre complet* Ⅱ, Bibliothèque de la Pléiade, Gallimard, Paris, 1994, pp.169-170.

第3章　帽子をめぐる身体表現——ダンスの教本を中心に

1. ダンスによる身体修練

第3章では、帽子をめぐるふるまいの具体像を明らかにし、その意味を論じる。史料はラモーのダンスの教本である。ジョルジュ・ヴィガレロが指摘するように、中世においては身体のゆがみは美しさへの配慮から許されず、物腰のぞんざいさは社会道徳に抵触するものとして厳しく批判された。[1] 十六世紀になると、たとえばエラスムスやカスティリオーネの礼儀作法書の誕生に見られるように、貴族としてふさわしい立ち居ふるまいとしての礼儀作法（civilité）が確立する。[2] 貴族としての身体的優雅さは、修練を積んではじめて身につくものであるとされ、その手段として馬術、ダンス、剣術があった。しかも修練の痕跡を感じさせない、完璧に調和したさりげない身ごなしが、貴族に必要なたしなみとして求められた。
ルイ十四世治世下になると、身体的外観の美しさを究めるための修練はいっそう求められ、それが貴族階級の子弟教育の中心に据えられるようになった。ルイ十四世自身がバレエをたしなんでいたことはよく知られているが[3]、特権階級の人びとにとっては、美しい物腰のうちに紳士としての教養が透けて見えることが重要であった。ヴィガレロは、当時の貴族にとって、ダンスは精密に統御された高度な動作技術の基本を教え、身体を真剣に訓練するものであって、社交生活における気晴らしのためのものではなかったと述べている[4]。ダンスは貴族の日常的な身ごなしの形成に寄与する技芸であった。
虚構の世界であるが、モリエールの『町人貴族』(一六七〇年)のジュールダン氏は、彼が雇っている音楽の教師にいわせると「貴族になりたいという妄想にとりつかれて貴族の真似事をしている」人物である[5]。成金の彼は、王に謁見できる貴族になることを夢見ており、そのための努力と散財を惜しまず、音楽、剣術、ダンスを習い、教養を身につけようとして哲学の教師を雇い、貴族らしい身なりをするため、仕立屋までかかえている。なかでもダンスの素養は当時の貴族に必須のたしなみであり、ジュールダン氏のダンスの教師は次のようにいって胸を張る。

人間にとってダンスほど必要なものはありません。[…]ダンスがなければ人間は何もできません[6]。

ダンスは貴族としての主要な修行のひとつであり、彼らは毎日ダンスの練習に数時間を費やした[7]。優雅で上品な動きを日々の生活の中で臨機応変に、さりげなく、しかも流れるようにスムーズに美しく行なうためには、厳しい練習が必要不可欠であった。教養とダンスによる心身の訓練によって習得された美しい物腰が、おそらく社会的エリート層である貴族、とりわけ宮廷貴族とそれ以外の人びとの外見上の差異を形作っていったのである[8]。

2. 誰が挨拶の訓練をしたのか

ヴィガレロはひとくくりに貴族と述べているが、当時の貴族は実に多様な人びとで構成され、細部にわたる位階があり、経済状況や生活様式も多岐にわたった。旧貴族と新貴族、宮廷貴族と地方貴族、帯剣貴族と法服貴族、上級貴族と下級貴族などの区別だけでなく、貴族状によるもの、官職によるもの、封土獲得によるものなど、ここで詳述することはできないが、貴族の分類は複雑である。[9]

ダンスの修練を積んだのは、宮廷に集う宮廷人、およびその予備軍のような人たちであった。ラモーのダンスの教本が、[10] その書名で想定している読者は、若者と洗練された紳士であるが、「洗練された紳士」とは「オネットム」を連想させる言葉であり、そうであるならば、一六三〇年代以来の理想的な宮廷人としての紳士を指していることになる。

ここで述べている若者と紳士は、大貴族の館を訪問し、王の大舞踏会に参加できる人びとであったことも、ラモーの教本からうかがえる。[11] ラモーは、とりわけ若者にしかるべき帽子の挨拶をする習慣を身につけるように勧めるが、彼らはアカデミーやコレージュに通う者であり、青年貴族だと述べる。[12] たとえば一五九四年に設立された「王室青年貴族アカデミー」は、宮廷に出仕する青年貴族のための学校で、当アカデミー出身であることは、貴族として成功する条件であった。[13] 天野知恵子によれば、「王権や聖職者、大学や都市自治体などによって後見されたコレージュは、十七世紀には教育の場として確固たる信頼をかちえるようになった。アンシャン・レジーム期のフランスにおいて、それはもっともよく整備された学校であり、青少年の教育機関として重要な役割を担った」[14] ものであった。

当時の中等教育の最も躍進をとげた機関であり、多様な社会層に開かれたものであったものの、現実には社会の中・

上層の子弟に限定された教育機関であり、天野によれば、コレージュは決して、社会的上昇の手段になるものではなく、むしろ「各人をそれぞれの出自にふさわしい地位にとどめることが、コレージュの教育目的[15]」となっていた。いずれにしても将来のフランス王国の担い手である優秀な人材を育成する場となっていたのは確かであろう。エリート教育を受けているこれらの青年貴族たちに、ラモーは自身が教える美しい挨拶の習慣を身につけていれば、めったに居合わせることのない高貴な人びとの集まる場においても、慌てふためくことがないはずだと語りかける。

この機会に、アカデミーやコレージュに通っているすべての華々しい若者たちに、挨拶に力を注ぐようお勧めする。若者たちは頻繁な会合によって、あちらこちらに身をさらしているし、教師や教授のところを行き来するのを避けることはできない。そのような時に若者は必ず挨拶をする。私は挨拶を勧めるだけでなく、それを習慣づけることに専念するよう強調したい。そうすれば、若者たちは、たとえば、めったにないすばらしい集まりに身を置くことが、頻繁に身に降りかかったとしても、慌てふためかずにすむからである。[16]

このように、若者たちが、まず世間で通用し認められていくための最初の一歩として身につけるべきふるまいが、帽子の挨拶であった。そしてそれを習慣的なものとして身に馴染むようにするべきだとラモーは述べる。美しい帽子の挨拶とは、ひとつの身体的な修練であって、ダンスの教師つまりバレエの教師が教えたものであった。

バレエの教師から挨拶を習う様子は、モリエールの『町人貴族』の中でも描かれている。ジュールダン氏は次のように特別な場での挨拶の手ほどきを受けている。

ジュールダン氏　ところで、侯爵夫人にご挨拶するにはどうしたらいいか教えてくれるかな。

ダンスの先生　侯爵夫人にご挨拶するにはどうしたらいいかですって？
ジュールダン氏　そうだ、ドリメーヌという名前の侯爵夫人なんだがな。
ダンスの先生　さあ、お手をお貸しください。
ジュールダン氏　いいから、先生がやって見せてくれればいいんですよ。しっかり覚えておきますから。
ダンスの先生　大きな敬意をこめてご挨拶なさりたいなら、まず後ずさりして会釈をひとつ、それから相手のほうに進みながら三回会釈をします。三度目の会釈では、相手の膝の高さまで身をかがめます。
ジュールダン氏　ちょっとやって見せてくれないか。（ダンスの先生の会釈を見て）なるほどな。(17)

ここでは一言も帽子に触れていないが、明らかに帽子を持って行なう挨拶の練習場面である。役者の身体の扱い方、演出の仕方によって、かなりこっけいに見える場面であったが、喜劇としての誇張があるとしても、ダンスの教師が挨拶の仕方を教えていた様子がうかがえる。挨拶の仕方が重視されたのは、ラモーの教本第九章「挨拶の一般論」が次のような言葉で始まっていることからもうかがえる。

いかなる身分であろうとも万人が知っておく必要のあること、それはしかるべき方法で自分の帽子を脱いで美しい挨拶ができることである。(18)

しかし、すでに述べたとおり、ラモーの言う万人とは、決してすべての階層の人びとというわけではなかった。

3. ダンスの基本姿勢

挨拶を美しく行なうためには、ダンスの基本姿勢をまず体得する必要があった。この基本姿勢はダンスを上手に踊るためのものであるが、それだけでなく、日常生活における美しいふるまいの基礎となっていた。ルイ十四世をはじめ、当時の王侯貴族の肖像画を見ると、その多くがダンスの基本姿勢にしたがって、立ち姿を決めている。ラモーの教本に添えられているさまざまなポーズの銅版画は、すべてラモー自身が描いたものである。素朴な描写であるが、書名のとおり動作の基本をおさえるのに十分な図解になっている。ダンスの際の服装もうかがい知ることができる。図中の貴族たちはすべて帽子をかぶっており、剣術同様、帽子は不可欠だった。

先に登場した『町人貴族』のジュールダン氏も、帽子をかぶってからダンスを始める。ダンスの教師はまず帽子をかぶるように促すのである。[19] 帽子をかぶって踊り始めるジュールダン氏は、使用人の帽子をナイトキャップの上にのせただけなので、ラモーの描いている帽子とは異なる。ラモーによれば、図9から図18に描かれているように、ダンスの帽子はトリコルヌ（三角帽）と呼ばれたつば広のフェルト帽で、つばを三箇所折り曲げたものである。この帽子は、挨拶や、脇に抱えるのに都合よく、広いつばの三辺が折り曲がっている。宮廷人必携の帽子であった。

ダンスの基本姿勢は、まず美しく立つことにある。そのために、足の動作と配置が重要であり、五つの基本姿勢が決められていた。ラモーの教本は、最初にこのダンスの基本姿勢の五つのポジションを解説する。これは、ルイ十四世の時代の代表的な舞踊家であり振付師であったシャルル・ルイ・ボーシャンが考案したもので、現代のクラシック・バレエでも基本のポジションとしてまず習得される。五つのポジションは一番から五番までの番号がつけられている。

ラモーの解説では以下の通りである。

第一のポジション（図①）は、両脚をまっすぐに伸ばし、左右の靴のかかとをつけ、つま先は外に向けて開く。姿勢も直立に保つ[20]。第二のポジション（図②）は、第一のポジションから、足を外に開くようにかかとを離して立つ。このとき、両太腿は離す。胴の重心は両脚に乗せ、左右どちらかに傾かないようにする[21]。第三のポジション（図③）は、両脚が互いにはめ込まれているかのような立ち方である。そのため、「接合部《アンボワチュール》、組み継ぎ」という異名をもつ。両脚を垂直に構え、左足を少しだけ前に出し、左足のかかとを右足のかかとにつけて交差させる。この姿勢はダンスにおいてきわめて重要であるとラモーは述べる[22]。第四のポジション（図④）は、前進する場合にも、後退する場合にも、またダンスをする場合にも、動きを滑らかにする基本姿勢であるという。右足を少し後ろに、左足を少し前に配置する[23]。第五のポジション（図⑤）は、左右に動く場合に、体を前面に向けたままでいる立ち方である。交差する足のかかとは後ろに置く足のつま先に引き寄せ、後ろの足のつま先を越えてはいけない[24]。ダンスに帽子は不可欠であるが、ダンスそのものについては、脚の動きに基本があった[25]。これらの基本姿勢は挨拶の際にも基礎になるものであった。

4. 剣術の帽子

美しい身のこなしの訓練はバレエだけではない。剣術もそのひとつである。貴族本来の姿、つまり騎士としての身体を実現するためには剣術の素養が重視された。そして、ここでも帽子は欠かせない。十七世紀の剣術のルールでは、帽子の会釈が義務づけられ、これがなくては試合が始まらなかった。ル・ペルシュが著した一六三五年の剣術書には、次のように記されている。

構えの姿勢に入った後は、まず左の手で帽子を脱ぎ、それを左の膝の上に置く。右の足をまっすぐ延ばした左足の後ろへ靴底の長さ分だけ引く。体は常にまっすぐに保っておく。それから左足を右足の後ろに戻す。同時に帽子をかぶる。そして防御姿勢に入る。(26)

剣術の技法の中でさえ、帽子の着脱はコード化され組み込まれていた。この身体技法を身につけていなければ、貴族に不可欠の剣術を習得しているものとは見なされなかった。

たとえば、『町人貴族』の第二幕第二場は、剣術の先生がジュールダン氏に手ほどきをする場面で、お辞儀の仕方が剣術の作法の要になっていることがうかがえる。

剣術の先生　(ジュールダン氏に剣を渡して) さあ、お辞儀。身体をまっすぐ。左腿にすこし力を入れる。股をそんなに広げない。両脚を同じ線に揃える。手首は腰。刀の先は肩の高さ。腕をそんなに伸ばさない。左手は目の高さ。左肩は中心線からもう少しそらす。頭をまっすぐ。目をしっかり据える。前に出る。しゃきっとして。第四の構えで突いて、そのままもうひと突き。1、2。元に戻る。フラフラしないでもう一度。後ろに飛んでさがる。突きを入れるときには、まず刀を最初に出して、身体はひっこめる。1、2。さあ、第三の構えで突いて、そのままもうひと突き。前に出る。しゃきっとして。前に出る。さあ、来い。1、2。もとに戻る。もう一度。後ろに飛んでさがる。構え、構え。(剣術の先生はジュールダン氏に「構え」といいながら、二、三突きを入れる。(27))

この複雑な身体作法が帽子を用いたものであるのは間違いない。お辞儀では必ず脱帽するからだ。貴族に固有のふるまいとしての剣術を諷刺しているのである。この場面も演出次第でこっけいな場面になった。

さらに、理想的な騎士がかぶるべき帽子の形も規定されていた。騎士プリュヴィネルが、王との会話の中で、完璧な騎士の育成には、まず服装を整えなければならないと次のように述べる。

陛下、私は、騎士の帽子はあまり頑丈すぎず、美しい形のものが望ましいと思います。帽子の高さはおよそ六プス、つばは三と二分の一プス、これは太陽の光が目に入らないようにするためです。片方が反り返り、羽根飾りが優雅についていなければなりません。リボンはクレープ地、タフタ、金銀の織物、あるいは絹であり、頭がしっかりその中におさまって、帽子が落ちたりしないようなものでなければなりません(28)。

貴族本来の姿である騎士の素養として、ダンスと剣術は不可欠のものであった。そのなかで、帽子の形が定められているばかりか、身体技法そのものの中に帽子は深く介入していた。帽子の扱いが、身体を鍛錬することにつながっていたのである。

5. 帽子の扱い方

帽子は常にあるべきふるまいを要求する。帽子の着脱の作法だけでなく、帽子の扱い方は作法書の中で詳しく記されていた。ラ・サルは作法書の第三章「帽子について、そしてその扱い方について」の冒頭で、「帽子は男の頭を飾り立てるが、同時にさまざまな不便を保証するものでもある」[29]と記し、帽子は男の頭上を華々しく飾るが、同時に多くの不便も強いたことを明かしている。彼のいう不便とは、帽子の扱い方を誤ると、人間関係に支障をきたし、頭上を飾るどころか、致命的なほどに自身の印象を損ねることさえあったことを指している。たとえば、かぶり方を誤れば、下品に見えることや、傲慢に見えることもあり、注意が必要であると述べる[30]。かぶり方しだいで帽子は逆効果を生むこともあったからである。誰かに会って挨拶をする際のふるまいにも配慮が必要である。つまり相手との距離や、帽子を脱ぐ際の間合いに気をつけなければならない[31]。帽子を脱いだあとの持ち方にも気を配ることが必要である。たとえば、敬意を払うべき高位の人がいる部屋に入って、帽子を脱いだ後は以下のような注意が肝要である。

非常に礼儀正しく帽子を脱いだ後、帽子の内側を自分の方に向けて、左腕の下に抱えるか、自分の前の左わき腹の上に置くべきである。座っているときには、帽子を脱いで、膝の上に置くのが礼儀にかなっている。内側を自分の方に向け、左手を帽子の上か下に置くこと[32]。

さらに、人と話をするときに、次のように帽子を扱うことは決して許されなかった。

誰かに話かけるときに、自分の帽子をぐるぐる回したり、指で帽子の上を引っかいたり、太鼓のように叩いたり、帽子の紐をいじったり、帽子の中や外側をじろじろ見たり、自分の顔の前に持ってきたり、口元に持ってきて、話しているのを聞こえないようにするのは、非常に無作法である。自分の口の前に持ってきたときに、帽子のつばの縁に噛みつくのは醜い以上のものである[33]。

作法書は、帽子に関しては、ほかの服飾品と比較にならないほど、微に入り細をうがった注意をくり返す。すでに論じた通り、帽子は着脱の時機をわきまえなければならないばかりか、かぶり方、また脱いだ後の扱い方に至るまで、心を配る必要があった。帽子ひとつで、着用者の身体が、動物的で粗野な部分を抑え込み、統御できているかどうかが推し量られた。高度に身体の統御を要請した宮廷社会において、受容しうる身体なのかどうかを見きわめる指標となっていた。

6. 帽子の挨拶

挨拶は、帽子が求める特別な身体所作の、もっとも典型的なものである。前述の通り、ダンスの教師が教える帽子の挨拶は、相応の修練を積まなければ実行できるものではなかった。ラモーが力説する「しかるべき方法で帽子を脱ぐ美しい挨拶」とは具体的にどのようなものであったろうか。ただ無造作に帽子を取るだけでは挨拶は成り立たない。教本の第十章では、帽子の脱ぎ方とかぶり方について、図解付きで具体的な詳しい説明を行っている。

誰かに挨拶をする時には、この第1図［図9］が示しているように、右腕を肩の高さまで上げて、手を図に描かれている2のように開き、帽子を取るために半円を描くようにして肘を曲げ、図の「肘を曲げる」という文字に沿って動かさなければならない。次に第2図［図10］に見られるように、肘を曲げ、手は第1図で示したように開く。手を頭に近づけて、頭は動かさず、親指を額の側に置き、四本の指は帽子のつばの上に当てる。親指と四本の指を閉じて、親指の動きで帽子を持ち上げ、四本の指で帽子を保つ。腕をもう少し高く上げ、帽子を頭の上に完全に持ち上げ、腕を伸ばして自分の脇に振り下ろす。「腕がたどる道筋」と書いてあるところをたどる。そして第3図［図11］のように帽子を体の脇に持つ。(34)

ラモーは、腕や頭ばかりか指の動きに至るまで細かい指示をして、図解によってそれを補足している。ラモーは三つの図に分けるが、実際には三つの動きを一つのものとして行なうようにと但し書きをつけている。一つひとつの動きが止まるようでは、優雅どころか、「ばかばかしい《リディキュール》」ものになるからである。(35)

帽子のかぶり方については次のように解説する。

帽子をかぶるには、帽子を脱ぐのと同じ規則を守らなければならない。自分の脇に帽子を持っている状態から、肩の高さまで肘を曲げて腕を持ち上げ、頭の上に帽子を置いて、同時に手でつばを押さえて深くかぶる。二回に分けて行なったり、手を帽子の真ん中に当ててはいけない。帽子をかぶるために頭を動かしてはならない。腕と手を使ってかぶること。(36)

さらに次のような注意が続く。帽子を脱ぐのが難しくなるほど深くかぶってはいけない。腕と手を前に伸ばしすぎると、顔を隠してしまうのでよくない。帽子を脱ぐ時もかぶる時も、頭を下げてはいけない。帽子を顔の前に落とさないように気をつけなければならない。帽子を無造作に自分の面前に持ってくると印象を悪くする。帽子の折り返したつばの先端を左目の上にすると顔がよく見えるのでよい。帽子を後ろにかぶりすぎると間の抜けた感じになる。前に深くかぶりすぎると陰険な印象か怒っているか考えにふけっている印象を与えてしまう。(37) これらはラ・サルが述べることとも重なる。

帽子を脱いだ後にする挨拶の仕方には、日々遭遇する状況に応じ、いくつかの方法があった。なかでももっともよく行なわれる挨拶の仕方は「前への挨拶《レヴェランス・アン・ナヴァン》」である。ラモーは第十一章で次のように説明している。

> 体をまっすぐにし、右足でも左足でもいいので前へ足を滑らせ、四番のポジションに足を持っていく。[…]前へ静かに足を持っていくこと。体は後ろの脚の上に乗せたまま。後ろの脚の膝は体の重みで曲げ、前にある脚をしっかりと伸ばす。お辞儀は挨拶をする相手の身分に従って深くする。頭も下げる。挨拶で重要なのは、お腹を曲げた時に、後ろの脚の膝を伸ばさないこと。そんなことをすれば腰が上がってしまう。[38]

この挨拶の様子は図12から図16に描かれている。静かに足を床に滑らせる動きは「パ・グリッセ」と呼ばれ、跳躍をあまり好まない当時のダンスにおける基本動作であった[39]。前への挨拶は、足を前に滑らせ、重心を置く位置を考え、脚を曲げ伸ばしすることに気を配らなければならなかった。単純に前へ体を折り曲げるだけでは美しい会釈にならなかった。お辞儀は挨拶をする相手の身分つまり位階や序列に従って深くしなければならなかった。第2章ですでに述べたとおり、帽子を用いた挨拶は何よりも相手に敬意を表すものであり、お辞儀の深さとその仕方によって身分の上下を確認するものであった。

身を起こす時はお辞儀をした時と同じように静かに行ない、通常後ろにする第二の挨拶のために身体の重心の位置を工夫して、後ろの足を自由に動かせるようにした[40]。前への挨拶のヴァリエーションとしては、歩きながらの挨拶や横向きの挨拶がある[41]。しかし、ラモーがより重要な挨拶の仕方として強調するのは第二の挨拶、すなわち「前への挨拶」よりも敬意のこもったものとなる「後ろへの挨拶《レヴェランス・アン・ナリエール》」である[42]。

帽子を手に持ち、四番のポジションで立ち、図が示すように左足の上に体を乗せ、右足は動く準備ができていて、図の第二の線上に動かす［図15］。［…］次に第2図［図16］が示すように二番のポジションで身をかがめる。体は右脚［図16が示す3］の上に乗り、左足［同様に図16の4］は動く準備ができている。左足を静かに右足の後ろへ、つまり三番のポジションに持っていき、脚を後ろに引きながら上体を起こし、体を垂直にする。[43]

この挨拶の動きを左右どちらの足でもできるように練習を積むこととラモーは追記する。

「前への挨拶」と「後ろへの挨拶」は状況に応じて使い分けたり組み合わせたりした。先に引用した『町人貴族』で、ジュールダン氏がダンスの先生から習った挨拶の仕方は、後ずさりした挨拶一回と前に進んだ挨拶を三回であったが、前者は「後ろへの挨拶」、後者は「前への挨拶」を指している。たとえば、ラモーは、大貴族の館に入るときと、貴族が集う会合の場に入るときには、扉にぶつからないように二、三歩手前で、「前への挨拶」を一回、そして「後ろへの挨拶」を一回すれば良いと述べる。[44] 誰かに話しかけるときにも同様にすればよかった。[45]

ダンスを始めるときには、特別な注意を要した。なぜなら男性は女性につき添う必要があるからである。まず、ダンスのポーズを取る前に手袋をはめる。その後、貴婦人の前に進み出て、手を差し伸べて一緒に踊ってほしいと誘わなければならない。必ず、男性が女性に申し出るべきで、女性からの申し出を待つのは無作法であった。[46] 図17で示すように、男性は四番のポジションで立ち、左手で帽子を脱ぎ、女性の方を向きながら、彼女に右手を差し出す。[47] このとき男性は左側、女性は右側に立ち、手は男性の手を下にしてその上に女性の手を添えてもらうようにする。同じ図17に見られるように、女性は右手でスカートの脇を軽く持つ。その後、ふたりで挨拶を交わす。男性の動きは後ろへの挨拶と同様であるが、女性の手を離さずに行なうことが肝心である。女性も足を男性と同じように動かして軽く膝をまげて挨拶をした(48)。大切なのは二人が同じ線上で動いているように見せることであった。

7. grâceを表わす身体

帽子の挨拶は、宮廷貴族の生活の中で、あらゆる局面で要求された身体作法であった。しかし、教本どおりに行なえばそれでよいものでもない。作法書やラモーによる所作の説明の中で強調されたのは、このような所作によってある資質を表現することであった。つまりgrâceという資質である(49)。

先に引用した、クルタンの作法書中の「(帽子を)優雅に脱ぎます」という一文において「優雅に」とは、de la bonne grâceのことである。またラモーは序文の中で、ダンスはわれわれが自然から恵まれた生来の美点(つまり肉体の美しさ)にgrâceを与えてくれるものであり、ダンスの素養が身体の動きを統制して正しい姿勢を作り、生まれながらの身体的欠点を、消したり和らげたり隠したりしてくれると述べている(50)。さらに図18に描かれているダンスの前にする挨拶の重要性を説く中で、次のようにも述べる。

> ダンスの前にする挨拶は、「後ろへの挨拶」と同様であるが、いくつかの特別な知識を要する。この挨拶を上手に行なうためには、私が与える規則に注意を払うこと。この点は重要である。というのも、どんな集まりであるにせよ、人びとは通常、これから踊る人を非常な好奇心を持って見るからである。そこへ上品《ボンヌ・グラース》に現れるならば、たとえ完璧に踊れなくても、あなたは自分に人びとの好意を惹きつけることができるだろう。だから上品な挨拶ができるようになることには価値がある(51)。

ラモーの教える上品な挨拶ができれば、ダンスがうまく踊れなくても、社交界で十分に自分の存在を認めてもらうことができた。「後ろへの挨拶」については次のように述べる。

　お腹を折り曲げて足を後ろに引く人がいるが、これは大変よろしい。しかし私がいま記したばかりの方法で行なえば、それよりも気品《グラシューズ》があり、より好ましい雰囲気になるだろう。[52]

　このように、bonne grâce、grâce、grâce の形容詞の grâcieux (se) という語がラモーの教本には再三現れ、美しい身体所作の本質として重視された。当時の辞書[53]による grâce の定義は不統一で、十七世紀の文法家ヴォージュラが、bonne grâce を十七世紀特有の上等な雰囲気を表す言葉「何やらわからぬもの《ジュ・ヌ・セ・コワ》」と同質のものとしていることは理にかなっている[54]。とはいえ、辞書による grâce の説明内容は、およそ次のようにまとめられる。第一に「神の恩寵と善意」であり、第二に「身分の高い人から受ける寵愛や特別の好意や恩恵」、第三に「魅力、他を惹きつける資質」である。

　なかでもトレヴーの辞書（一七七一年）[55]によれば、神学者は神の恩寵の grâce を次の六種類に分けている。すなわち自然のもの、超自然のもの、外側のもの、内側のもの、行動的なもの、習慣的なものである。自然のものとは万人に与えられる自然の恵みであり、健康や肉体の力、判断力の確かさや精神の活発さである。超自然のものは神が妥当だと判断した人間にほどこされる恩恵を指す。外側のものはわれわれ人間の外にある神からの贈り物、つまり「みことば」の顕現や奇跡である。内側のものは神が与える内面の救いであり、霊感や信仰、希望、慈愛である。行動的なものは神の与える光であり、悪を避ける力となり、善へと導く一時的な救いである。習慣的なものとは永続的な神の恵みであり、人間を正しい道へ導くものである。つまりこれらの grâce に共通しているのは、人間の内側から外側、精神から肉体、人間と人間をとり巻く周囲の環境全体に神の恩寵が及ぶとする考え方である。

一方でフュルチエールの辞書（一六九〇年）[56]は、人の好意を惹きつける人間の外見の見た目のよさ、ふるまい、話し方、服の着方も grâce だとする。しかしトレヴーの辞書では grâce は魅力と同一視され、人に気に入られる美点ではあるが、美とは必ずしも一致せず、秘められた魅力であるとする。grâce は目に見えない力によって人に与えられ、それが美と異なる。技巧を凝らしたふるまいの内には見られず、自由で自在なふるまいの内に見られるものである。この点は、ラモーの説くふるまいに見られる grâce について考える際に重要である。人間の内側の美しさに裏づけられた、自然とあふれ出る魅力ととらえられる。自然という性質を認める見方は、十九世紀のラルースの辞書（一八六六年）にも見られ、bonne grâce とは物腰や言葉の自然な elégance「優雅さ」であると述べている。[57]

さらにトレヴーの辞書では、grâce の形容詞形である grâcieux の説明の中で、この概念を社交界で求められている人間像のオネットムを思い起こせばよいとしている。[58]しかし一方で、grâcieux を honnête「オネット」や civil「礼儀」、poli「洗練された」などの言葉と混同してはならない、という矛盾した説明を加えている。リシュレの辞書（一七五九年）[59]では grâcieux と honnête を同一のものと定義しており、これらの語は混同されるほど近接した概念を持っていた。ヴォージュラは、十七世紀の理想的な洒落者の性質を表わす galant も bonne grâce と同じ概念だとしている。[60]つまり grâce と galant homme「ギャラントム」[61]や honnête homme「オネットム」の概念は、同じ世界にあることが考えられる。

ラモーの教本に戻ると、「ここに提示した帽子の被り方をすれば、非常に良識があり、控えめで、中庸を心得た人であるように見えるだろう[62]」と述べられている。「良識、控えめ、中庸」はオネットムの性質を想起させるが、これもまた grâce の具体的な内容である。

grâce の範囲を明らかにするために対照概念について触れるならば、bonne grâce に対して mauvaise grâce があり、これは理性と礼節に反するものである。ラモーによれば、特に重視された「後ろへの挨拶」の仕方は「vulgaireと区別される」としている。このvulgaireは「庶民」とも「下品」とも訳すことができるが、grâceの対照概念であるとも言える。庶民の行動様式が品のないものと認識されたことを思わせる言葉であり、それと区別されるgrâceを伴う挨拶の仕方こそ、貴族に固有の、あるいは固有のものであるべき身体行動であった。grâceによってこそ、貴族のふるまいは差異化できるのである。

トレヴーの辞書に見られるように、grâceとは人間の内側から神の世界への連なりを想起させる言葉である。十七世紀は秩序を求めたが、この秩序とは身体というミクロコスモスから壮大な宇宙のマクロコスモスへと連なる大きな秩序に照応するものであった[63]。当時の身分について考える際に、十七世紀の法学者ロワゾーの理念が重要であることは、第I部第1章において述べたが、ロワゾーによれば、身分とは宇宙全体の秩序の中における配置であるととらえられている[64]。とりわけ、それは公権力に対しての適性と見なされた。社会の秩序、そして壮大な宇宙の秩序は、神の恩寵によって実現されるものであるのだから、その配置に人間はしたがっていなければならないのである。

帽子の挨拶は貴族のgrâceを表わした。grâceは人間の内側と外側のすべてにかかわる神の恩寵を基盤とする自然な優雅さであり、王を中心とする宮廷社会における調和と秩序を意味するものであった。それはまた、社交界における人を惹きつける魅力であり、ギャラントムやオネットムの資質を思わせるものである。優雅な帽子の挨拶とは、卓越した身体作法を身につけ、これを血肉として表現できる身体であることを表明するものであった。内面と外見の一致こそが、当時の作法が目指したものであるが、これはすなわち、太陽王を中心に廻る宮廷社会という宇宙空間において、自らが配置されているconditionをみごとに演じきることと同義である。conditionにかなった身体技法の修得こそが、宮廷社会の秩序を保つために重視されるべきであった。そのための身体実践の典型が、帽子をめぐるふるまいなのである。

注

1 ジョルジュ・ヴィガレロ「矯正＝直立化される身体―教育とその権力の歴史」神田修悦訳『叢書・身体と文化3―表象としての身体』鷲田清一・野村雅一編、大修館書店、二〇〇五年、三七二～四二二頁、［以下、「矯正＝直立化される身体」と略す］。

2 Erasme, *op.cit* ; Castiglione, *op.cit.* なお civilité の歴史についてはノルベルト・エリアス、『文明化の過程（上）』一三九～一五一頁参照。

3 マリ＝フランソワーズ・クリストゥ『バレエの歴史』佐藤俊子訳、白水社、一九七一年、二五～三〇頁。J・M・アポストリデス『機械としての王』水林章訳、みすず書房、一九九六年、七一～七九頁。フィリップ・ボーサン著、『ヴェルサイユの詩学―バロックとは何か』藤井康生訳、平凡社、一九八六年を参照。二〇〇〇年に公開されたジェラール・コルビオ監督の映画『王は踊る』は、バレエダンサーとしてのルイ十四世を描いた傑作である。

4 ヴィガレロ「矯正＝直立化される身体」四〇二頁および四〇九頁。

5 Molière, *Le bourgeois gentilhomme*, in *op.cit.*, II, p.712.

6 *Ibid.*, acte 1er, scène 2, p.716.（『モリエール全集』第八巻、一〇九頁。）ジュールダン氏がダンスの教師に帽子の挨拶の仕方を教えてもらう場面もある（acte 2. scène1, pp.721-722）。

7 ボーサン、前掲書、三九～四〇頁。

8 ミュシャンブレによれば、庶民の行なうダンスは、身体の統御を目指す貴族のそれとは正反対の性質のものであり、身体の野生の開放であり、力の表現であり、淫猥さに満ちていた。前掲書、二八六～二八七頁。

9 木崎喜代治「フランス十八世紀の貴族階級―準備的概観」『松山大学論集』第二巻第五号、一九九〇年十二月、二七七～三〇六頁。

10 ラモーは、ダンスの教本を著した経緯について、序文の中で、誰一人としてダンスの技術を書き留めることをしてこなかったので、あえて自分がその役目を引き受けたと述べ、本書の内容は自分がかつて学んだ偉大なダンス教師たちの技術に多くを負っているとしている（Rameau. *op.cit.*, p.vi）。また、真の美しいダンスの趣味はフランスがもっとも秀でており、ヨーロッパ各地の宮廷でフランス人のダンス教師をかかえていないところはない、とも語っている。*Ibid.*, p.ix.「本当の美しいダンスの趣味を持っているわが国を讃美することができる。ほとんどすべての外国人がそれを否定するどころか、一世紀ほども前から、われわれのダンスに敬服し、わが国のスペクタクルや学校に学びにやって来るのだ。さらに、ヨーロッパの宮廷でわが国のダンス教師のいないところはないのである」。このように、ヨーロッパの宮廷中にフランス人のダンス教師がいて、フランス流の身のこなし方を教えていた。たとえば、本章で取り上げる帽子をつかった挨拶の仕方は、ヨーロッパ中で、フランス風の挨拶として知られていた。イギリスの文豪シェイクスピアの悲劇『ロミオとジュリエット』(一五九五年)の中にそのことを示す場面がある。反目しているモンタギュー家とキャピュレット家に生まれたロミオとジュリエットが、運命的な出会いで恋に落ち、悲しい結末を迎えるという筋立てであるが、ロミオはいわばフランスかぶれの若者として描かれている。よく知られているバルコニーでの逢引の場面の後、第二幕第四場で、友人マキューシオの前に現れたロミオは、次のように迎えられる。「ロミオ殿、ボン・ジュール! 貴様のズボンがフランス風なら、ご挨拶もおフランスでいこう」(『ロミオとジュリエット』松岡和子訳、ちくま文庫、一九七六年、八七頁)。マキューシオはジュリエットとの逢引から帰ってきたロミオをからかったのだが、おそらく恋に盲目になっていること自体が、フランス中世にはじまる宮廷風恋愛を気取っているかのように思われたのであろう。舞台で演出される際には、この場面は、帽子をひらひらさせながら、独特の身体所作をともなって演じられる。このように、帽子を使った独特の挨拶はフランスに固有のものとされてきた。その正式なやり方を教えているのが、ラモーのダンスの教本なのである。

11 Rameau, *op.cit.*, pp.47-59.

12 *Ibid.*, p.34, p.48.

13 アントワーヌ・レオン、『フランス教育史』池端次郎訳、白水社、一九六九年、三三~五二頁。

14 天野知恵子『子どもと学校の世紀―十八世紀フランスの社会文化史』岩波書店、二〇〇七年、九四頁。

15 同書、九八頁。

16 Rameau, *op.cit.*, p.34. フュルチエールの辞書では、読み書きを教える「教師」は maître、芸術や科学に関わる教科を教える「教授」は regent と説明されている。

17 Molière, *Le bourgeois gentilhomme*, in *op.cit.*, II, pp.721-722.(『モリエール全集』第八巻、一一八頁)。

18 Rameau, *op.cit.*, p.22.

19 Molière, *Le bourgeois gentilhomme*, in *op.cit.*, II, p.721.「ジュールダン氏　俺の踊りを見せてあげよう。さあ、先生、ごいっしょに。／ダンスの先生　帽子をどうぞ、ジュールダン様。（ジュールダン氏は使用人の帽子をとり、ナイトキャップの上に被せる。ダンスの先生はジュールダン氏の手をとり、メヌエットを歌いながら一緒に踊る）。」（『モリエール全集』第八巻、一一七頁）。

20 Rameau, *op.cit.*, pp.11-12.

21 *Ibid.*, pp.13-14.

22 *Ibid.*, pp.15-16.

23 *Ibid.*, pp.17-19. ルイ十四世のほとんどの肖像画において、彼は四番の姿勢で立っている。これこそが最も美しい王の立ち姿であった。

24 *Ibid.*, pp.20-22.

25 ラモーの版画によれば、ダンスの際の男性服はジュストコール justaucorps である。当時の代表的な宮廷服であるが、その名が表わす「体に窮屈なほど合った（just au corps）」という意味に反して、腰から下に襞が寄せられゆったりしている。ジュストコールの腰から下の襞は、ダンスの際に脚を自由自在に動かすためのゆとりであったのではないか。

26 Le Perche, *L'Exercise des Armes ou la maniment du fleuret pour ayder la memoire de ceux qui sont amateurs*

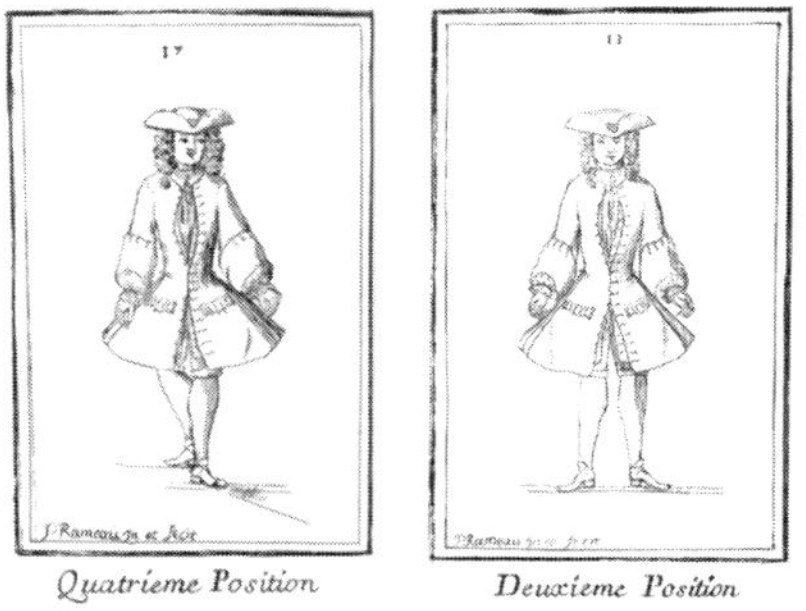

右上：図① Rameau, *op. cit.*, p.11. 第 1 のポジションの図。
右下：図② *Ibid.*, p.13. 第 2 のポジションの図。
中上：図③ *Ibid.*, p.15. 第 3 のポジションの図
中下：図④ *Ibid.*, p.17. 第 4 のポジションの図。
左上：図⑤ *Ibid.*, p.20. 第 5 のポジションの図。

de cet Art, Paris, 1635, p.5.

27 Molière, *Le bourgeois gentilhomme*, in *op.cit.*,II, p.722.（『モリエール全集』第八巻、一一九頁）。

28 Antoine de Pluvinel, *Le Manège Royal*, Bibliothèque des introuvables-C. Tchou.（1624）, 2004, p.30.

29 La Salle, *op.cit.*, p.126.

30 *Ibid.*, p.126.「耳の上にかぶること、まるで顔を隠すかのように頭の前方にあまりに深くかぶりすぎること、両肩に落ちてしまうように頭の後方にかぶること、これらはすべてばかばかしく下品なやり方である。帽子と同じくらいの高さに前方のつばを持ち上げると、傲慢な気取りに見えて、耐えがたいものである。」

31 *Ibid.*, p.126.「挨拶をするために、道で帽子を脱いだり、誰かの前を通る場合には、その人のそばに近づく前に脱がなくてはならない。そしてその人から少し遠ざからないうちに再びかぶってはならない。誰かに近づいて話しかけるときに挨拶をするならば、近づく五、六歩前に自分の帽子を脱ぐべきである。」

32 *Ibid.*, p.127.

33 *Ibid.*, p.127.

34 Rameau, *op.cit.*, pp.24-25.（ラモー本人によるものだが、文中の字句と図中の字句が一致していない。つまり、文中の「肘を曲げ」ply du coude が図中では plie du coude とされ、同様に「腕のたどる道」chemin que le bras fait が図中では chemin que fais le bra となっている。）

35 *Ibid.*, p.26.

36 *Ibid.*, pp.26-27.

37 *Ibid.*, pp.27-28.

38 *Ibid.*, pp.29-31. 傍点は筆者が施した。

39 ボーサン、前掲書、三四〜四一頁。

40 Rameau, *op.cit.*, p.31.

41 *Ibid.*, pp.31-34.

42 *Ibid.*, p.35.

43 *Ibid.*, pp.35-36.

44 *Ibid.*, p.47.

45 *Ibid.*, p.48.

46 *Ibid.*, pp.60-61.

47 *Ibid.*, pp.61-62.

48 *Ibid.*, pp.62-66.

49 現代仏語ではgrâceと表記するが、辞書上でこの表記になるのは*Dictionnaire de Trévoux*（1771）からである。それ以前はgraceであり、ラモーはgraceとつづっている。

50 Rameau, *op.cit.*, pp.viii-ix.

51 *Ibid.*, p.60.

52 *Ibid.*, p.36.

53 以下の辞書のgrâceの説明を参照。Furetière, *op.cit.*, non pagination；Académie Française, *op.cit,*（1694）, tomeI, pp.531-532；Diderot et d'Alembert, *Encyclopédie*, tomeII, pp.220-221；Richelet, *op.cit*, tome2, pp.306-307；*Dictionnaire de Trévoux*, tome 4, pp.578-582；Pierre Larousse, *Grand dictionnaire*, tomeVIII, pp.1418-1420.; Littré, *op.cit*,（1872）, tome 4, pp.187-193.

54 Claude Favre de Vaugelas, *op.cit.*, pp.476-478.

55 *Dictionnaire de Trévoux*, tome 4, pp.578-582.

56 Furetière, *op.cit.*, non pagination. «grace».

57 P. Larousse, *Grand dictionnaire*, tome VIII, p.1418.

58 オネットムについては以下を参照。Nicolas Faret, *op.cit.* 椎原伸博「オネットムの美学」『美学』一六九号、一九九二年、一～一二頁。

59 Pierre Richelet, *op.cit.*, tomeII, p.307.

60 Vaugelas, *op.cit.*, pp.476-478.

61 galant, galant homme については前掲拙稿「ギャラントリー」を参照。

62 Rameau, *op.cit.*, p.28.

63 『身体の歴史』前掲書、二九三〜二九五頁。

64 Loiseau, *op.cit.*, p.l.

第Ⅲ部

逸脱するモード——秩序のゆらぎ

第1章　女性の仮面モード

1. 黒い仮面

第Ⅲ部は秩序からの逸脱をテーマとし、これまで見てきた秩序化の動きとは異なる、むしろ秩序を紊乱させかねない身体の表象を跡づける。日常の身体レヴェルの秩序の揺らぎは、社会を揺り動かしかねない力を秘めていた。このことは、序論で述べたように、ベルセが指摘した祝祭の場が内包している秩序転覆の性質(1)を参照すれば理解しやすい。その点を服飾から見ていく場合に、第Ⅲ部で取り上げる仮面と部屋着のモードは、顕著な事例ということができる。これら逸脱のモードを担ったのが、女性が中心であった点は興味深い。礼儀作法と結ぶ秩序と緊密な関係にあったモードが、社会の中で決して優位な立場にあったわけではない女性のモードとして展開されたときに、規範からずれていったことは、指摘しておいてもよいだろう。第Ⅲ部では、女性たちを中心とする日常生活の身体秩序の逸脱について論じる。

本書では、これまで公的秩序が身体に浸透していく図、そしてそのことによって社会の秩序が支えられてもいたという図を描いてきたが、これらの秩序が女性のモードの中で、秩序とは別のものに反転してしまうということを第Ⅲ部では見ることになる。あるいは、むしろ、次のように言うこともできる。モードは十八世紀に近づくにしたがって、意味が変容していった。宮廷規範を意味していたモードは、秩序そのものを表わしてもいたのだが、しだいに宮廷の規範秩序から離れていく。女性の衣生活を支配しているモードが秩序から遠ざかっていくのにしたがい、身体は秩序からずれていく。つまり、秩序が身体に届かなくなっていったのは、モードの意味の変容と重なっているとも言えよう。このような事象を第Ⅲ部では見ていくことにしたい。

第1章では、女性の仮面モードを論じる。女性の仮面には、男性の帽子と同様の、秩序のしるしである礼儀作法を認めることができる。ただし、女性の仮面は男性の帽子の作法と比較すると、着用自体が上流貴族の限られた人びとのものであり、下層の人びとに浸透したものとは言えない。その上、帽子とは異なり、女性の仮面には秩序とは相いれない表象を認めることができるため、仮面にふさわしい両義的な特質をもっていたと考えられる。秩序の支配する世界と、そうではない世界の間を揺れ動いていたのが、仮面のモードであったと思われる。

十八世紀ヴェネチア絵画の巨匠ピエトロ・ロンギ（1700/1702～1785）の作品には、仮面をつけた男女が描かれることがよくある。たとえば図19の《賭博場》（一七五七～一七六〇年）および図20の《ライオンの見世物小屋》（一七六二年）の中には黒い独特の仮面をつけている女性が描かれている。この黒い仮面は「モレッタ」と呼ばれ、ヴェネチアのカーニヴァルでの特徴的な仮装であった。(2) 十八世紀ヴェネチアの賭博場では、仮面をつけていることが法的に義務づけられていた。(3)

このような黒い仮面は、十八世紀ヴェネチアだけのものではなく、少しさかのぼると十六世紀から十八世紀のフランスでも見られた風俗であった。アルフレッド・フランクラン[4]、フランソワ・ブーシエ[5]、ジャック・ルペール[6]などが十六世紀に広まった服飾品として女性の黒い仮面を挙げており、その複数の呼称と形状について解説している。しかし、ヴェネチアのカーニヴァルにおける女性の黒い仮面の問題についてはすでに論じられているが[7]、フランスにおける黒い仮面の風俗は未解明のままである。

アンシャン・レジーム期の男性にとって、ふるまいを秩序立て統御する服飾は帽子であったが、女性に同様の秩序を要求する服飾は、黒い仮面であった。ただし、女性の黒い仮面は、その匿名性ゆえの危険性を孕んでおり[8]、男性の帽子とは異質な特性を多分に帯びている。女性の黒い仮面は、仮面そのものが持つ両義性ゆえか、女性のふるまいに秩序を要求すると同時に、秩序からの逸脱、あるいは極言するならば反社会的な行為をも実現させるものとして機能した。女性は公的な世界とのかかわりが薄く、つまり公的な社会への依存度が少ないがゆえに、一方的に秩序化の波に飲み込まれずにすんでいたのであろう。黒い仮面は貴族女性にのみ許された風俗であったため、秩序と秩序からの逸脱という両義性をもったふるまいは、彼女たちの特権であった。

その起源をヴェネチアのカーニヴァルに求める説もあり、仮面は、本来、祝祭的雰囲気を盛り上げる小道具である。祝祭的遊戯的特性を保ちつつ、女性に固有の日常のふるまいと作法を生んでいたことが、この時代の黒い仮面の特質である。日常の秩序の世界と、祝祭的な逸脱の世界との越境をやすやすと実現し、両義的な世界の中に生きることができたのが、当時の高位の貴族女性であった。

2. 仮面の名称と形状

十七世紀フランスで独特の風俗を生んだ女性の仮面の名称は複数ある。フランス語では Masque, Faux-visage, Touret de nez, Cache-nez, Loup, Demi-masque の少なくとも六種の名称が存在する[9]。

もっとも一般的なのは Masque であり、この語は本論で扱う女性の仮面のみならず、たとえばイタリアのコメディア・デラルテに見られるような喜劇の役柄と結びつく仮面はもちろん、時代を問わず広義の仮面を表わす。Faux-visage は直訳すれば「偽顔」であり、つまり仮面である。そのほかの語はすべて、この時期の女性が身につけた黒い仮面を指している。

これらの女性の仮面は次のようなものであった[10]。おもては黒いビロードかサテン製で、犬の皮か生成りの亜麻布[11]、あるいは白いサテンで裏打ちされている[12]。形は大きく分けて二種類あり、ひとつは卵形のもので、額から口元までを隠している。たとえば、図19のロンギの《賭博場》と図20の《ライオンの見世物小屋》における、モレッタと呼ばれる黒い仮面がその一例である。このふたつはヴェネチアの例であるが、典型的な黒い仮面の様子が描かれている。また、フランス女性の仮面の例は、図22と図24に見ることができる。図22のアルヌールの《冬服の上流婦人》では、目のところだけに穴が開いている黒い仮面を左手に持っている貴婦人が描かれ、図24のサン・ジャンの《町にお忍びで行く上流婦人》では、目と口元に穴の開いた黒い仮面を右手に持ち、口元を隠している貴婦人が描かれている。これらの卵型の仮面には、ガラスのボタン状の突起や、真珠、あるいは小さなバネが真ん中についており、それを口、つまり歯の間に挟んで固定して身につけた。口にくわえる突起のおかげで声色を変えることができ[13]、沈黙を強いることにもなったため、一種独特な神秘的な印象を人に与えていた。[14]

もうひとつは顔の上半分、すなわち目と鼻を隠す形状のものである。たとえば、図20においては、見世物小屋を見ている仮面をしている三人の女性のひとりが、目の部分だけを隠したやや四角い仮面をつけている。また図21のジャック・カロの《ロレーヌの貴族》においては、はっきりと口元があらわになっている黒い仮面を身につけた貴族女性が描かれ、図23のサン・ジャンの《田舎で散歩する貴婦人》では、腰からリボンで半円の仮面をぶら下げている様子が描かれている。このように、顔の上半分を隠す形状のものは、半円の面の形や四角い黒い布のものがあり、形はさまざまであった。いずれも、両端のリボンで髪に結びつけるか、耳にかけるかして身につけた。半円状の仮面は、Loup, Touret de nez, Cache-nez, Demi-masque と呼ばれた。

「狼」Loup という名がついたのは、一説によると、この仮面をつけると、小さな子どもたちが怖がったからであった。[15]それだけではなく、醜い動物の皮を美しい女性が身にまとうのは祝祭の場で行なわれてきた。たとえばペロー（1628～1703）の『ロバの皮』（一六九四年）によれば、当時、この世で一番おぞましい動物は狼であるが、[16]美しい姫が父の求愛から逃れるために、仙女から「ご自分の正体を隠すには、ロバの皮はすばらしい仮面です」と進言され、醜いロバの皮をまとって身を隠す。[17]古くからヨーロッパ世界では、カーニヴァルにおいて同様の仮装が行なわれてきた。[18]つまり黒い仮面はカーニヴァルの獣の皮の仮装を想起させるものであったのではないか。『ロバの皮』はカーニヴァル期間の物語であり、醜い獣の皮の下に美しい女性が隠されるのは、祝祭空間においてはよくあることであった。

また、Touret は回転式研磨機、糸車、紡ぎ車を意味する語であるが、[19]Touret de nez は「鼻」nez と目を覆う布状の仮面である。「鼻隠し」Cache-nez とともに、鼻を隠す点に着目した名称である。このタイプの仮面は「鼻水のかご《コファン・ア・ルピ》」と呼ばれることもあった。一部の人たちがつけた俗称で、仮面の風俗を揶揄したのであった。冬期に鼻を寒気から守るために着用したので、まるで鼻水をそこに溜め込んでしまうように見えたからである。[20]

3．仮面の作法―秩序社会への帰属

仮面は女性の日常生活に深く入り込んでいた服飾であった。そして、女性固有の所作や作法を生んでいた。これらは、仮面が社会的意味を担って用いられたことを明かしている。本書で論じている当時の礼儀作法書は、主に男性を対象としているが、なかに、女性の作法が記されることもあった。それが仮面にまつわる作法であった。カーニヴァルの仮面着用時にも仮装の世界での作法は存在したが[21]、礼儀作法書に記されている仮面の作法は、祝祭空間だけの約束事ではない。日常世界の中で社会化された作法であった。当時の男性の間で見られた厳密な帽子の作法と、それに付随する人間関係におけるデリケートな問題と似通った事態が、女性の仮面にも見ることができる。ただし、すでに述べているように、仮面は上流貴婦人のものであり、身分の低い者たちはこれを身につけることはない。

たとえば、アントワーヌ・ド・クルタンの『フランスにおいて宮廷人の間で行なわれている新礼儀作法論』（一六七一年）では、以下のように、貴婦人が心得ておかなければならないことを記している。

貴婦人方は、挨拶のお辞儀に加えて、敬意を表わすためには、仮面とかぶりものとローブがあることを知っておくとよい。というのは、たとえば、敬意を払うべき相手のいる部屋に、ローブをからげていたり、顔に仮面をつけていたり、薄いものは別として頭にかぶりものをつけたりして入ることは、無作法だからだ[22]。

非常に身分の高い人のいる場で、顔に仮面をつけているのは、無作法である[23]。

仮面をつけている人たちの間では、それを望まない人がいる場合、仮面を脱ぐのは無作法である。仮面に手をおくことも同様である。他の人びとよりも、仮面をしている人のほうに礼儀を尽くさなければならない。というのは、仮面をつけているのは、私たちが礼儀を尽くすだけでは足らず、敬意を払わなければならない人であることが多いからである。(24)

聖体の秘蹟、宗教的な行列、葬式、王や王妃、王家の血縁である王子たち、立派な身分の人、教皇の使節のような非常に高位の人のいる場所や、これらが通りかかるのに遭遇したときには、以下のことを守らなければならない。通り過ぎるまで馬車を止めて敬意を表わすこと。男性は脱帽し、女性は仮面をはずすこと。聖体の秘蹟を除いて、可能であれば馬車から降りて、膝をつくこと。(25)

このように、女性の仮面には、礼儀作法という社会規範が適用された。仮面をしていること自体、高貴な証であるが、貴婦人であるならば、それにともなう作法とふるまいを心得ておかなければならなかった。高貴な女性が仮面をはずすことは、非常に深い敬意を表わした。敬意の表明という自らのふるまいによって、貴族女性は社会、とりわけ宮廷の序列の位階の中に自らの位置を確認し、そのことで自尊心を満足させたことであろう。

黒い仮面は誰もが身につけられるものではなかった。一六六四年の作者不詳の『仮面と手袋の会話』は、仮面と手袋が擬人化されて、両者が女性にとって重要な装飾品であることを互いに主張し、議論する趣向の作品である。(26) この作品の中で、手袋は誰もが自身を使っているのを自慢するのに対し、仮面は、身分の高い女性のみが自分を身につけてくれて非常にうれしく思うと述べている。(27) 仮面は、薄汚れて、嫌悪感をもよおすような、繊細さの欠ける人には奉仕したくないというのである。一部の上流階級の貴婦人にのみ自分は奉仕するのだといって、作品の中で、仮面はそれを誇りに思っている。このように、仮面は一種の特権的な装飾品であり、高貴な女性の証となるものであった。ジェローム・リポマノの一五七七年の著書は、フランスでは貴婦人は黒い仮面をつけているが、一般市民の女性には禁じられていたと述べている。

フランスでは貴族女性は頭に黒いビロードのシャプロンをかぶっている。また顔には仮面をつけている。ブルジョア女性は毛織物のシャプロンをもちいる。というのは絹のかぶりものと仮面は彼女たちには禁じられているからだ。(28)

黒い仮面をかぶることは、特権的な貴族女性であることを表わし、自身が高貴な世界の一員であることを表明することになる。高貴な世界とは、秩序が保たれている世界であり、つまり、宮廷社会である。宮廷社会は、礼儀作法によって秩序を常に再生産する場であったのだから、このような意味において、当然、仮面には作法が必要になった。着用者が秩序の世界に属していること、作法を要求する世界に帰属していることを、仮面は第一に表象するのであった。つまり仮面を着用することは、貴族女性にとっては、自身の品位を確認する行為に通じたのである。

4. 仮面に見られる秩序とモードの揺らぎ

史料の『仮面と手袋の会話』では、仮面と手袋が最終的に互いの言い分を認め合い、引き分けの形で終わるのだが、当時の仮面が、いかに女性の日常生活の中に深く入り込んで存在し、女性の身だしなみに不可欠のものとなっていたかが描かれている。この作品によって、仮面によって実現された女性の魅力や身体表象がいかなるものであったのか、分析することができる。仮面は秩序ある世界にのみ存在したものではない。日常の世界と、非日常つまり祝祭の世界を行き来する、当時の仮面の特性を読み取ることができる。換言すると、それは公的な領域と私的な領域との間の往来でもある。

　自由に、秩序の世界と秩序を乱す世界を行き来できる仮面を、なにゆえ女性たちは日常的に身につけていたのだろうか。彼女たちにとって、それはどのような利点があったのか。仮面は作法を要求し、ひとつのモードを形成していた。しかし、このモードとは、それまでのモードとは異なる内容のものになってきていた。

　モードが十七世紀において宮廷規範を反映しているものであったことはすでに述べたが、このモードの意味内容は十八世紀になって変容していく。辞書で mode の意味の変化をたどると、次のようである。まず、中世において、mode は manière「流儀」および usage「慣習」を指し示している。[29] それが十七世紀になると、フュルチエールによれば「慣習、生き方」という過去の意味内容も残しつつも、「とりわけ、宮廷で受け入れられている慣習に従った衣服の身に着け方」という意味を持つに至り、[30] ゆえに、すでに述べた通り、この時代においてモードは宮廷の服装規範そのものを指していたということができる。

　しかし、これが一七六二年のアカデミー・フランセーズの辞書においては、「人びとの趣味や気まぐれにしたがった事物の慣習」という意味に変容した。[31] 十七世紀において、宮廷規範と同一視され、いわば権威づけられていた mode は、一七六二年になると、単なる「気まぐれ」の産物であると見なされるようになっているのである。一七六二年まで待たずとも、すでに述べたようにラ・ブリュイエールも批判的にとらえているが、たとえば、モンテスキューの『ペルシア人の手紙』（一七二一年）には「ちょいとパリから半年ほど田舎へ行っていた女たちは、まるで三年も留守をしていたように流行遅れになってしまう」[32] と述べられており、次章で論じる部屋着モードと同時期の一七二一年の時点において、すでにmodeがきわめて移ろいやすく気まぐれなものとして受け止められていることがうかがえる。またそのようなmodeの中心がパリであり、その担い手の中心が女性になってきていることも、この文章は明示している。ディドロの『百科全書』においても、modeは女性の服装にかかわることとして定義されている。[33]この点に、宮廷規範である秩序を下支えしてきたmodeの、ひとつの大きな意味の変化を認めることができる。

このようなmodeそのものの意味の変化の途上に位置づけられる仮面のモードには、ゆえに女性のみの流行であり、彼女たちを惹きつけてやまない魅力があったと考えられる。

まず、仮面は、女性にとって寒暑対策の手段になるという実用的な側面があった。まず、冬季に行なわれるカーニヴァル由来の仮面は、冬の寒気から女性の素肌を守る機能があった。[34]『仮面と手袋の会話』には、手袋が次のように言って、防寒具としての仮面の限界を指摘する場面がある。

あなたはひとりでは冬の寒さから顔を守ることができないわ。寒いときには、仮面の上に二、三枚の頭巾を必要とするのだから。[35]

仮面だけでなく、さらに頭巾が必要であるようだが、仮面が防寒の役割を果たしていることは間違いない。冬季には、仮面の上に複数の頭巾をつけることがあり、図22の《冬服の上流婦人》では、ゆったりとした大きめの頭巾をしている貴婦人がさらに仮面を手に持っている様子が描かれている。

仮面は夏季にももちいられた。この場合は日焼けを防ぎ、外気から素肌の白さ、みずみずしさ、美しさを守るためにもちいられた。図23の《田舎で散歩する貴婦人》は、夏服の装いで描かれているが、日除けのためのパラソルを差し、頭にはやはり日除けの頭巾をかぶったうえで、さらに腰に半仮面をぶら下げている。直射日光を避けるために仮面を着用することもあったことがうかがえる。特に宮廷や都市部の女性が外出の際に仮面をかぶったことが、当時の辞書類など複数の文献史料に記されている。[36] メイナールは、日焼けを恐れるあまり二つの仮面をつけた女性のことを記している。

日焼けを恐れて、彼女は二つの仮面をつけた。
ひとつは絵が描かれ、もうひとつはビロード製である。[37]

日焼け防止のために、念には念をいれて、二枚の仮面をかぶったというのである。ひとつはおそらく顔の絵が描かれているもの、もうひとつは黒いビロードのものであろう。日焼けを避ける仮面は美容のための服飾品でもあった。高貴な女性の自尊心を満足させ、実用性があるだけでなく、仮面は女性の美をきわ立たせ、官能的な魅力を引き出させるものでもあった。仮面は顔の美しさを隠すだけでなく、引き立たせると考えられたのは、仮面のビロードの黒さがのどもとの白さをきわ立たせるからである。[38] 仮面は次のように言う。

仮面　私はたいていの場合、黒色なの。この色は私が奉仕する美しい人びとにとって非常に好都合よ。なぜって、この色は彼女たちの額や目や顔の周囲に輝きを与えるのだから。[39]

仮面の黒さゆえに顔が美しく映えると考えられた。当時の女性の美しさとは、第一に肌の白さによって測られ、[40] 黒はそれを引き立たせたのである。同様の言説は同時代に流行したつけぼくろに関する文献にも見られる。[41] つけぼくろは、黒い点によって肌の白さが輝くばかりにきわ立つため、女性たちにもてはやされた。つまり、黒によって白が引き立つ、あるいは黒と白の対比が美を生むという考え方が存在した。たとえば、先述のペローの『ロバの皮』は、黒い汚いロバの皮の下に、肌の透けるように白い美女が隠れている物語である。[42] 黒いものの下に白い美しいものを隠すことが、美しいものをより美しく見せるための常套手段でもあった。黒いビロードの仮面はつけぼくろに受け継がれていったとする説もあり、[43] 白い肌をきわ立たせるつけぼくろと黒い仮面は、女性にきわめて好都合の美容効果があった。図19から図21の図像史料に見るように、当時の黒い仮面はいずれも顔を覆ってはいるが、完全に覆いつくしているのでなく、顔の縁はあらわになったままである。故意に白い肌をはみ出させているかのようにも見える。

この小さめの仮面は、都会的な雰囲気をかもし出してもいた。フュルチエールは都市部の仮面は小さく、農村部の仮面は大きかったと述べている。小さな仮面のほうが、洗練された都会的なもの、つまり宮廷風の洒落たものとして受け止められていた。[44] 小さな黒い仮面の下には、覆いをかけて守らなければならないほど、美しい顔が隠れているに違いない、と見る人に思わせる効果があり、男性の視線を強く惹きつけることとなった。『仮面と手袋の会話』に次のような一節がある。

仮面　そうよね、きっときれいな人に違いないと思って、仮面をしている女性のまわりを、人びとがとり囲んでいることがよくあるわ。[…] クリメーヌが顔を見せないので、男の人たちがひどく悔しがっているのを見るのは、私にとっては嬉しいことよ。男の人たちはあれこれ粋な策略をめぐらして、仮面をはずさせようとするから。

手袋　手についても同じよ。

仮面　ええ。でも、人はきれいな手よりきれいな顔を見たがるものよ。[45]

美しい女性とは、顔と手と胸の素肌が白い人であると当時の人びとは考えており[46]、顔と手を隠すということは、それだけで、異性の好奇心を誘うものであった。しかし、手よりも顔のほうに人は興味を引かれるから、仮面のほうが男性の関心の的になると仮面は自慢するのである。

異性の目には、謎めいた黒い仮面を思わせぶりにつけているだけでも十分魅力的に映ったようだが、それをつけたりはずしたりする女性の行為は、さらに扇情的に映るのであった。以下のように仮面は語る。

仮面　クリメーヌは、私をはずし、つけ直すのがひっきりなしなので、その魅力的な顔に誰もが惹きつけられるのよ。見ている人はもっと長く、その様子を見ていたいと思うの[47]。

仮面の着脱のふるまいによって、仮面の下にある美しい顔が見えたり隠れたりすることが、より魅力的に蠱惑的に異性の目に映った。このような所作によって、異性の目をじらし、虜にすることができた。女性の美しさをきわ立たせ、官能的なしぐさやふるまいを大胆に引き出すことができるのが、仮面の何よりの魅力であった。

仮面は当然、他人から顔を隠すものである[48]。自分が何者であるかを知られないようにするために仮面をつけるのである。たとえば、ジャンリス夫人（1746～1830）は、オペラ座での舞踏会の際に、一緒にいた騎士デュルフォールが、マスクをつけてやってきた男女のことを、自分の恋人と恋敵であると勘違いしたことを記している。

私たちは完全に仮面で顔を覆っている男女が通り過ぎるのを見た。騎士デュルフォールはとっさに恋敵であるフィッツ・ジェームス氏と自分の愛人であると思った。仮面の二人が広間を出て、すぐにドアが開け放たれたままの桟敷席に現れたのを彼は見た。それから、騎士デュルフォールは仮面の二人のもう少しそばに行って確かめてくるといい、私たちのそばを離れた。［…］ポトッカ夫人と私は騎士デュルフォールがごく低い声でローザン氏にいうのが聞こえた。「私は勘違いしました。彼らは下品な連中です。あいつは自分の足を女の足の上に乗せていましたよ[49]」。

仮面を着用して他人に知られまいとしている彼らは、仮面の匿名性ゆえの安心感からか、素行の悪いふるまいを堂々と行なう。彼らの素性を知りたいデュルフォールは、その態度の粗野な様子から自分の愛人とは違うと判断し、安堵するのだが、真相はわからない。

このように、自身の素性を隠すための仮面着用は、カーニヴァルの仮装と重なる。仮面を装着することによって、その匿名性を楽しむ祝祭的な側面は、仮面舞踏会で発揮された。仮面舞踏会はカーニヴァル期間に行なわれる舞踏会であり、そこでは、このジャンリス夫人の記録した事例からもわかるように、男女問わず仮面を身につけた。たとえば、カザノヴァの回想録にはヴェネチアの仮面（仮装）舞踏会において、仮面や仮装をつけて、ともすれば危険な事態を引き起こすことにもなる恋愛遊戯を楽しんだ様子が記録されている[50]。

しかし、本章で取り上げている黒い仮面は、仮面舞踏会の際にのみ身につけられたものではない。また、男性はこれを用いなかった。黒い仮面は、高貴な女性が日常的に愛用する服飾品であった。日常生活の中で女性がもちいる場合、黒い仮面は特に「お忍び」でどこかに出かける際に着用された。図24がその一例であり、この図は《町へお忍びで行く上流婦人》というタイトルになっている通り、仮面だけではなく、仮装舞踏会などにお忍びで出かける際のガウン（ドミノ）を身に着けた装いで描かれている。仮面舞踏会では仮面をかぶることによって、大胆な恋愛遊戯を楽しむことができるが、女性たちは日常生活の中でも、仮面によって「お忍び」という名の自由な行動を楽しむことが可能であった。ひとたび顔を隠してしまえば、場合によっては身分からも解放される。顔を隠すことによって獲得される自由があった。

たとえば、スカロン（1610～1660）の『女装の詩人』（一六四八年～一六五三年）には、仮面をつけて内緒で教会に行くことが、心身を解放する密かな喜びに通じていたであろうと想像できる一節がある。[51] ロスタンの『シラノ・ド・ベルジュラック』では、ロクサーヌがこっそりシラノのもとへ恋の仲介の頼みごとに来る際に、仮面をつけていた。[52] 第二幕第六場である。仮面をかぶってやってきたロクサーヌは、まずシラノに礼を言うために仮面を脱いだ。仮面の作法を心得ていたからこそである。その後、自分のことを秘かに思っているシラノに向かって、別の男を恋していることを打ち明け、その男を守ってくれるように頼むのである。シラノにとって辛い打ち明け話を終えたロクサーヌは、即座に仮面をかぶりなおして、立ち去る。

ロクサーヌ　あのお方の親友になってくださいますのね？
シラノ　なりましょう。
ロクサーヌ　決して決してあのお方が決闘なんぞなさらないようにね？
シラノ　誓って大丈夫です。
ロクサーヌ　ほんとに私、あなたが大好きなのでございますわ。ではこれでお暇いたしますわ。
（彼女は手早く仮面をつけ、額にレースをかけて、［…］）[53]

シラノのところに、密かな恋の悩みを打ち明けに「お忍び」でやって来たロクサーヌには、当然のことながら、仮面は不可欠な小物であった。

またボーマルシェ（1732～1799）の『フィガロの結婚』（一七八一年）では、第二幕第二四場から第二五場で、伯爵夫人がシュザンヌとともに浮気者の夫を懲らしめようと策略を練っているとき、夫人はシュザンヌにマスクを持って来させる。[54] 仮面をかぶることによって、伯爵夫人は、自分の姿と一緒に、企みをも隠すのである。そして伯爵夫人は、人知れず、夫を懲らしめるための大胆な行動を行ない、みごとに貫徹させることになる。

先述のように、卵形の仮面は歯に挟んで固定したので、無言でいるか、あるいは声色を変えることもできた。このことも身元を隠す上で好都合だったはずである。女性は顔を隠すことによって、ふるまいの自由を獲得することができた。仮面は女性に秩序の世界に帰属していることを保証したが、秩序を乱す領域にも女性を容易に踏み込ませることを可能にした。別の見方からすれば、公的秩序が私的領域にも介入してきていたととらえることもできる。十七世紀の辞書を著したフュルチエールは、女性が仮面で顔を隠すことを、女性の「慎み深さ」のゆえだとしている。[55] しかし、決してそれだけでないのは、すでに述べたことから明らかである。

女性の仮面の作法から見えてくるのは、服飾と身体におよぼしていた秩序の力が、モードの意味の変容と共に、揺らぎ始めたことである。

注

1 ベルセ『祭りと叛乱』参照。

2 Bunkamura ザ・ミュージアム『ヴェネツィア絵画のきらめき—栄光のルネサンスから華麗なる十八世紀へ』展覧会図録、二〇〇七年、一六〇頁［以下では『ヴェネツィア絵画のきらめき』と略す］。

3 R・L・ピセツキー『モードのイタリア史—流行、社会、文化』池田孝江監修、森田義之他訳、平凡社、一九八七年、四九〇頁。

4 Alfred Franklin, *La vie privée d'autrefois, arts et métiers, modes, mœurs, usages des Parisiens du XII*^{e} *au XVIII*^{e} *siècle, d'après des documents originaux ou inédits, Les magasin de nouveautés*, 1, Librairie Plon, Paris, 1894, pp.161-164［以下では Franklin, *La vie privée d'autrefois* と

略す」: Alfred Franklin, *La civilité*, tome 1er, p.121.

5 François Boucher, *Histoire du costume en occident, des origines à nos jours*, nouvelle édition, Flammarion, Paris, 1996, p.226.

6 Jacque Ruppert, *Le costume français, Tout l'Art Encyclopédie, guide historique*, Flammarion, Paris, 1996, p.74, p.80.

7 水谷由美子「十八世紀ヴェネツィアにおけるバウタの仮装―ピエトロ・ロンギの作品を中心に」『服飾美学』二八号、一九九九年三月、四七〜六三頁。同「カサノーヴァの『回想録』に見られる仮装と遊び―ピトッキとドミノについて」、『服飾美学』三二号、二〇〇一年三月、四九〜六四頁。

8 仮面の匿名性が無礼講ばかりか、犯罪を生むことさえあったため、中世以来仮面の禁令が相継いだ。まず、一三九九年三月九日、シャルル六世が、パリにおいて、仮面の着用を禁じる通達を出す（Isambert, Decrusy, Armet, *op.cit.*, tome 6（1380-1400）, pp.844-845, N°263, LETTRE portant défense de marcher le visage masqué, Paris, 9 mars 1399）。その後も、一四四五年、ルーアンの教区会議が仮面の着用を禁じ、一五三五年十一月二十六日に、パリの高等法院が、パリ中で売られているすべての仮面の没収を命じ、翌日には仮面の生産と売買を禁じる法令を出した（Larousse, *op. cit* ; Berthelot, *La Grand Encyclopédie, inventaire raisonné des sciences, des lettres et des arts par une société de savants et de gens de lettres*, H.Lamirault, Paris, 1886-1902, «carnaval»）。一五三九年五月九日の勅令では、いかなる身分の者も王国内の市中や森や街道において仮面をしたり変装をして歩いてはならず、そのような格好の人物を宿泊させたりかくまうことも禁じた。Isambert, *op. cit.*, tome12（1514-1546）, pp.557-58, N°269, Édit contre les assemblées illicites et les gens masqués, Châtillons-sur-Loing, 9 mai 1539, enregistré au Parlement de Paris le 19.「われわれ国王諮問会議の議決において、いかなる身分の者であれ、すべての人びとに、本状によって以下のことを禁じる。わが王国内と地方とわれわれに従属する領主の土地内における、町、都市、森、市場町、街道において、いかなる事情や理由があろうとも、徒党を組んでいたり、一人で武具を隠し持って武装したり、仮面をかぶっていたり、変装して歩くことを禁じる。これを犯せば、いかなる身分のものであれ、例外なく、罰として、身柄を拘束し、財産を没収する。［…］同様に本状によって、至急、以下のことを、いかなる身分のものであれすべての人に禁じる。以上のような姿の人を、宿や民宿や同様に自分の個人の館に、受け入れたり、泊めたり、かくまうことを禁じる。これを犯せば、罰は上記の通りである。」同様の禁令はその後もくり返し発令され、一六〇九年までに少なくとも十四回出ている（*Ibid.*, p.557）。仮面は殺人を含む凶悪な犯罪を増長させるということで危険視された。しかしこのような禁令が度重なっても、ほとんど効果はなかった。禁令が出されれば出されるほど、仮面は根強く用いられたと見るべきで、フランソワ一世（1494-1547）の治世下（1515-1547）で、黒いビロードの仮面が大流行した。

9 Franklin, *La vie privée d'autrefois* ; Franklin, *La civilité, l'étiquette*; Boucher, *op.cit.* ; Ruppert, *op.cit.* ; Maurice Leloir, *Dictionnaire du costume et de ses accessories des Armes et des Étoffes des origines à nos jours*, (1951) Librairie Gründ, Paris, 1992. 実際にはこれらの語は十七世紀だけに用いられたのでなく、十六世紀から十八世紀にかけて存在した語である。

10 以下の辞書を参照。Furetière, *op.cit.* ; *Le dictionnaire de l'Académie Française*, *op.cit.* ; Jacque Savary des Bruslon, *op.cit.*

11 Savary, *ibid*, «Loup».

12 Franklin, *La vie privée d'autrefois*, p.164.

13 *Ibid.*, p.164.

14 『ヴェネツィア絵画のきらめき』一六〇頁。水谷「十八世紀ヴェネツィアにおけるバウタの仮装」、六三頁。

15 Savary, *op. cit.*, «Loup».

16 『完訳ペロー童話集』新倉朗子訳、岩波書店、一九八二年、一二三頁。ロバのことを、「狼を別とすれば、この世でもっとも醜い動物」としている。つまり狼が最も醜いということになる。

17 『ペロー童話集』前掲書、一二三頁。

18 Deborah Puccio, *Masques et dévoilements, Jeux du feminine dans les rituals carnavalesques et nuptiaux*, CNRS Éditions, Paris, 2002. 北イタリアのレジア村では、カーニヴァル期間に羊の皮を若い女性たちがかぶる。この風習について民俗学的調査によって明かしている。またベルセ『祭りと叛乱』の一二九頁にも同様のことが記してある。

19 Leloir, *op. cit.*, p.364. Touretという名のついた服飾は複数ある。Touret de col は修道女の首まわりの装飾。Touret de front と Touret de chaperon は頭と額を取り囲むかぶりものである。

20 Franklin, *La vie privée d'autrefois.*, p.162. なお、本論で取り上げる布製の仮面は、「男性仕立師」tailleur や「飾り紐製造業者」

passementier が製造販売し、その他の、顔の絵が描かれるような厚紙で作られた仮面は、「厚紙製造業者」cartonnier が製造していたとされる。（Franklin, *Dictionnaire historique*, tome 2, p.471）

21 水谷「十八世紀ヴェネツィアにおけるバウタの仮装」五九～六〇頁。同「カサノーヴァの『回想録』」六〇頁。

22 Antoine de Courtin, *Nouveau traité de la civilité*, pp.21-22.

23 *Ibid.*, p.22.

24 *Ibid.*, p.144.

25 *Ibid.*, p.148.

26 *Dialogue du masque et des gands.*

27 *Ibid.*, pp.230-232.「手袋　あなたのことを毎日利用しない人はたくさんいるけれど、一日でも私を利用しない人はいないわ。／仮面　田舎にいるときに私を用いない人は、小さなお嬢さんか、どちらかといえば、身分は高くないので、姿を見せてもよいような人びとだけですわ。けれども、身分ある人びとは、誰もが、毎日私を使ってくれています。それは私にはとてもうれしいことです。なぜなら、わたしはその他の人たちのことはあまり心配していませんし、そのほかの人たちにはわたしのことなど決して使って欲しくないからです。／手袋　あなたは私たちがあなたに勝っている事柄を利用したいのね。私たちはすべての人に利用されていて、あなたを使うのはほんのわずかな人なのですから、疑いの余地なく私たちは勝利を奪還すべきですわね。／仮面　不良や、汚い人たちや、まったく繊細さが欠けていて嫌悪感を抱かせるような人びとに奉仕することが利点であるというのならば、今すぐにでも勝利をあなたに譲りましょう。わたしはそんなことは望んでいないのですから。」

28 Jérome Lippomano, *Relation des ambassadeurs vénétiens*, II, (1577), p. 559, in Victor Gay, *op.cit*, p.120.

29 La Curne de Sainte-Palaye, *Dictionnaire historique de l'ancien langage François ou Glossaire de la langue Françoise*, Georg Olms Verlag, Hildesheim, New York, 1972.

30 Furetière, *op.cit.*, non pagination.

31 *Le Dictionnaire de l'Académie Française*, (1762).

32 Montesquieu, *Lettres persanes*,（1721）, Garnier, Paris, 1963, pp.205-206.（モンテスキュー『ペルシア人の手紙（下）』大岩誠訳、岩波文庫、一九五〇年、七四頁［一部筆者改訳］）。

33 Diderot et D'Alembert, *op.cit.*

34 Franklin, *La vie privée d'autrefois*, p.162.

35 *Dialogue du masque et des gands*.

36 Furetière, *op.cit.* ; Savary, *op. cit.*; Leloir, *op. cit.*; Victor Gay, *Le glossaire archéologique du moyen age et de la renaissance*,（1887）, Kraus Reprint, 1974.; Maynard, *Epigrame*, in Émile Littré, *Dictionnaire de la langue Françoise*,（1880）, Gallimard Hachette, Paris, 1971.; Franklin, *La vie privée d'autrefois*., p.162.

37 Maynard, *op.cit.*

38 Furetière, *op.cit.*, non pagination.

39 *Dialogue du masque et des gands*, p.229.

40 アーニョロ・フィレンツオーラ『ルネサンスの女性論2―女性の美しさについて』、岡田温司・多賀健太郎編訳、ありな書房、二〇〇〇年。前掲拙稿「ギャラントリー」六三頁。

41 巻末付録史料7参照。*La faiseuse de mouches*,（1650?）, in *Variétés Historiques et Littéraires*, tome 7, éd. E. Fournier, P. Jannet, Paris, 1855-63, pp.13-16.

42 『ペロー童話集』前掲書、九六～一三八頁。

43 Larousse, *Grand dictiouuaire*.

44 Furetière, *op.cit.*, non pagination, «Masque».「田舎の仮面はひどく大きいが、都会のそれは極めて小さい。」

45 *Dialogue du masque et des gands*, pp.235-37.

46 前掲拙稿「ギャラントリー」六三頁。

47 *Dialogue du masque et des gands*, p.232.

48 Furetière, *op.cit*, «*masque*».

49 Madame de Genlis, *De l'esprit des étiquettes de l'ancienne cour et des usages du monde de ce temps*, (1812-13), Mercure de France, 1996, pp.120-121.［以下では *De l'esprit des étiquettes* と略す］.

50 『カザノヴァ回想録八―仮装舞踏会』窪田般彌訳、河出書房新社、一九七三年参照。

51 Paul Scarron, *Le Virgile travesti*, (1648-53), J. Serroy (édition de), Classique Garnier, Bourges, 1988, p.310.「王妃は短い衣服を着た／（なぜなら長いコットを着ると／糞の大きなかたまりを集めてしまうから）／そして、王妃はかぶりものをかぶり、／内緒で教会に行くために、／仮面とマフを忘れない。」

52 Edmond Rostand, *op.cit.*, p.118.「シラノ　私がきわめてとりえのない奴であるのにもお構いなく、わざわざおいでくだすったこの日を、如何なる日にもいやまして、喜ばしく思います。して私に何か御用とおっしゃる。…その御用は?／ロクサーヌ　（仮面を脱いで）まず私はお礼を申し上げなければならないのでございます。と申すのは、昨日、見るも勇ましいお手並みで、あのおこがましいうつけ者をお懲らしめになりました。」（『シラノ・ド・ベルジュラック』、九九頁）

53 *Ibid.*, p.124.（同書、一〇六頁）。

54 Beaumarchais, *La folle journée ou Le Mariage de Figaro*, (1781), in *Œuvres*, 1988, Paris, Bibliothèque Pléiade, Gallimard, scène XXIV, XXVI, pp.428-429.「夫人　そうすれば、誰にも迷惑はかけまいし。…旦那様だって御乱行の弁解はできないでしょう…あのお嫉妬にお灸をすえて、お不実ぶりを思い知らせれば、それこそ…ねえ、そうしようよ。手始めの首尾がよかったので、二度目をやってみる勇気が出たわ。でも、これだけは誰にも内緒…／シュザンヌ　では！フィガロだけに。／夫人　だめ、だめ、自己流を出したがるか…あのテラスでとっくり考えてみるから、ビロードの仮面と杖を持ってきてね。［…］／シュザンヌ　では、お杖と仮面。／夫人　いいかい、このことは一言もフィガロに言ってはいけませんよ。／シュザンヌ　（上機嫌で）奥様のおもくろみはほんとに面白うございますわ！私も今考えてみまして、何から何までかたがついて、けりがついて、まとまりがついて、もうどんなことがあっても、私の祝言は大丈夫でございますねえ。」（『フィガロの結婚』辰野隆訳、岩波書店、一九五二年、九五～九七頁）。

55 Furetière, *op.cit.*,tome 2, «masque», non pagination. ここではじめに Masque と言い、後に Loup と言い換えられている。

第2章 部屋着モードにみる規範秩序からの逸脱——快適とエロティシズム

1. 部屋着の広まりと批判

前章では、女性の仮面モードにおける、秩序の揺らぎを認めることができた。しかし仮面モードは、一方で男性の帽子の作法とほぼ同様の秩序を要求するものでもあったため、むしろその点は作法書の理念にもかなっていたためか、作法書の中で批判されることはなかった。男性の帽子の作法のように、広範な人びとに影響を及ぼした作法ではないので、帽子と同質のものではないとしても、仮面には女性のふるまいを統制する機能が兼ね備わっていた。作法書の中で、仮面の扱いは、ほかの服装規範と同様の扱いになっていることからも、その点はうかがえる。両義的な仮面モードは、礼儀作法と完全に決裂していたわけではなかった。

第2章では、作法書の中で、その存在自体があからさまに批判された部屋着モードについて取り上げる。なぜ部屋着はあえて批判の対象にされなければならなかったのか。その背景を探ることによって、規範秩序から逸脱しはじめたモードの意味を読み解くことが可能になろう。十八世紀初頭におこってきた部屋着モードは、男女ともに見られた現象ではあったが、より批判的にとらえられ、危険視されていたのは、女性のものであった。なぜ、女性の部屋着は危険視されなければならなかったのか。そこから見えてくるのは、モードそのものが宮廷規範から離れていくにしたがって、公的秩序が服飾と身体に影響を及ぼさなくなっていくことである。

図26はアントワーヌ・ヴァトー（1684～1721）の晩年の作品、《ジェルサンの看板》（一七二〇年）である。当時の最新モードの、いわゆるヴァトー・プリーツとして知られる淡いピンクのローブをまとった婦人が、今まさに木箱に納められようとしているルイ十四世（1638～1715）の肖像画を軽く一瞥している。ルイ太陽王の時代が終わって五年が経過し、時代が移り変わったことをみごとに視覚化した作品である。[1]この女性が身につけている新しいタイプのローブは、しかし、実際には新しいものなどではなかった。[2]というのも、このような形態のローブは、十七世紀以来すでに女性の「私室《ブドワール》」で身につける部屋着として用いられてきたものであったからである。[3]それがローブ・ヴォラント（robe volante）、ローブ・バタント（robe battante）あるいはローブ・バラント（robe ballante）と呼ばれて流行したのは、一七〇五年から一七二〇年頃とされている。[4]そのため、決して《ジェルサンの看板》がその発祥というわけではないが、この作品とともに解説されることが多かった。[5]ヴァトーが好んで描いたためヴァトー・プリーツと呼ばれるが、[6]たとえば図25の一七二五年の版画は、フランス国立図書館のカタログでは pli Watteau と説明されているものの、版画そのものにそのように記されているわけではなく、この例が示す通り、いつ誰が呼び始めた呼称なのか、管見では不明である。[7]しかし、この種のローブはヴァトーの全油彩画一〇一点のうち二四点の作品、[8]および六六九点のデッサンのうち三四点の作品に描かれている。[9]ヴァトーの全作品の中では、《ジェルサンの看板》はむしろ彼の死の直前の作品

と位置づけられるため、彼が描いたこの種のローブとしては最後のものといってもよい。

このローブに象徴されるように、十八世紀初期に部屋着モードとでも呼べるものが台頭してきた。ヴァトー・プリーツのみならず、部屋着着用の広まりが見られる。ゴンクール兄弟が『十八世紀の女性』（一八五四年）の中で指摘しているように、十八世紀は「普段着のおしゃれ、部屋着の魅力のほうに方向転換をする」[10]時代であった。ところが、このような部屋着由来のローブは、同時代人の批判を買っていた。たとえば、パラティヌ皇女（1652～1722）が一七二一年四月十二日の書簡の中で、この新しいタイプのローブは「はしたない」と非難しているのである。

ローブ・バラントは耐え難く、私は許せません。これは、私には、はしたないものに思われます。なぜなら、ベッドからいましがた出てきたように見えるからです。[11]

つまり彼女の目には、寝間着姿と変わらないため、人前に出るのははばかられる姿として映っていた。すでにローブ・バラントがモードとして定着した感がある一七二一年の時点において、彼女はこのように述べており、部屋着由来のモードを否定的に受け止める人が存在したことを示している。

パラティヌ皇女の批判は、同時代の礼儀作法書の言説に支えられたものと考えられる。当時の作法書においては、部屋着を人目に触れさせることは作法に反するものとして厳しく非難されているからだ。その代表的なものが、一七〇二年の初版以来一八七五年までの間に少なくとも一八〇版を重ねたベストセラーの作法書、[12]ジャン・バティスト・ド・ラ・サルの『キリスト教徒の礼儀作法の規則』の次のような記述である。

快適さを求めて、帰宅したとたんに部屋着を身につけたり、このような装いで人に会うのは礼儀に反する。このようなことが許されるのは、老人と身体の不自由な人のみである。同様に、自分より身分の低くはない人の訪問を、このような姿で受けるのは、敬意に欠けるものである[13]。

帰宅してすぐに部屋着に着替えて人に会うことが批判されている。唯一許されるのは老人と身体の不自由な人だけであって、自分と同等か高位の人の訪問をそのような姿で受けるのは、礼儀に反するものとされた。

「人の前でくつろいだ格好をすることは」快適を求める人びとによくあることだが、これはまったく礼儀にかなっていない[14]。

部屋着姿になるのは快適を求める結果であったが、そのことを作法書はくり返し非難する。しかし、このような記述の存在は、裏返せば、部屋着姿を人目にさらす人びとが増えてきたことの証でもある。

部屋着由来のローブがモードとして定着してもなお、非難の的になったのはなぜか。部屋着モードは必ずしも女性の服飾に限られることではない。男性服にも同様に、この種の現象が見られ、作法書も男女分かたず言及している。そのため本章では、同時代の部屋着全体の表象を読み解く。しかし、より批判の対象になったのは、パラティヌ皇女の文章からわかるように、女性の部屋着姿である。作法書が非難する一方で、快適を求める当時の人びとの志向が何を意味するものであったのかを明らかにしたい。その結果、十七世紀において規範形成と緊密に進んできたモードが、十八世紀になって規範とは袂を分かつようになったこと、それが意味するのは、十七世紀に整えられた秩序社会の崩壊の兆しであったことを指摘することができよう。あるいは、前章でも示唆したように、公的秩序が私的領域にしだいに侵入し、秩序を整えるために必要であったいわば公的な奢侈が、しだいに個人的なものへ、私的で秘められた領域のものへと変容していく過程の中で、快適さと結ぶ奢侈が秩序を乱すものへと変容したものと考えられるのだろう。

2.「快適」commodité への批判

ラ・サルの礼儀作法書が部屋着を好ましくないとする理由は、commodité を求める結果と見なしたからである。「快適」と訳すことのできる commodité とは何か。十七世紀に新たに浮上した清潔の概念も新しい快適の形であったが、commodité と清潔の違いはどこにあるのだろうか。また commodité が問題視されるのは、部屋着モードの広まる一七二〇年代頃において、いかなる意味を帯びていたからなのか。

commodité は形容詞 commode の名詞形である。現代フランス語では「便利さ、利便性、便宜」の意味でもちいられている。しかし、当時のリシュレ（一六八〇年）、フュルチエール（一六九〇年）、アカデミー・フランセーズ（一六九四年）、トレヴーの辞書（一七七一年）を見ると、[15] 今日の意味用法とはかなり異なっている。commode は「ふさわしい」という意味をもつラテン語の commodus から派生したためか、これらの当時の辞書では、まず propre「ふさわしい」、convenable「きちんとした、礼儀にかなった」と記されている。その上で aisé「安楽な、くつろいだ」、doux「心地よい」、「いかなる不快感も困難も与えない、疲労させない」等の意味が出てくる。

たとえば、ヴォルテールの『ルイ十四世の世紀』（一七五六年）には次のような記述が見られる。

鏡で飾られた四輪馬車のすばらしい commodité を発明したのがこの時期であった。[16]

commode な生活をもたらすのは、実際、金銀ではなく、天賦の才である。これらの金属しか持っていないものは、大変惨めであろう(17)。

ここでいう四輪馬車の commodité とは、乗り心地のすばらしさのことであろうし、また、commode な生活とは、心地よく静穏で安楽な生活を指しているだろう。

このように、十八世紀初期におけるこの語は、「心地よさ」や「快適さ」ととらえることができる。礼儀作法書は「快適」の追求を認めなかったのである。

なぜなら、服飾による快適の追求とは、身体の快適と心地よさを求めることになり、つまり快楽につながると考えられたからである。作法書はその点を問題視した。ラ・サルの文脈において「快適」が好ましくない理由は、「神のおしえ」に背くからである。ラ・サルが快適について述べるのは、第2章「衣服の着方と脱ぎ方」の中においてである。その冒頭で、人間が衣服を身につけるのは「原罪」のゆえであるとし、人間固有の「恥じらい」の感覚と神のおしえこそが、人間に身体を衣服で覆うことを要求するのだとしている。

私たちが衣服を着たり、衣服で身体を覆ったりする必要があるのは原罪のゆえである。そのため、私たちは常に罪びとの名を帯びているので、衣服がないだけでなく、すっかり身体を包み込んでいない状態で、人前に出ることは決して許されない。これは恥じらいの感覚と同様に、神のおしえが要求することなのだ(18)。

「神のおしえ」とは、聖書の創世記のアダムとイヴの楽園追放の話にほかならない。蛇にそそのかされて知恵の実を食べたアダムとイヴが、裸体であることに気づき、イチジクの葉で身体の一部を隠したこと、そして、神に皮衣を与えられて楽園を追放されるという教えである。つまり、性に対する恥じらいこそが、衣服を身につける原点であるとする。この前提に立脚し、「神のおしえ」に反するがゆえに、commodité を求める服飾についての訓戒が続いた。

3. 部屋着の範囲

部屋着モードの意味を解釈するためには、部屋着的なもの全体の表象を考察する必要があろう。快適を求める服飾として、ラ・サルが列挙しているのは、「部屋着《ローブ・ド・シャンブル》」、「シュミーズ」、「ペチコート」、「室内履き」、「ナイトキャップ」である。[19] ペチコートが含まれていることから、男性だけでなく女性も読者の対象になっていることが明らかで、彼は男女の部屋着について述べている。いずれも私的な空間で身につけるものであり、ラ・サルは、室内でのくつろいだ姿を人目に触れさせてはならないとしたのであった。

ラ・サルが最初に挙げたローブ・ド・シャンブル（robe de chambre）は、フュルチエールによれば、くつろぎ着であり、髪や服装を整えたりする身づくろいの際の衣服である。十七世紀以来、男女の部屋着の総称としてもちいられた言葉であるため、以下の衣服もローブ・ド・シャンブルの範疇に含まれるだろう。つまり、デサビエ、ネグリジェ、さらにローブ・ヴォラント、ローブ・バタント、あるいはローブ・バラントと呼ばれるものである。つまり、本章では、私的な室内で身につけるのが建前とされてきた衣服のすべてを念頭においている。

デサビエ（deshabillé）は「服を脱がせる」という意味の動詞 déshabiller の過去分詞である。当時の発音では「デザビエ」ではなく、「デサビエ」である。[20] 婦人用部屋着であるが、このような名称がついたのは、公的な衣服を脱いだ姿であるからだろう。フュルチエールは、女性が室内で身につける色ものの衣服を指していると言い、儀式などに参列する際の黒い衣服とは異なると解説する。

ネグリジェ（négligé）は、当時の多くの辞書が、衣服そのものを指すのではなく「女性が着飾っていない様子」を表わすと定義している。しかし、トレヴーはネグリジェと呼ばれる衣服を指している。[21] ルロワールは、「化粧の際に身につける午前中の簡単な衣服」を指したと説明する。[22] これらの諸定義を勘案すると、装飾の少ない午前中の女性用化粧着と考えられる。

さらに、いつ頃からかヴァトー・プリーツと呼ばれ始めたローブ・ヴォラント、ローブ・バタント、ローブ・バラントという名称の衣服がある。これは冒頭で引用したように、パラティヌ皇女が寝間着姿と見紛うとしているものである。パラティヌ皇女は、一七一八年八月九日の書簡で、モンテスパン夫人が妊娠していることを隠すために部屋着風のローブ・バタントを発明したと述べている。

モンテスパン夫人は自分の妊娠を隠すためにローブ・バタントを発明しました。というのはこのローブは腰まわりを隠してくれるからです。しかし彼女がそれを着ると、まるで隠したいものをその顔に書いてしまっているかのようでした。宮廷では誰もが言っていました。「モンテスパン夫人はローブ・バタントを着ているわ。だから彼女は妊娠してるのよ」。そうすれば宮廷でもっと敬意を払ってもらえると思って、彼女はそれを故意にやっているのだと思います。そして実際そうなりました。[23]

パラティヌ皇女は元来この部屋着風のローブに不快感を示していたのだが、それ以前に王の愛妾であるモンテスパン夫人のふるまい自体にはしたないものを感じ、ひどい嫌悪感を抱いていた。それに加えて、妊娠していることをこれ見よがしに服装によって示すことも、道徳家であるパラティヌ皇女には耐え難いことであった。これらの複数の名称で呼ばれるローブは、同時代人の目から見て、明らかに部屋着に由来するものと受け取られた。服飾史家のマドレーヌ・デルピエールも、これらのローブを「部屋着《ローブ・ド・シャンブル》」robe de chambre ととらえており、[24] 本論でも同様に考える。

4. 部屋着モードによる秩序紊乱

これらの部屋着がエチケット違反と考えられたのはなぜなのだろうか。作法書は部屋着の何を危険視したのだろうか。先に述べたように、作法書は、なによりも快適の追求を肯定しなかった。それは神のおしえに背くものであり、アダムとイヴの原罪に対する畏れを忘れた行為であると見なされたのであった。おそらくパラティヌ皇女のような道徳家はみな同様に感じていたに違いない。つまり、部屋着とは、野蛮な世界からより遠くのものへと「文明化」されてきた身体を、今一度、無秩序の世界に引き戻してしまうものととらえられた。なぜなら、部屋着は、とりわけ、女性の性的魅力を引き立たせ、強調するものとして機能したからであり、優れてエロティシズムが喚起される衣服であったからである。たとえば、十九世紀の歴史家であり作家でもあったゴンクール兄弟は、十八世紀の部屋着ファッションに身を包んだ女性のことを、次のように述べている。

部屋着を着た女性は、美しさではより劣っても、より危険である。彼女は、その当時の表現で言えば、気取りはより目立たないが、より人の心に触れる。余分な助けを借りずに、彼女自身の姿で、少なくとも女性本来の姿を少しも偽ることなしに、相手の気持ちをそそるのである。[25]

ゴンクール兄弟が抱いたような当時の部屋着のイメージを物語る文献は数多く存在する。ルサージュ（1668～1747）作の『ジル・ブラース物語』（一七一五年）では、洒落た部屋着姿の二人の婦人を一目見た王子が彼女たちの美しさに我を忘れ、娘と一夜をともにしてしまう話が出てくる。[26] しどけない部屋着姿のふたりに悩殺されてしまった王子であるが、一夜をともにした娘は娼婦まがいの女性であり、そのような女性に王子を会わせたジル・ブラースは後悔の念さえ起こす。部屋着姿は女性たちの巧みな罠でもあった。

ジャン・ジャック・ルソーも『告白』第七巻（一七四三年）の中で、部屋着姿の女性の危険な魅力を次のように述べている。

彼女は化粧の最中にわたしを迎えた。腕もあらわにし、髪をみだし、化粧着姿もしどけなかった。こんな姿で迎えられるのははじめてだ。わたしは［…］とりみだし、気もそぞろである。つまり、デュパン夫人にほれてしまったのだ。[27]

ルソーは別の箇所で、部屋着姿の女性に性的欲望をそそられた経験が幾度もあることを明かしている。第五巻（一七三二年）で「美しい女が部屋着でいるほど恐ろしいものはない。着飾っていたら、その百分の一もおそれはしないだろう」[28] というほどである。トレヴーの辞書にも、「しゃれたネグリジェがあるが、それは非常に美しい飾りがあるものよりも、はるかに刺激的な魅力がある」[29] と記されている。ここでいう刺激とは、当然、官能を刺激することにほかならない。さらに、ラクロの『危険な関係』（一七八一年）には、メルトゥイユ侯爵夫人からヴァルモン子爵へ宛てた手紙にも、「恋の殿堂へ着くと、私はいちばん艶やかな部屋着を選んで身につけました。これは無類の逸品で私の考案。何ひとつあらわに見せずに、すべてを推量させせます」というように、部屋着姿の艶やかさを語る一節がある。[30]

つまり、女性の部屋着姿は女性の性的魅力を過分に引き出すものであった。女性はそのことを承知していて、巧妙に利用することもあった。

女性の性的魅力の喚起は、部屋着そのもののしどけなさに起因するのだろうが、それに加えて、部屋着に固有の夢心地を誘うような異国趣味的な雰囲気も手伝っていた。モンテスキュー（1689〜1755）は、書簡体小説の『ペルシア人の手紙』（一七二一年）中の一七二〇年氷月二十六日のパリからの書簡の中で、ペルシアのハーレムの女性の物語を創作している。ハーレムで奴隷状態だった女性が、横暴な夫に殺されて天国で幸せに暮らし、天上界の男に地上に降りて仇をとってもらうという荒唐無稽な話だが、ハーレムの女性が天上で美しい男たちに囲まれて過ごすという官能的な内容である。この女性は天国の宮殿で部屋着姿で過ごしていた[31]。女性の部屋着姿には、はるか遠い異国のハーレムに囲われた魅惑的な女性たちの姿が重ねられたのか。このような異国趣味的要素も、官能性の演出を手伝ったのだろう。

しかし、女性のエロティシズムの喚起が、なぜ、ことさらに忌避される必要があったのだろうか。それは、身体の快楽を想起させるという理由からだけではなかった。アンシャン・レジーム期においてエロティシズムは、ロバート・ダーントン[32]やリン・ハント[33]らが論じているように、社会秩序を批判する手段となっていたため、部屋着はそのことを連想させる表象となっていたからだと考えられる。

アンシャン・レジーム期後期のフランスには、王権を批判するための、政治的ポルノグラフィが存在した。既存の道徳的秩序社会のタブーに意図的に違反するために、性的なイメージを用いて、公序良俗を脅かすのである。このようなポルノグラフィ的な書物は当然、政府によって発禁処分にされるが、性的行為を誘発させるようなポルノグラフィを、当局は無差別に「哲学書」の範疇に分類していた。とりわけ、革命期が近づくにつれ、これらの発禁本、ポルノグラフィによる秩序転覆をねらった書物は、パンフレットなどの地下出版の形で、多種多彩に展開していたとリン・

ハントらは論じている。

一七二〇年代はそれよりもかなり早い時期だが、女性が自身の性的魅力を自由に振りまくふるまいと、そのような風俗がもてはやされる状況は、宮廷社会が作法と秩序によって築き上げたものを、じわじわと揺るがしていく力を感じさせうるものとなったであろう。それによって、秩序に亀裂が生じ、刃こぼれのように崩れていく危険性を感じさせたのではないか。それはおそらく男性においても同様である。エロティシズムには危険な力が潜在的に存在し、それと結びつく部屋着の風俗はやはり好ましくないものととらえられたと考えられる。

ポルノグラフィは「哲学書」であった。ポルノグラフィ出版の増加と、啓蒙主義運動の高まりは決して偶然ではなく、十八世紀において、身体への関心が唯物論によって支えられていたために、哲学とエロスは理論的にも結びつくのであった[34]。したがって、エロティシズムと哲学の関連は深い。

そのためか、男性の身につけた部屋着には、哲学者のイメージがともなう。たとえばデカルトの『第一哲学の省察』(一六四一年)に、ひとり書斎で沈思黙考するときの装いとして、部屋着が出てくる[35]。『百科全書』を執筆・編纂したディドロ(1713〜84)は、『私の古い部屋着についての後悔』(一七七二年)というエッセーを残している[36]。自分の愛着していた部屋着を手放したことへの後悔を連綿とつづっているのだが、豪華で高価なものよりも、長い時間を経て用いられた質素なものの内に美があるという彼の趣味論を述べた文章でもある。彼がいかにその着古した部屋着を好んでいたかは、「私のあの着古した部屋着、控えめで、着心地のいいカルマンド織はどこに行ってしまったんだ?[37]」という文章に滲み出ている。まるで生涯の伴侶を失ってしまったかのような嘆きようであり、ディドロにとって、この古い部屋着は何よりも心地よい衣服であった。

デカルトは神を信じていたようだが、自由思想に近い人物でもあり、ディドロは無神論者とさえいわれる人物である。十八世紀中葉にいたるまで、啓蒙思想につながっていく自由思想に対する弾圧は厳しかった。ディドロもその「危険な」思想ゆえにヴァンセンヌに投獄された経験を持つ。十八世紀の啓蒙の時代を代表する偉大なる哲学者たちは、十七世紀にはリベルタンと呼ばれた、いわゆる自由思想の持ち主たちであった。[38]彼らの表現手段としてエロティシズムは存在し、そのような自由思想の哲学者たちに愛されたのが部屋着であった。

男性の部屋着も、十七世紀から「アンディエンヌ」（インドの、インド更紗）や「バニヤン」（インドの商人）などと呼ばれてきたことからわかるように、[39]元来、異国趣味的なものでもある。モリエールの戯曲『町人貴族』（一六七〇年）のジュールダン氏が貴族の装いを真似るために特注したインド更紗の部屋着はそのような例であろう。[40]ジュールダン氏は貴族の朝の装いを真似て、インド更紗の部屋着を作らせて気取ってみるのである。また朝の運動用といって、その下にも部屋着のようなものを身につけている。それを音楽とダンスの先生はふたりでお追従を言う。モリエールの時代においてもすでに、しゃれた部屋着姿をすること自体が、身分の高い人の習慣を真似することと思われていた。

朝の着替えの時間にくつろいだ姿をするのは、身分の高い人びとに固有の慣習であった。官能的な世界を自由に生きることができるのは、宮廷の高位の貴族にのみ許されることであった。部屋着によってくり広げられる異国情緒ただよう官能の世界は、それゆえ、大貴族以外の者が真似してはならない、奢侈の領域の事柄であった。なぜなら、王が愛人を囲い、情事にふけるのは、それ自体が懶惰な奢侈であるからだろう。

そのため、ジャンリス夫人によれば、公の場での部屋着着用は、王妃や宮廷の貴婦人など一部の人にのみ許されることであった。ジャンリス夫人は次のように記している。

王妃［ルイ十五世妃マリー・レクザンスカ］は化粧の最中に下位の者を招き入れたものだが、そのとき彼女たちは宮廷服ではなく室内着をつけていた。これは宮廷の貴婦人のみが着る権利をもつものであった。[41]

これら高位の人は、下位の者に会うときに、部屋着で応対するのが常であった。当時の王侯貴族は、下位の者に対して羞恥心を持つことさえなかった。ジャン＝クロード・ボローニュによれば、「十八世紀まで上流の女性が入浴しながら来客に会っても非礼ではなかった」(42)ほどである。ジャンリス夫人はローマに滞在中、浴槽に入ったまま、しばしば駐教皇領フランス大使を招き入れたし、ヴォルテールの憧れの女性シャトレ夫人は、召使の男ロンシャンの眼前で着替えをするばかりか、彼に入浴の手伝いもさせる。(43)狼狽したロンシャンは、次のように述懐する。

私は妹と二人になったとき、シャトレ夫人はいつもあのように皆の前でシュミーズを着替えるのかと尋ねた。妹は、そうではないが、使用人の前では全然気になさらないのだと答えた。そして、妹は、この次にもう一度同じようなことがあってもそれに気づいた様子を見せないほうがいいと言った。(44)

使用人あるいは自分より下位の者の前で、裸体、あるいはそれに近い姿になることに、彼女たちはいかなる躊躇も感じなかった。下位の者には、羞恥も官能も必要ないのである。そして、しだいに、使用人ロンシャンもそれに慣れていった。

そのような背景があるためか、ラ・サルでさえ、家内奉公人の前での部屋着姿は例外として認めていた。部屋着姿や着替えている姿を人前で見せてはいけないと言いつつも、「その人が自分の家内奉公人でない場合には」と但し書きをつけている。(45)

先述のジャンリス夫人は、ルイ十五世治世下において、パリでも田舎でも、午前中の身づくろいの時間に女性たちが男たちの訪問を受け、彼らの面前で長い時間をかけてシュミーズを着替えたり、コルセットを締めたり、髪を整えたりしていることを耐え難いことだと嘆いている。

このような慎みのなさは身分の高い人びとの威光を真似しているのです。なぜなら、王妃や王女さまたちが、儀式としてこのような身づくろいをしているからです。(46)

すでに第I部で述べたように、国王や王妃の朝は起床の儀式から始まる。朝の着替えが儀式化されており、着替えの下着（シュミーズ）を王や王妃に渡すのは、その場に居合わせるものの中で最も位の高い者が行なえる特権であった。(47) 国王と王妃の朝の着替えの時間は、着替えを公開しながら、臣下を招じ入れ、その者たちの序列を相互に確認しあうような特別な時間であった。そしてこのような朝の儀式を王族だけでなく、大貴族も真似をし、さらにはそれ以下の者たちまでが真似するようになることも、作法書はやはり危険視した。先に引用したジュールダン氏も、王族の習慣を猿真似したものであった。たとえば、マリヴォーの『マリアンヌの生涯』（一七三一〜一七四一年）には次のような場面があり、部屋着姿で客を迎えることが名誉なことであったことをうかがわせる。次の文章は、恩人の訪問を受けたときの様子を、マリアンヌが語ったものとして記されているものである。

私にとって名誉なことを話すのを忘れていました。それは、私は化粧着《ネグリジェ》のままだったということです。つまり、朝起きたときのままの化粧着ということです。(48)

下着姿あるいは部屋着姿で人を招き入れることが、特別な名誉を感じさせる行ないと思われた。本来、王族にのみ許された習慣であるからだ。下着姿、そして部屋着姿で、客をもてなすことは大いなる奢侈であり、訪問客よりも自分のほうが上位に立っていることを暗に示す行ないであった。

このようにして、朝の着替えの時間をゆったりととり、その時間に客を招くことがしだいに広まっていたが、このことを作法書は厳しく批判する。ラ・サルは、部屋着についての訓戒を述べている中で、着替えに時間をかけすぎる人、なかには二、三時間どころか午前中いっぱいかけて着替える人がいるが、それはまったく神のご意思に背くものであると断じる。

身支度をするのに二、三時間、時には午前中いっぱいの時間を必要とする女性たちがいる。彼女たちにこのように言うのは妥当であろう。あなたたちの身体は神さまのものであって、あなたたちは身を飾るために使っている時間を、神さまや家族や子どもたちのためにはらうべき気遣いと、自分のために常に心がけておかなければならない義務から、盗みとっているのであると。実際、あなたたちが神のおしえに背かずに、身を装う時間を過ごすことはできないのだから。(49)

ラ・サルのこの見解は、高貴な人びとや、その人たちを真似た女性たちの、すでに述べたような午前中の贅沢な風習を念頭においている。

部屋着は、快適という名の下に、女性のエロティシズムを強調するものであった。アンシャン・レジーム期においてエロスの表現は、秩序転覆を胸に秘めていた啓蒙思想家たちの、体制批判のためのお決まりの攻撃手段であった。部屋着がかもし出すエロティシズムとは、そのことを連想させるものであったろう。そして、部屋着と部屋着の風俗は、本来、王族にのみ許された奢侈であったため、それ以下の者たちにそれが広まることは、秩序をないがしろにする許されざる事態であった。本来、礼儀作法は、秩序の世界、アンシャン・レジームの体制自体を肯定し、形成するために存在した。だからこそ、礼儀作法は部屋着を忌避し、そのモードを憂慮したのである。ルイ十四世治世下において、モードは宮廷規範である秩序そのものであった。しかし部屋着モードの一七二〇年代、モードは礼儀作法という名の秩序から明らかに離れていったと言うべきなのであろう。

注

1 ヴァトーの《ジェルサンの看板》については次の論文を参照。島本浣「アントワーヌ・ヴァトーの「ジェルサンの看板」について」『美学』32（2）、一九八一年、三九～五四頁。

2 Madelaine Delpierre, *op.cit.*, p.22.

3 *Ibid.*, p.22 ; François Boucher, *op.cit.*, p.261, p.263.

4 Boucher, *ibid.*, p.263 ; Jacque Ruppert, *op.cit.*, p.136.

5 Delpierre, *op. cit.*, p.22.

6 Maurice Leloir, *op.cit.*, p.388 ; Boucher, *op. cit.*, p.263 ; Ruppert, *op.cit.*, p.133, p.136.

7 フランス国立図書館の刊行している服飾版画のカタログ（Raymond Gaudriault, *Répertoire de la gravure de mode française des origines à 1815*, Promodis Editions du Cercle de la Librairie, Nantes, 1988）における一七二五年のオクタヴィアンによる版画に付された説明文参照。

8 中山公男編著『ヴァトー全作品』ヴァトー画、中央公論社、一九九一年。

9 Pierre Rosenberg et Louis-Antoine Prat, *Antoine Watteau 1684-1721, Catalogue raisonné des dessins*, 3 tomes, Gallimard/Electa, Paris, 1996.

10 Edmond et Jules de Goncourt, *Œuvres complètes, XV-XVI, La femme au dix-huitième siècle, 1-2*, Slatkine Reprints, Genève-Paris, 1986, p.65.（エドモン・ド・ゴンクール、ジュール・ド・ゴンクール『ゴンクール兄弟の見た十八世紀の女性』鈴木豊訳、平凡社、一九九四年、三一三頁）。

11 Charlotte-Elisabeth Orléans, *Correspondance complète de Madame Duchesse d'Orléans née Princesse Palatine, mère du Régent*, tome 2, Charpentier, Paris, 1855, pp.319-320.
12 Alain Montandon, *op.cit.*, pp.81-82.
13 Jean-Baptiste de la Salle, *op.cit.*, p.119.
14 *Ibid.*, p.120.
15 P. Richelet, *op.cit* ; Furetière, *op. cit.* ; *Dictionnaire de Trévoux*.
16 Voltaire, *Le siècle de Louis XVI*,（1756）, tome 2, Garnier-Flammarion, Paris, 1966, p.11.
17 *Ibid.*, p.36.
18 La Salle, *op.cit.*, p.119.
19 *Ibid.*, pp.119-121.
20 Richelet, *ibid.*, tome1, p.735.
21 *Dictionnaire de Trévoux*, tome 6, p.167.
22 Leloir, *op.cit.*, p.252.
23 Charlotte-Elisabeth Orléans, *op.cit.*, tome 1, p.443.
24 Delpierre, *op.cit.*, p.22.
25 Goncourt, *op. cit.*, p.65.（ゴンクール兄弟、前掲書、三一四頁）。
26 Alain-René Lesage, *Œuvres complètes de Le Sage, Histoire de Gil Blas de Santillane*, vol.2., Société Les Belles Lettres, Paris, 1935, p.164.
「王子は二人の婦人が広間で迎えた際、二人の美しさにひどく驚かれた様子だった。広間では無数の蝋燭のあかりが外の暗さを埋め合わせていた。伯母と姪は洒落た部屋着姿（deshabillé）だった。何事もなく二人を眺めることはできないような男を誘惑するための知恵がそこには見られた。」
27 J.-J. Rousseau, *op.cit.*, p.285.（ルソー『告白（中）』三二頁）。

28 *Ibid*, p.186.（同『告白（上）』前掲書、二七〇頁）。

29 *Dictionnaire de Trévoux*, tome 6, p.167, «Négligé».

30 Choderlos de Laclos, *Les Liaisons Dangereuses*, LettreX, La marquise de Merteuil au Vicomte de Valmont（De… ce 12 août 17**）, in *Œuvres complètes*, Bibliothèques de la Pléiade, Gallimard, 1951, p.54.（ラクロ『危険な関係（上）』伊吹武彦訳、岩波文庫、一九九三年、四二頁。一部筆者による改訳）。

31 Montesquieu, *op.cit.*, p.300.「愛想のいい忠実な下男が部屋へはいって来て、二人の青年を起こし、二人の老人が来て、彼らを自分たちの楽しみの場所に連れて行きました。やがて彼女は起きて、はじめは簡単な部屋着を、次にはすばらしい飾りをいっぱい身につけて、あの愛の宮殿に出て行きました。昨夜一晩ですっかり美しくなり、顔色も生き生きとし、艶やかな風情も加わりました」。（モンテスキュー、『ペルシア人の手紙（下）』一八〇頁。一部筆者による改訳）。

32 Robert Darnton, *Edition et sédition : L'Univers de la littérature clandestine au XVIIIe siècle*, Paris, Gallimard, 1991, p.v, pp.13-16.

33 リン・ハント、前掲書。

34 同書、および、ダーントン、前掲書。

35 "*Meditations*", traduction française, in *Œuvres de Descartes*, publiées par C.Adam & P.Tannery, IX-1, Librairie Philosophique J.Vrin, Paris, 1982, p.14.「たとえば、いま私がここにいて、暖炉のそばに坐り、部屋着を身に着け、この紙片を手にしているといったたぐいのことがそれである。」（『世界大思想全集、哲学・文芸思想篇7 デカルト』、「第一哲学についての省察」桝田啓三郎訳、一九五六年、河出書房、七七頁。一部筆者による改訳。）

36 Diderot, *Regrets sur ma vieille robe de chambre ou avis à ceux qui ont plus de gout que de fortune*, in *Œuvres*, Bibliothèque de la Pléiade, Gallimard, Paris, 1939, pp.733-738.

37 *Ibid.*, p.734. カルマンド織は十八世紀に非常に流布した毛織物。この織物に関しては以下を参照。Elisabeth Hardouin-Fugier, *op.cit.*, pp.118-119.

38 自由思想、リベルタンに関しては以下を参照。アルベール・バイエ『自由思想の歴史』二宮敬・二宮フサ共訳、白水社、一九六〇年。

赤木昭三『フランス近代の反宗教思想』岩波書店、一九九三年。

39 Boucher, *op.cit.*, p.247, p.291.

40 Molière, *Le Bourgeois gentilhomme*, in *op.cit.*, II, pp.714-715.「ジュールダン氏　実は今日は身分の高い人のような格好をしてみようと思ってな。仕立て屋が送ってよこした絹の靴下をはこうとしたんだが、はけないかと思ったよ。／音楽の先生　私どもはあなたさまのお暇なときをお待ち申し上げるまででございます。／ジュールダン氏　ふたりともしばらくここにいてくださいよ。もうすぐ新しい服が届けられるんだが、それを着たところをみてもらいたい。／ダンスの先生　お望みとあらば。／ジュールダン氏　頭のてっぺんからつま先まで、本物の貴族みたいになったところを見てもらいましょう。／音楽の先生　さぞご立派でしょうね。／ジュールダン氏　これはインドから取り寄せた今流行の生地（インド更紗）で作らせてみたんだがね。／ダンスの先生　とても綺麗ですね。／ジュールダン氏　仕立て屋の話じゃ、貴族の皆さんは朝はこんな格好をしているんだってね。／音楽の先生　すばらしくお似合いでいらっしゃいます。[…]／ジュールダン氏（ローブの前をはだけて、赤いビロードのオ・ド・ショースと緑のビロードのカミゾールを見せて）これは朝の運動用のちょっとした部屋着なんだがね。／音楽の先生　なかなかしゃれていますね」。（『モリエール全集』第八巻、一〇四〜一〇六頁）。

41 Madame de Genlis, *De l'esprit des étiquettes*, p.34.

42 ジャン＝クロード・ボローニュ、前掲書、四〇〜四三頁。

43 *Mémoire sur Voltaire, et sur ses ouvrages par Longchamp et Wagnière, ses secretaries ; suivis de divers écrits…*, 1826, Paris, vol.2, pp.119-120.

44 *Ibid.*, pp.119-120.

45 La Salle, *op. cit.*, p.119.

46 Madame de Genlis, *De l'esprit des etiquettes*, p.105.

47 ボローニュ、前掲書、二一七〜二二二頁。

48 Marivaux, *La Vie de Marianne*, (1731-1741), in *Œuvres choisies de Marivaux*, tome 1er, Librairie Hachette, Paris, 1903, p.108.

49 La Salle, *op.cit.*, p.120.

結論

本書は、服飾から人間の日常の身体感覚やふるまいの意味を論じ、服飾をめぐる日常の身体行動の中に、秩序化の痕跡をたどろうとしたものである。アンシャン・レジーム期の身体感覚はいかなるものであったのか。身体はどのようにふるまうよう規定されてきたのか。アンシャン・レジーム期のフランス社会は身体に何を求め、どのように身体を統制しようとしていたのか。あるいは身体はそこから自由でありえたのか。アンシャン・レジーム期の時代特性の文脈から、服飾を通して、秩序をめぐる身体の表象を読み解いた。

第I部ではアンシャン・レジーム期の清潔について検討した。第I部によって明らかになったのは、アンシャン・レジーム期の清潔は衛生概念であるというよりは、むしろ時代特有の秩序化の動きを典型的に映し出す概念であったことである。清潔は礼儀作法の中心に位置づけられる概念であった。それゆえに、秩序であり、奢侈であり、身分表象として機能したものであると結論できる。

ヴォージュラが清潔に propreté の語を用いるべきだとしたのは、一六四七年のことであるから、この時、清潔という新しい概念が生まれていた。それよりすこし前の一六三〇年のファレの作法書以来、白いリネン類による清潔は推奨され、ほぼ時を同じくして、奢侈禁止令が美しいリネンの代表格であるレース類を禁じるようになった。

多くの場合白いレースが付属しているリネン類は、清潔の表現に不可欠であった。身分にふさわしく身なりを整えることを含意した清潔のためには、奢侈禁止令に抵触しないリネン類を身につけることが求められていた。これは宮廷社会の秩序形成を、身体感覚のレヴェルから支えたものとも解釈できるだろう。禁令で再三取り上げられていることからわかるように、白いリネン類の中でもレースは、豪華な奢侈品であり、だからこそ、これを追い求める者は後を絶たなかった。清潔は、貴族にとっては守るべきエチケットであると同時に、新たな快適の追求であり、さらに自らの権威を高めるものでもあった。

十七世紀は厳格な身分社会、絶対王政が構築されていく時代である。奢侈を王の専有物にすることで王の権力を強固にしようとしたのが奢侈禁止令である。幾度も禁令が発令され、幾度もレースが禁じられるように、権力としての奢侈と新しい快適は、絶対王政の統治者のみが掌握すべきであった。十七世紀において社会の「秩序」は可視化されるべきものであり、その頂点に立つ王こそが豪奢な美しいリネンを身にまとわねばならなかった。清潔を権威づけることで、差異化を実現しようとしたことが、奢侈禁止令の眼目であった。作法書の普及と奢侈禁止令の相乗効果により、レースを含む白いリネン類の価値は押し上げられていった。そして、清潔を希求する者たち、少しでも自らの身体をより高い位置にあるものとして顕示したい者たち、王でなくても貴族としての威信を示さねばならない貴族たちは、たとえ自らの財力に見合わなくとも、リネン類をめぐって狂奔した。一六四四年の禁令とソレルの作法書を比較すると、ソレルの言う清潔な装いが奢侈禁止令を逸脱するものであったことは明らかである。

清潔を実現する美しいレースを求める新しいモードがあると同時に、その流れを押さえつけようという思惑があった。その結果、「行き過ぎた清潔」と呼ばれる事象が生じた。「行き過ぎた清潔」とは、身分不相応の贅沢な上等のレースで身を飾りたてることである。

しかし、上流貴族には奢侈こそがその身にふさわしいとも言える。[1] 上流貴族にとっては、贅沢なレース類の着用は、身分にかなうものとして是認され要請もされている。上流貴族でなくとも、下着類を多数所有することは、貴族の証となった。[2] それが社会の秩序を保つのであり、彼らの「清潔」の役割であった。レースには明確な商品価値としての序列もあった。王のみに許される豪奢な清潔がある一方で、序列化されたリネン類を身分にふさわしく身につけるという作法書の説く清潔が存在した。禁令の対象外である簡易なリネンを身につける姿も、身分にふさわしいものであれば、これもまたあるべき清潔の表現であった。

極上の贅沢で豪華なレースを身につける王の清潔。王に劣らず体面を保つために見せびらかしの清潔を手に入れようとする貴族たち。彼らは財力にかかわらず、貴族として生きるために不可欠であるからこそ、禁令を破ってまでもレースを渇望した。身分秩序の階梯はこの時期、強固なものへ発展する途上であり、下位の者たちは常に上昇する力によって上位の者を脅かそうとしていた。だからこそ禁令は出され続け、清潔は権威づけられ、いっそう追い求められ、いたちごっこは延々と続く。王周辺にいる宮廷貴族たちの清潔はそのようなものであろう。もちろん、禁令を守る者もいる。禁令の対象外の簡易なレースあるいは簡素なリネン類のみを身につけ、節度を守り身分にふさわしく整えるブルジョアやそのほかの貴族たちである。作法書が求めた清潔は、あくまで身分にふさわしく身を装う姿であった。しかし、社会の底辺には、そもそもリネン類に無縁の庶民も存在した。

服飾から見ると、絶対王政とは身体の秩序化と共に進められていくものであった。禁令という権威によって新しい奢侈を王に集中させようとする圧力と、身分にふさわしい姿を要求する礼儀作法と、しかしそれらを乗り越え上昇し、新しい快い感覚を我が物にしようとする欲望がうごめいていた。これらの絶え間のないせめぎあいが顕著に現れる場となったのが、白いリネン類、とりわけレースなのであった。

一方、アンシャン・レジーム期の市井に生きる人びとの衣生活実態を記録に残した遺体調書の分析からは、白いリネン類のうちシュミーズに着目することにより、清潔に腐心した上流貴族がなぜことさら下着の「白さ」に固執したのか、読み解くことができた。「白さ」を求めたのは、それが当時の漂白事情の中で稀少価値をもっていたからである。言うまでもなく、白いシュミーズは清潔と富のシンボルにほかならない。

十八世紀になって広範な階層に下着の着用が広まったといわれるが(3)、実は決して真に白い下着が流布したのではなかった。「下着は常に白」というのはひとつの理想であり、それを実現できる人とそうではない人がいた。実現できない人も自らの能力の範囲で可能な限りの「白」を求めたかもしれないが、それは特権階級の知る「真の白」とは別物であった。フランス社会は、白いシュミーズを身につける一握りの人びとを中心に、赤褐色のシュミーズを身につける人びとを末端とする、白から徐々に茶に至る雑多な色の、しかし整然と並んだモザイクが構成されていたと考えられる。白いシュミーズを身につける人、黄色がかった生成りのシュミーズを着る人、そして辛うじて赤褐色のシュミーズを着られる人というように、それぞれの身分や職業、経済状況、つまりcondition に見合った衣生活と清潔が存在した。むしろ次のようにも言えるだろう。清潔とは、身分にふさわしい装いをすることが原義であるから、清潔であること自体が、身分階層に見合った幾重ものレヴェルの装いを形作り、自らを、宮廷を中心とする世界の配置図の中にしかるべく位置づけることでもあった。それが絶対王政期という身分秩序と位階が確立されていく時代に生まれた、新しい身体感覚と服飾の実態であった。

清潔に白いリネン類、下着が不可欠とされたこと、つまり礼儀作法や奢侈禁止令のなかで白い下着が特別扱いされたのは、そうではない赤褐色の無漂白の下着の存在があったからである。清潔な装いとは、レースで表現される美しく繊細な白を頂点に、赤褐色を底辺とする大きなヒエラルキーを創出するものとして機能した。結果として、清潔は、身分秩序を顕在化し、視覚化し、同時代人の身体に刻み込む手段となった。

これまで、アンシャン・レジーム期の清潔は正確にとらえられずに、水を用いない特異な衛生概念としてとらえられてきた。その側面を否定はしないが、本書によって、当時の清潔は、礼儀作法の根幹にある概念であり、秩序化の動きを如実に映し出していたことが明らかになった。アンシャン・レジーム期の清潔は、身体を衛生に保つためというよりは、むしろ、秩序立てた身体の外見を整え、秩序に身体をしたがわせ、秩序を自覚させていくための、時代の要請に合致した概念であったと言わねばなるまい。そしてそれを表象したのが白いリネン類だったのである。

第Ⅱ部では服装規範を軸に、ふるまいに焦点を当てて論じた。

帽子の作法は服装規範の根幹に位置づけられる作法であり、宮廷貴族とそのほかの者たちの差異を如実に浮き彫りにする場となっていた。帽子の作法によってあらわになる差異は次の二点である。ひとつは、敬意を表すべき相手の前では帽子を脱がなければならないから、帽子の着脱によって、身分の差異が視覚的に確認される点である。もうひとつは、その人物が作法をどの程度心得ているか否かが測られる点である。その人物の属する階層、洗練の度合い、ひいては人格までが微妙な差異となって現れる帽子の作法は、二重の意味で差異の表象となった。アンシャン・レジーム期は、このような差異を創出することによって、ふるまいの奢侈を生み出し、身体の秩序化と序列化を促進していた。

貴族の子弟はみずから作法書を読むことができたから、さまざまな作法の奥義をじかに学ぶことが可能だった。洗練されたふるまいの作法は、それを目にする者たち、特に貴族と生活を共にする家内奉公人を中心に影響を与えた。これらの作法が庶民をも巻き込み、彼らの感性と行動様式を徐々に近代化し、洗練させ、統制していくことになった。大部分の文字の読めない人びとは、特権階級の複雑怪奇な礼儀作法を目にして、憧れ、模倣し、曲解し、反発し、部分的に受容しただろう。その場合、目に見えて明らかな帽子をめぐるふるまいは、もっとも模倣しやすい対象となった。しかし、モリエールやマリヴォーの作品の中で笑い飛ばされたように、むしろこのような帽子の作法が介在したことによって、宮廷貴族とそれ以外の者たちの間の差異は視覚的に明らかになり、溝は逆に深まる。常に自分と相手との身分を確認しつつ、それを身につけたり脱いだりしなければならない帽子の作法は、特権階級の人びとが自らの威信を顕示する上で、一役も二役も買っていた。脱帽と着帽の幾重にもつながっていく作法の連鎖が、アンシャン・レジーム期の日常風景であった。帽子のふるまいを介して、身分秩序は身体に刷り込まれ、顕現されていた。

日常生活の無意識の行動様式を統制していくことが、おそらく人びとをもっとも効果的に支配する手段である。それゆえ、絶対王政期に次々と出版された礼儀作法書の、なかでも帽子の作法の果たした役割は明らかだ。フランス社会は礼儀作法のレヴェルにしたがって、徐々に幾重もの階層に区分されていった。モリエールの『ダンダン，ジョルジュ』（一六六八年）の中で、ジョルジュ・ダンダンが、帽子を脱ぐように強いられて、「畜生」と傍白しつつ脱帽する場面がある。[4] 自身より身分の高い貴族の前で脱帽するのが作法であっても、あからさまに強いられることをジョルジュ・ダンダンはいまいましく感じた。しかも、相手は自分の妻の浮気相手と思しき人物であったため、脱帽は屈辱以外の何物でもない。礼儀作法は日常生活の小さな行動を通して、ジョルジュ・ダンダンが苦い思いをしながら帽子を脱いだように、否応なしに、人びとに社会的ヒエラルキーを認識させるのであった。

　これらの礼儀作法の起源は宮廷社会の内部にある。それゆえ、各階層の人びとを峻別していく礼儀作法は、知らず知らずのうちにアンシャン・レジーム期のフランス社会システムそのものの構築とその維持に、日常生活のレヴェルから貢献していたことになるのは明白である。服装規範は瑣末なものとしてとらえられてきたが、これらの身体行為の積み重ねによって、社会秩序が生まれ維持されてきたと結論したい。

　たとえば、モリエールの『亭主学校』には、スガナレルという時代遅れの格好をした頑固で分からず屋の男が登場する。彼にはイザベルという義理の娘がおり、この娘をヴァレールという青年貴族が恋い慕っている。ヴァレールは従僕のエルガストを引き連れて、イザベルの保護者スガナレルに取り入ろうとし、丁重な挨拶をする場面がある。このとき、ヴァレールは帽子を丁寧に脱ぎ、身体所作にしたがって挨拶をするのだが、エルガストは理解できない。そして「何度も帽子を取りやがって！」とさえつぶやく。[5] スガナレルに敬意を表し、ラモーの説くような優雅な帽子の挨拶をヴァレールが行なっているのに対し、無粋者のスガナレルは、まったく理解できないでいる。スガナレルは、貴族らしい優雅な動きを伴う挨拶とは無縁の人物である。ヴァレールはおそらく、右手で帽子を取り、右へ左へと、あるいは前へ後ろへと、何度も丁寧に挨拶をした。しかしスガナレルは気づかない。作法に対する無知が、彼の社会的文化的身分の低さをあらわにする。

当時のフランス社会には、上品な身体所作の意味を共有できる人とそうでない人がいて、両者の行動様式の隔たりを、この場面は突いている。帽子の挨拶に伴う身体表現は、修練によって体得した特権的な集団の中だけで通用したものであり、それ以外の人びととの間には大きな溝を作り出すものとなっていた。

この溝を越えるべく、特権化された貴族のふるまいを真似ることは、容易ではないばかりか、それを宮廷社会は望まなかったともいえる。秩序を重んじるからだ。ふるまいの奢侈は奢侈にふさわしい真正の貴族のみが身につけるべきふるまいであり、これを乗り越えようとする者は、嘲笑の的になる。モリエールの『町人貴族』の主人公ジュールダン氏を思い起こしてみるとよい。成金の彼は、貴族になろうとして、その装いや立ち居ふるまいを懸命に真似るものの、ダンスも剣術も何ひとつ習得することができずにいる。彼の間の抜けた人柄と、洗練されない言動と不釣合いな貴族風の衣装との、ちぐはぐなコンビネーションによって、貴族になりたいという身の程知らずの願望は、みごとな戯画として舞台上に描き出される。笑い飛ばされるのは、身に余る奢侈を求めようとする姿であった。つまり、ジュールダン氏の内部と外部の矛盾が、観客の笑いを誘った。笑われるべきものは、ぎこちなさであり[6]、人間の内部と外部の齟齬は、十八世紀になって礼儀作法に関する議論の中でも批判される[7]。それは身にそぐわない外見を身にまとうことを戒めるものであるといって良い。

当時の礼儀作法は、一人の人間の内部と外部の一致を求めた[8]。内部と外部とは身体の内部とそれをとりまく社会秩序の総体との関係性であり、広大な世界図[9]の中の自らの位置にうまくおさまっていることを求めたのである。教養を身につけ、心と身体の調和、さらに身体の動きと服飾の調和を図ることによって、貴族が貴族たりうる優雅な身ごなしは完成した。身体所作の訓練によって獲得されたgrâceという資質は、いわば人間の内側と外側の一致、すなわち社会の配置にしたがっている身体という理想を実現するものであり、それが卓越した存在になる手段でもあった。

フランス絶対王政期における宮廷人たちが、さまざまな形でみずからの特権化と差異化を図ろうとしたことはいうまでもない。本書で論じた帽子をめぐる身体表現は、その最も顕著な例である。特権階級は心身の修練を積むことによって、日常的な何気ない所作においても、みずからを神の恩寵にあずかる特別な存在として、視覚的にきわ立たせようとしたのであった。帽子をめぐる身体所作は、日常の小さなふるまいであるがゆえに、いっそう差異を身体に植えつけ、差異を身体化するための有効な手段となっていたのである。

第Ⅱ部まで秩序化にしたがった身体の表象を読み解いたが、第Ⅲ部ではこれらとは逆の動き、いうならば秩序の揺らぎをモードの中に見出した。それはモードの意味が変容していく過程と深く関連している。

女性の黒い仮面のモードには、秩序化とそこからの揺らぎという両義性が見られた。女性のふるまいに秩序をもたらしたのは黒い仮面であった。顔を隠すこの小さな装身具は、貴族女性の日常的・公的生活での作法を生んだ。仮面をはずす行為によって相手への敬意を表わすのは、男性の帽子の所作にこめられた社会的意味作用と同様である。女性の顔を隠す行為は、男性が帽子をかぶる行為に相当する社会的認知を得た、とりわけ宮廷社会において重視されたふるまいであった。しかし、仮面はヴェネチアのカーニヴァルに由来するとも考えられるだけに、元来、非日常の祝祭の世界を演出するものである。そのため、秩序を求める宮廷社会の日常から、無秩序をも許容する非日常の世界を自在に行き来できる小道具にもなりえた。あるいは公的な世界と私的な世界への往来ともいってよい。仮面に象徴される両義的な世界を自由に楽しむことができたのが、当時の貴族女性の特権であった。

女性が仮面を好んで身につけたのは、寒暑対策という実用性のためだけではない。美しさをきわ立たせる美容効果を認めたのも理由のひとつである。仮面の黒さが肌の白さと対比されることによって、隠れている美しさを見る者に想像させた。その結果、顔を隠すものでありながら、男性の視線を引き寄せることになった。隠すと同時に見せる、あるいは魅せるという両義性が、仮面の本質である。この両義性は仮面にともなう女性の所作によってさらに増幅された。覆ったりはずしたりして、顔を見せたり隠したりする行為が、男性を魅惑するエロティシズムとも結びついた。仮面を思わせせぶりにちらつかせ、男性を誘惑する貴婦人たちの恋愛遊戯もあったろう。秘密めいた仮面の妖しい魅力が人びとの心を掴んだのであった。このことは徐々に宮廷規範から離れつつあったモードの一側面を表わしていると も言える。モードは十八世紀に向かって、女性が主体であり、かつ気まぐれなものへと移り変わっていった。

このように秩序の世界とそこから逸脱し始めた両義的なモードが貴族女性にとってのふるまいの奢侈であった。女性が顔を隠すのは、貴族女性としての自身への誇り、自尊心を満足させるものであった。[10]他者の視線を遮断し、視線の力関係を優位にコントロールできる仮面という小道具によって、自由な身体、無秩序な世界にも入り込める身体を獲得することが、地位ある女性の特権であったからである。仮面のモードに関する論考自体これまで見られなかったため、本書は新たな知見をもたらす結果となった。

秩序がさらに私的領域に入り込み、奢侈がより私的なものへと変容していく過程で、モードは秩序を乱すものへと変貌していく。秩序を乗り越えていくモードの誕生である。部屋着モードが起きてきた十八世紀初期、もはやモードは宮廷規範と決別したといっても過言ではあるまい。作法書は、部屋着モードを、快適の追求と見て危険視した。作法書が快適を排除したのは、第一に、そこに官能性に対する志向を認めたからである。部屋着は危うい エロティックな魅力を引き出すものであり、それゆえ、肉の罪を説く「神のおしえ」に背くものと見なされた。この点が、ラ・サルによる快適を排除するための主たる理由になっていた。

しかし、危険視されたのはそれだけの理由からではない。当時のエロティシズムには、哲学する姿、自由思想家のイメージが重なった。十七世紀から十八世紀にかけてのフランスは、リベルタンと呼ばれる無神論者が新しい哲学思想を生み出した時代である。[11]哲学者たちは既存の価値観をくつがえす思想の持ち主であり、その現状批判を可能にする自由な思想自体も、長らく忌避されてきた。[12]自由思想家は神の存在を疑うため、当然、キリスト者の目には異端以外のなにものでもない。しかも、彼らは社会批判の手段として、エロスの表現を利用することがあった。ポルノグラフィの世界と哲学者の思考世界は近接し、あるいは重複しており、フランス政府当局からは、禁断の書という意味で、どちらも同じ範疇に分類されていた。その哲学者たちの肖像は、デカルトやディドロだけでなく、多くの場合、部屋着姿で思索にふける姿が描かれている。

このように、部屋着はエロティシズムを喚起するだけに、社会秩序を乱す懸念を抱かせる表象になっていた。部屋着からかもし出されるエロティシズムが秩序転覆と結び付けられただけではない。高位の人びとにのみ許される部屋着を誰もが身につけ、王侯貴族ならではの優雅な午前中の着替えの風俗が模倣されることは、宮廷社会の秩序を揺るがす事態を招く。それらは結局、みな「神のおしえ」に背くことに通じる。奢侈は、奢侈を許された者のみが味わうべき果実だからである。

しかし、これらの事情があるからこそ、部屋着は人びとの心を惹きつけた。十八世紀初期の人びとは、部屋着に固有の異国情緒をも感じさせる快適な雰囲気の中に、肉体の解放だけでなく、精神の解放へ導く力を読み取っていたのではないか。礼儀作法による秩序化から遠ざかりはじめたからこそ、新しいモードとしての魅力は発揮されたと言ってもよい。そしてモードは規範秩序から離れ、今日的な意味をもつファッションとして、ひとり立ちしていったとも言える。

ルイ14世の時代は、絶対王政確立期であり、それゆえ、宮廷における規範が整えられ、あらゆるものの秩序化と序列化が推し進められた時代であった。アンシャン・レジーム期において、秩序化は常に奢侈の問題と二人三脚で歩んできた。奢侈は快の感覚と結びつくため、身体に心地よい感覚を一部の王侯貴族のみに掌握させ、享受できるようにさせようとしたのが、当時の秩序化の実体であった。清潔にしろ、帽子のふるまいにしろ、仮面と部屋着にみられるエロティシズムにしろ、それらはすべて奢侈の領域にある身体感覚であり、特権階級である宮廷貴族の占有物である。

快適さによる奢侈を一部の者が独占することで、社会秩序を身体化させようとしたのである。

十八世紀初期になって現れてくる礼儀作法が認めない快適な部屋着モードは、宮廷文化から生まれる規範とモードとの間の蜜月時代が終わって、モードが作法と決別したことを示している。同時代の作法書が肯定しない装いが、モードとして広がっていったからである。このようなモードと作法書の言説との間の齟齬は、十七世紀にはなかった。ルイ14世の時代の終結とともに、快適な衣服である部屋着への志向が高まったのは、十七世紀から続く堅苦しい礼儀作法の規範からの心身の解放を人びとが望み、それを部屋着に感じとったからではないか。第Ⅲ部によって、秩序と結んだモードが、より私的な世界で展開された時に、逸脱のモードへ変容したことが明らかになった。このようにして、秩序が、服飾と身体に及ばなくなることを、礼儀作法書は危惧したのだとも言えるだろう。

したがって、本書によって、明らかになったことは次の通りである。

第一に、服飾によって、アンシャン・レジーム期である一六三〇年代から一七二〇年代においての社会秩序は、日常生活の中で身体化されていったことである。服飾によって、秩序は身体に植えつけられ、そうすることで、秩序は同時代人の生活のすみずみにまで浸透し、日常化していった。服飾は、身体に密着しているものであるからこそ、秩序を身体化するための格好の手段になっていた。いっぽうで、秩序は容易に圧倒的に身体に浸透し支配するものではなく、浸透させようという圧力があるほど、つまり日常生活に入り込んでいくほど、身体に及んだ秩序が揺らいだことも、服飾を通して読み取ることができた。

本書で論じた秩序化とは、従来言われてきた、アンシャン・レジーム期の服飾が身分秩序を映し出すという考え方とは、少し異なっている。本書は秩序をテーマとし、この時代の「秩序」ordreという言葉は身分を表わすものでもあったことを序論で述べておいたが、当時の複雑な身分位階が、常に正確に服飾に投影されていることを論じたわけではない。もちろん、当時の清潔概念に見るように、服飾には常に「身分にふさわしい」ものが求められた時代ではある。

しかし、おそらく、同時代人の日常生活の中で、具体的に秩序を認識するのは、他者との相対的な関係の中で、自身が上位なのか下位なのかを確認する作業であったと本書では考えている。服飾から見えてくるのは、そのような秩序であり、序列である。

たとえば、レースには序列が見られたが、そのひとつひとつと当時の身分位階が等式で結ばれるような事象は、本書では確認できなかった。王が禁令対象の高級レースをふんだんに身に着けたのは確実であろうと思われるが、レースをめぐる貴族たちの狂奔ぶりを見るならば、簡単に、この身分にはこれ、あの身分にはそれ、というようにひとつひとつ結びつけられるものではない。同じ宮廷貴族でも、王の御前にいるときに身に着けるレースと、自分の威信を顕示しなければならない相手の者の前にいるときに身に着けるレースとでは、異なっていた可能性は考えられる。さらに、身体が秩序を寄せつけず、無縁でいられる場や領域もあったことを考えあわせると、身分位階と服飾が常に確実に結びついていたものとは、考えにくい。そうではなく、他者との相関関係においての身分秩序が、常に考慮されていたものと思われる。

服飾から見えてくる秩序とはそのようなものであった。そうであるとするならば、従来言われてきたように、アンシャン・レジーム期の服飾が、社会階層や集団を映し出しているとすれば、それはいったい具体的にどのような事象のことを指すのだろうか。本書では取り上げなかったが、たとえば、軍隊の制服やお仕着せなどには明確な規則や法令が存在している。[13] このような軍隊などの個々の位階に結びつけられた個別の服飾（つまり制服）に関しての調査は、今後の課題と言ってもよい。

とはいえ、本書では、社会階層や集団と厳密に結びつかないと考えられる服飾の中にも、「秩序」が認められることを明らかにすることができた。当時の人間にとって皮膚感覚で感じ取れた秩序とは、相対的なものであった。服飾に現れる秩序とは、宮廷規範と結びつく身分秩序であるが、帽子の作法に明らかなように、他者とのかかわりの中で、上下を確認し、自分の位置、とりわけ宮廷社会においての配置を確認するための秩序であり、その配置を強固に支えるためのものであったと結論できる。

秩序化の現象を後押ししたのはモードであった。十七世紀を通じて、宮廷規範そのものであったモードは、秩序化に大きく貢献していた。秩序はモードと結んでいたからこそ、身体化されたのであった。しかし、仮面にしろ、部屋着にしろ、第Ⅲ部で論じた私的な秘められた領域においては、当然のことかもしれないが、逸脱が起きてくる。そのような私生活の領域に、奢侈であるモードが浸透したことによって、秩序は揺らいだのである。その結果、モードは規範の意味を失った。一七二〇年代には、モードは、女性の気まぐれに支配された服飾の流行を意味するようになる。部屋着モードが厳しく批判されたのは、身体の秩序化が阻害されたからにほかならず、宮廷に起源をもつ規範が足元から崩れていく危険性、あるいは形骸化してしまう危機感が、強く認識されたからなのであろう。

身体の秩序化が一方的に進められたわけではなかったことを、仮面と部屋着モードの中に読み解くことによって、「秩序」を多面的にとらえることが可能になった。その結果、ルイ14世治世下においては、礼儀作法と秩序と緊密に結ばれていたモードが、しだいにそこから離れ、単なる女性の服飾の流行として変化していくことを指摘することができた。モードの意味の変容の途上に位置づけられた仮面と部屋着のモードには、その後十八世紀を通じて見られたロココ・ファッションの萌芽を認めることも可能であろう。部屋着モードからは、後の時代にもてはやされることになる「快適さ」が初めから肯定されていたわけではないこともうかがうことができた。モードの意味を秩序化という大きな歴史の流れとの関係で論じ、身体の秩序逸脱から、モードの変容を跡づけたのは、モード研究としての成果である。

アンシャン・レジーム期の服飾、あるいはモードについて、身体の側面から論じたものは、意外なことにこれまでわずかしか見られない(14)。また、当時の日常生活を支配していたと思われる礼儀作法を、秩序化の動きととらえる議論はこれまで見られなかった。これらと服飾および身体を合わせて論じたものや、そこにモードの意味を読み解いたものも見られないため、本書はアンシャン・レジーム期の服飾論に新たな視点を投じることができたと考える。

身体史あるいは感性の歴史の側面から見ても、この時代の身体感覚とふるまいの具体像を明らかにした点は成果であるといえる。その中で、一六三〇年代頃から新しく生まれてきた「清潔」という身体感覚の中に、秩序化への志向を読み解いたのは、これまでの清潔論に新たに加えられるべき知見となったであろう。結果として、当時の日常生活を皮膚感覚から照射し、その時代的意義を論じることができた。これまで瑣末なものとして軽視されてきた、礼儀作法書に見られる服装規範の実態とその意味を明らかにした点も、作法書研究に一石を投じたことになったのではないか。服装規範からこそ、同時代人の生活実践、身体行動の意味を読み解くことができるのである。

今後の課題としては、以下のことが残されている。本書では、示唆するだけにとどめたが、ジェンダーの視点からの考察が今後必要となってくるであろう。なぜなら、秩序から身体が逸脱していったのは、主に女性のモードの中から起きてきたからである。なぜ、逸脱のモードを担ったのが女性であったのか。そこから、この時期のジェンダーについて論じる余地は十分にあると思われるのだが、本書ではそこまで進めることはできなかった。しかし、作法と結ぶ秩序と緊密な関係にあったモードが、女性のモードとして展開されたときに逸脱を生んだことは、一考の価値がある。モードの概念が、宮廷で権威づけられている主要な慣習という意味から変化し、女性のきまぐれに支配された服飾の流行という意味に大きく変貌をとげたのであり、この点に関しての、ジェンダー的な解釈や分析は、今後、必要であろう。

管見においては、アンシャン・レジーム期の服装規範は、主に男性の側で広まったものであり、礼儀作法書の多くは男性に向けられたものであった。しかし、フランス革命を経たのち、女性を対象とした礼儀作法書はしだいに増加していく。このことと、モードの変容、あるいはジェンダー観の変容については、今後、調査を進め、分析していく必要があると考えている。さらに、礼儀作法とモードの関係は、一七二〇年代以降、どのようになっていったのか。モードは秩序から完全に離れ続けるのか。これらの問いの答えを今後探っていきたい[15]。

また、本書ではこれまでの清潔論に新しい視点を投じることができたが、清潔が秩序の意味を失っていくのはいつなのか、その分水嶺も探る必要があろう。清潔が現代のような衛生的な意味を主体とする概念に変わっていくのは、おそらく十九世紀であるが、なぜ、それまで色濃く持っていた秩序の意味を失っていくことになるのか、その理由は現時点では不明のままである。その過程に、どのような、人間の感性と心性の変化が潜んでいるのかは興味深い。

さらに、部屋着モードの展開に関しても課題は残される。部屋着モードを批判したのは、後のマリー・アントワネットが身に着けた王妃のシュミーズ・ドレスの顚末にまで続く[16]、当時のモラルであったと思われるが、十九世紀を迎えると、いわゆるエンパイア・スタイルのモスリンのドレスとして、表舞台に堂々と現れるようになっていく。そこに至るまで、フランス社会の人びとの感性と道徳観は、どのような経緯をたどり、変化していくのだろうか。おそらく新古典主義のような新たな美意識の誕生がそこにかかわるのだろうが、何がそこに影響を与えているのかは、服飾史研究の上で大きな問題になりうる。そして、現代においても、逸脱のモードと言うべき、部屋着ファッションや下着ファッションは存在し続けている。このように、現代にまで続く大きな時代の流れの中で、逸脱のモードについて身体論の視点から考察していくことは、必要であろうと考える。

以上のような今後の課題も残されているが、本書では、服飾の視点から、アンシャン・レジーム期の身体感覚とふるまいについて論じることによって、当時の日常性の中に見られた秩序化の身体への刻印と、そこからの逸脱を分析することができた。秩序化とは、身分位階に結びつく制度上の服飾として現れただけではなく、他者との相関関係において、身分の上下を確認し、再生産するものとして日常の服飾の中に現れたことを、本書では導き出すことができたのである。

注

1　ゾンバルト、前掲書、一四四頁。Perrot, *op.cit.* pp.54-55. ペローは第2章において、奢侈がアンシャン・レジーム期の体制を維持するのに不可欠であることを述べているが、とりわけこの部分において、ドラマールを援用しつつ、奢侈こそが当時の身分社会を維持するために必要であったことを強調している。

2　たとえば、マリヴォーの『成り上がり百姓』の主人公は、結婚によって百姓から貴族に成り上がった男である。その妻が、夫に対して、これからあなたは下着類が大量に必要になるからこれから買いに行きます、と言う場面がある。(Marivaux, *Le paysan parvenu*, (1734-1735). Édition Garnier Frères, Paris, 1959, p.164). 貴族になるためには、豪奢な衣服はもちろん、美しい白いリネンの下着類がふんだんに必要であった。それを買いととのえて、夫を貴族に見合う風采に仕立て上げようという妻の気配りが見える場面である。

3　Daniel Roche, *La culture*, pp.161-166 : le même, *Le peuple*, pp.254-56 : Le même, 《L'invention du linge au XVIIIe siècle》 in *Ethnologie française, Linge de corps et linge de maison*, t.16, no.3, 1986, pp.227-238. G・デュビイ、M・ペロー監修、前掲書、八六～八七頁参照。

4　Molière, *George Dandin ou le Mari confondu*, in *op.cit.*, II, p.477.「ソタンヴィル氏　まず帽子を脱いで。この方は貴族で、あんたはそうじゃないんだから。／ダンダン、ジョルジュ　(帽子を手に持ち、傍白) 畜生。」

5　Molière, *l'École des maris*, in *op.cit.*, I, pp.428-429.「ヴァレール　エルガスト、ほらあいつが憎らしい番人、僕の愛する人の厳格な保護者だよ。［…］近づいて知り合いになろう。［…］あいつ、自分が挨拶されているのに気づかないよ。／エルガスト　こっちの眼が悪いんだ。右側に回りましょう。［…］／スガナレル　うーん、話し声がしたかな。［…］何…？そら耳か？［…］俺に用？［…］何だ…？　またか？　何度も帽子を取りやがって！／ヴァレール　あの、お邪魔でしょうか？」

6　ボーサン、前掲書、三五頁。

7　増田都希、前掲論文、六四～七〇頁。シャルチエ『読書と読者』六九～八二頁。

8　シャルチエ、同書、五六～五七頁。

9 鷲見洋一『『百科全書』と世界図絵』岩波書店、二〇〇九年。

10 スカロンによれば、仮面は便利でありながら、貴婦人にとっては名誉となる服飾であった。Scarron, *op. cit.*, p.612.

11 赤木昭三、前掲書。

12 バイエ、前掲書。

13 Isambert, *op.cit.*, 参照。

14 Frederic Leferme-Falguières, *op.cit.* この論文は二〇一一年に刊行されたもので、本書の元になる博士論文の執筆時には参照することはできなかった。また、この論文が扱っているのは主に十八世紀の女性のコルセットや宮廷服についてであり、本書が対象とした白い下着、レース、男性の帽子、あるいは部屋着などとは異なっている。

15 フランス革命後から今日に至るまでの礼儀作法の歴史については、F. Rouvillois, *op.cit.*, の成果から出発することができよう。

16 マリー・アントワネットの「王妃のシュミーズドレス」はルブラン，ヴィジェが描いた肖像画（一七八三年）で知られるが、シュミーズが本来下着であったことから、同時代の人びとからは批判を受けることになり、ルブランは、同じポーズで宮廷服を身につけた王妃の肖像画を描き直すことになったという有名な逸話がある。

あとがき

本書は、二〇一二年三月にお茶の水女子大学大学院に提出した博士論文（論文博士）「アンシャン・レジーム期フランスの服飾にみる秩序の表象」の内容をもとにまとめたものである。一九九八年に同大学大学院博士課程を満期退学し、その後十余年の時間をかけて書き続けてきたものを、ここにようやくまとめることができた。時間がかかりすぎた自分を恥ずかしく思う反面、晴れて世に問うことができるのを、心から嬉しく思っている。

本書は、アンシャン・レジーム期の服飾事象を身体論の視点で読み解いたものだが、筆者の研究のベースは服飾文化史であり、これまで書いてきた論文やエッセイはすべて服飾を通して歴史を語るというものである。

はじめて服飾文化史に関心を持ったのは、すでに、四半世紀も前にさかのぼる。ファッションデザイナーになりたいという秘かな願望を持っていた十八歳の私は、お茶の水女子大学家政学部被服学科に進学した。そこで、お裁縫の世界に飛び込むつもりであったのが、服飾文化の彩り豊かな美しい世界と出会うことになり、完全に魅了されてしまった。特に日本とはまったく異なる歴史的・文化的背景を持つ、フランスという社会における服飾文化には、未知の世界のきらめきと奥深さが感じられた。このようなフランス服飾文化のおもしろさと、服飾の意味を読み解くことの学問的な可能性を教えてくださったのは、徳井淑子先生である。先生のもとで卒業論文を書いた筆者は、その後も、亀のように遅々たるマイペースな歩みながらも、服飾文化史の研究にのめりこむことになった。考えてみれば、放っておいたら何の形にも結ぶことはなかったかもしれない。しかし、こうしてひとつの形にすることができたのは、何年もの間、変わらず叱咤激励くださった徳井先生のご指導があってこその賜物である。先生には深く御礼申し上げます。幼い自分が思い描いた将来像とは異なるものの、こうして、半生のおおかたの時間を、常に服飾の世界のことばかりを考え、その世界に夢中になって生きてこられたことを、あらためて幸せに思っている。

修士論文では、ギャラントリーという十七世紀フランスの流行現象を、シャルル・ソレルの作法書から読み解く、という作業を行なった。それが、礼儀作法書とのつきあいのはじまりである。初めてフランス語文献とまともに向き合うことになるのだが、このように、フランス国立図書館から文献資料や図像資料を取り寄せたり、パリに赴いて「ベーエヌ（フランス国立図書館のことを、フランス研究者は古馴染みのようにベーエヌ（BN）と呼ぶ）」というところで検索をする、という研究方法を教えてくださったのも、もちろん徳井先生である。憧れのパリで研究するための実践的なノウハウを教えていただいた時のうれしさは、今でも鮮明に覚えている。

修士論文完成に至るまでの道のりは、こうして取り寄せた一冊の小さな作法書の世界を、単語ひとつひとつの意味を確かめながら、再構築しようと努力する日々であった。外国語だからということもあるが、初めは何もわからない意味を持たない言葉であったのに、毎日にらめっこをしているうちに、曖昧模糊としながらも、不思議とそれがひとつのイメージになり、ほかの散らばった言葉ともつながって、なにか像のようなものに結ばれていく時があり、もしかすると、その瞬間が、自分の中では至福の時であったような気がする。そのような時間の積み重ねを、私は好んできたのだと思う。

お茶の水女子大学大学院博士課程在学中には、ロータリー財団の国際親善奨学生としてフランスに留学する機会を得、リュミエール・リヨン第二大学で一年半、学ぶことができた。リヨンで教えを乞うたジャン・ピエール・ギュトン先生をはじめとした先生方は、日本ではほとんど触れることのできない古文書の世界の扉を筆者の前に開いてくださった。寒くて暗い冬のリヨンで受講した、読み解く手がかりがなかなかつかめない古文書学の授業は、今では本当に懐かしい。なぜ、遺体調書の調査が服飾研究に必要なのか、初めは見当もつかなかったが、半年して、ようやく手稿史料が読めるようになったときには、なるほど、庶民の衣生活はこの史料でなければ読み解くことはできない、と合点した。日本とはまったく異なるフランスという国で、生活をし、まさに異文化体験をすることによって、たとえば、本書の第I部の清潔のテーマはさらに現実味を帯びた研究として、わずかながらも広がりを持てるようになったと思う。

日本で学んだ服飾文化史は、服飾の意味や表象を読み解くという象徴論的な手法が中心であったように思う。それが、フランス留学のなかで、少ないながらも数量的なデータ分析が必要となるような史料と出会うことになり、筆者はこのふたつの手法の間で揺れ動きながら、研究を進めていくことになっていった。

筆者のこれまでの研究過程には、そのほかにも多くの先生方とのご縁がある。特にフランス文学の鷲見洋一先生には、先生のご専門の十八世紀フランス文学のみならず、文学研究のいろはから、フランス学なるものの面白さまでご教示いただいた。日本学術振興会特別研究員として、一九九八年からの三年間、慶應義塾大学に受け入れていただいたことに対する感謝の気持ちは、いつもかわらず胸の内にある。ほかにもすでに他界された先生もいらっしゃるが、筆者の心の中では、いまでも助言をくださる。

博士論文は、文字通り、筆者が、関心のおもむくままに、あれやこれやと書き散らしてきたものがもとになっている。博士論文としてまとめるつもりは初めからあったものの、それらがどのような形になるのか、最初はまったく予想もできなかった。十年以上の時間がたって、それらの中にひとつのテーマが見いだされて、ひとつにつながることがわかった時の喜びは、大げさでなく、ずっとトンネルの中を歩んでいて、光が差し込んできたかのようであった。

とはいえ、今から思い返せば、ひとつだけ一貫して、自分の中で貫いてきた研究の目的は存在してきたと思う。それは、皮膚感覚で感じることのできる歴史を描きたかったということである。後世に生きる人びとには伝わりにくい、同時代の人びとが生きている中で感じている、日常の身体感覚の歴史として服飾文化史を構築してみたいと思っていた。私たち現代人にも、日常の生活の中で感じるさまざまな身体感覚、皮膚感覚があると思う。あまりに卑近だが、梅雨のムシムシした朝の出勤時、スーツに身を包んで、満員電車の中で吊革を握りしめながら感じる息苦しさや、夏休みにサングラスをして表参道を歩く時の解放感や、帰宅してむくんだ足をハイヒール靴から解放した時のほっとした気分、などなど、現代日本人ならではのこれらの身体感覚は、もしかしたら、後世の人にはよくわからないものなのかもしれない。そのようなことと同じようなイメージで、アンシャン・レジーム期の人びとの息遣いがわかるような服飾文化史を描いてみたかった。もちろん、こうしてあとがきを書いている今でも、このことに本書が成功できているかどうかはわからない。しかし、この気持ちがあれば、筆者はこれからも研究を続けていくことができるだろう。

博士論文を審査してくださった、安成英樹先生、新井由紀夫先生、宮内貴久先生、鈴木禎宏先生にもお礼を申し上げたい。審査の過程でいただいた諸先生方からの示唆に富むご意見からは、自分では気づかない新たな視点をいただくことが多々あった。特にアンシャン・レジーム期のフランス史学がご専門の安成先生には、大変多くのことを教えていただいた。

本書は、現在勤めている跡見学園女子大学の二〇一三年度の出版助成金もいただいている。博士論文執筆の最後の段階で落ち着いて研究に打ち込めたのは、跡見学園女子大学の職場環境のおかげである。感謝申し上げたい。

悠書館の長岡正博氏にも心からお礼を申し上げたい。長岡氏は、筆者の博士論文公開発表会に足を運んでくださった。そしてその後すぐに、本書の出版を快く引き受けてくださった。はじめて単著を出版する筆者に、さまざまなことをいつも静かに教えてくださり、刊行までもやはり時間がかかってしまった私を、せかすこともなく、このようにきれいな本に仕上げてくださった。
最後に、これまでの長い時間、常に筆者を支え続けてくれた両親に、感謝をこめて、本書を捧げる。

二〇一三年猛暑の夏

内村理奈

I．人名索引

ア行

アシェンバーグ，キャスリン　Katherine Ashenburg　31
アダム　Adam　231, 234
アマディ　Amadis　xxxv, xxxiii
天野知恵子　181, 182
アラン　Alain　166, 167
アリスト　Ariste　137, 138
アルドゥアン・フジエ　Elisabeth Hardouin-Fougié　92
アルヌール　Nicolas Arnoult　口絵 xvi, 208
アルノルフ　Arnorphe　164, 165, 166, 167
アルパゴン　Harpagon　155
アルルカン　Arlequin　168, 169, 170
イヴ　Eve　231, 234
イザベル　Isabelle　83, 254
イポリット　Hyppolyte　176, 177
ヴァトー，アントワーヌ　Antoine Watteau　口絵 xx, 227, 242, xxxviii
ヴァルモン子爵　Vicomet de Valmont　235
ヴァレール　Valère　159, 165, 176, 177, 254, 264
ヴィガレロ，ジョルジュ　Georges Vigarello　4, 5, 6, 15, 18, 19, 61, 104, 105, 109, 179, 180, 181
ヴィンチョーロ，フェデリコ　Federico Vinciolo　75
ヴェブレン　Thorstein Veblen　24, 25, 26
ヴェルディエ，イヴォンヌ　Yvonne Verdier　117
ヴォーブラン伯爵　Comte de Vaublanc　115
ヴォージュラ，クロード・ファーヴル・ド　Claude Favre de Vaugelas　5, 53, 194, 195, 249
ヴォルテール　Voltaire　24, 54, 230, 239
エラスト　Éraste　163, 164
エラスムス　Erasmus　42, 56, 57, 58, 147, 148, 150, 179
エリアス，ノルベルト　Norbert Elias　7, 18, 20, 21, 133
エルガスト　Ergaste　254, 264
エロアール，ジャン　Jean Héroard　105, 160
エントウィスル，ジョアン　Joanne Entwistle　23
オクタヴィアン　Octavien　口絵 xix, 242
オルレアン公　Duc d'Orléans　86

カ行

カイイエール　Caillière　62
カーサ，ジョバンニ・デ・ラ　Giovanni Della Casa　56, 58
カザノヴァ　Giacomo Casanova　218
カスティリオーネ　Baldassare Castiglione　36, 42, 56, 57, 61, 136, 179
カトー　Cathos　176
カバネス，オギュスタン　Augustin Cabanès　17, 31
カリプソ　Calypso　54, 108
ガルソー　Garsault　73, 94
ガルダン，モーリス　Maurice Garden　32, 44
ガルノ，ブノワ　Benoît Garnot　44
カルボン　Carbon　175
カロ，ジャック　Jacque Callot　209
カーン，アルベール　Albert Kahn　54
キノー　Philippe Quinault　xxxiii, xxxv
キュイジイ　Cuigy　175

ギュトン，ジャン－ピエール　Jean-Pierre Gutton　46
グーフルヴィーユ，クレマン・ド　Joseph-Liyus-Clément de Gouffreville　89
グベール，ピエール　Pierre Goubert　69
クルタン，アントワーヌ・ド　Antoine de Courtin　36, 43, 63, 64, 87, 88, 111, 132, 133, 137, 145, 148, 150, 166, 193, 210
ゴーヴァール，クロード　Claude Gauvard　155, 156
ゴルジビュス　Gorgibus　162
コルネイユ　Corneille　176
コルバン，アラン　Alain Corbin　15, 31
コルベール　Jean-Baptiste Colbert　85
ゴンクール兄弟　Edmond et Jules de Goncourt　228, 234, 235

サ行

サヴァリー，ジャック　Jacque Savary　72, 73, 89
サン・ジャン，ジャン・デュウ・ド　Jean Dieu de Saint-Jean　口絵 xvii, 口絵 xviii, 208, 209
シェイクスピア　William Shakespeare　198
ジェロント　Géronte　165
シャトレ夫人　Marquise de Châtlet　239
シャルチエ，ロジェ　Roger Chartier　27, 42
シャルル６世　Charles VI　221
ジャンリス夫人　Mme la comtesse de Genlis　55, 138, 217, 218, 238, 239
シュザンヌ　Suzanne　220, 225
ジュリエット　Juliet　198
ジュールダン氏　Monsieur Jourdain　167, 168, 177, 180, 182, 183, 184, 186, 192, 197, 199, 238, 240, 245, 255
ジョベール，アベ　Abbé Jaubert　xxviii, xxxi, 114, 115
スガナレル　Sganarelle　83, 137, 138, 153, 154, 165, 177, 254, 264
スカロン　Paul Scarron　219, 265
スミス，ヴァージニア　Virginia Smith　31
セヴィニエ夫人　Marquise de Sévigné　84
セリデ　Célidée　176
ソタンヴィル氏　Monsieur de Sotenville　264
ソルノン　Jean-François Solnon　119
ソレル，シャルル　Charles Sorel　17, 18, 36, 61, 62, 64, 86, 87, 136, 138, 141, 250

タ行

ダランベール　D'Alenvert　99, 113, xxii
ダルビュルシー，ドン・トマ　Dom Thoma d'Alburcy　176
ダンジョー　Dangeau　107, 110
ダンダン，ジョルジュ　George Dandin　254, 264
ダーントン，ロバート　Robert Darnton　26, 236
ティソ　Tissot　107, 110
ディドロ　Diderot　99, 113, 214, 237, 258, xxii
デカルト　Descartes　237, 258
デュバリー夫人　Mme Dubarry　xx
デュパン夫人　Madame Dupin　235
デュラン，ジョセフ　Josephe Durand　119
デュルフォール　Durfort　217, 218
デルピエール，マドレーヌ　Madeleine Delpierre　104, 234
テレマック　Télémaque　54, 55, 108
ドゥロン，ミシェル　Michel Delon　26
ド・ギッシュ　De Guiche　156, 175
ド・メーム　M.de Mesmes　53
ド・ラ・トルッフ嬢　Mademoiselle de la Trouffe　84
ドラマール　Nicolas Delamare　40, 75, 76, 82, 83, 85, 264

ドラント　Dorante　167, 168, 170, 171
ドリマン　Dorimant　176
ドリメーヌ　Dorimène　183
ドンヴィル，ルイーズ・ゴダール・ド　Louise Godard de Donville　136

ナ行

二宮宏之　15
野村雅一　15
ノラ，ピエール　Pierre Nora　14

ハ行

バイヤール，フランソワーズ　Françoise Bayard　44, 104
バーク，ピーター　Peter Burke　14
パラティヌ皇女　Princesse Palatine　228, 229, 233, 234
バルザック　Honoré de Balzac　17, 18, 30
ハント，リン　Lynn Hunt　10, 26, 27, 236
ヒポクラテス　Hippocrates　165
ファルネーゼ，エリザベッタ　Elisabetta Farnese　37
ファレ，ニコラ　Nicolas Faret　36, 52, 61, 64, 71, 72, 86, 136, 137, 249
フィガロ　Figaro　225
フィジップ　Phidippe　54
フィッツ・ジェームス　M.de Fitz-James　217
フェヌロン　Fénelon　54, 55, 58, 88, 108
フーコー，ミシェル　Michel Foucault　23
ブーシェ，フランソワ　Françios Boucher　207
ブデ，クロード　Claude Budet　119, 120
フュルチエール　Furetière　58, 60, 71, 72, 95, 135, 195, 213, 216, 220, 230, 232
フラゴナール，ジャン＝オノレ　Jean Honoré Fragonard　口絵 vi, 99
フランクラン，アルフレッド　Alfred Franklin　16, 17, 30, 207
フランソワ　François　120
フランソワ１世　François I　86, 222
ブリッサイユ　Brissaille　175
プリュヴィネル　Antoine de Pluvinel　187
ブリュッシュ　François Bluche　119
ブルデュー，ピエール　Pierre Bourdieu　22
ブルトンヌ，レチフ・ド・ラ　Rétif de la Bretonne　55
ブレーズ　Blaise　170, 171
ベルガルド，モルヴァン・ド　Morvan de Bellegarde　36
ペルグラン，ニコル　Nicole Pellegrin　44
ベルジュラック，シラノ・ド　Cyrano de Bergerac　156, 157, 175, 219, 225
ベルセ，イヴ＝マリー　Yves Marie Bercé　26, 205, 222
ペロー，シャルル　Charles Perrault　109, 209, 216, 264
ペロー，フィリップ　Philippe Perrot　25, 26
ボーシャン，シャルル＝ルイ　Charles-Louis Beauchamp　44, 184
ボージョン　Beaujon　xx
ボッス，アブラハム　Abraham Bosse　口絵 iv, 口絵 v, 77, 78, 79
ポトッカ夫人　Mme de Potocka　218
ボーマルシェ　Beaumarchais　219
ボーラン，ミシュリーヌ　Micheline Baulin　44
ボローニュ，ジャン＝クロード　Jean-Claude Bologne　239
ポワトゥヴァン　Poitevin　111
ボンジー枢機卿　Bondy　85
ポンティ，メルロ　Maurice Merleau-Ponty　23

マ行

マキューシオ　Marcutio　198

マジャンディ，モーリス　Maurice Magendie　27
増田都希　42, 43
マリー・アントワネット　Marie-Antoinette　45, 263, 265
マリアンヌ　Marianne　240
マリヴォー　Marivaux　54, 161, 163, 168, 240, 253, 264
マンデヴィル　Bernard Mandeville　24
マントール　Mentor　108
マンドルー，ロベール　Robert Mandrou　15
ミカイロフ　Nathalie Mikailoff　31
ミュシャンブレ，ロベール　Robert Muchembred　7, 8, 21, 22, 140, 156, 160, 197
ミラボー　Marquis de Mirabeau　21
メイナール　Maynard　215
メディシス，カトリーヌ・ド　Catherine de Médicis　75
メルシエ　Louis Sébastien Mercier　117, 156
メルトゥイユ侯爵夫人　Marquise de Merteuil　235
モース，マルセル　Marcel Mauss　15
モリエール　Molière　40, 41, 83, 137, 153, 155, 159, 161, 162, 163, 164, 166, 168, 172, 180, 182, 238, 253, 254, 255
モンタンドン，アラン　Alain Montandon　7, 27, 36, 37, 42
モンテスキュー　Montesquieu　26, 213, 236
モンテスパン夫人　Marquise de Montespan　233
モンテフェルトロ，グイドバルド　Guidobaldo da Montefeltro　68

ヤ行

ユゲ，エドモン　Edmond Huguet　52

ラ行

ラクロ　Laclos　235
ラ・サル，ジャン・バティスト・ド　Jean-Baptiste de La Salle　37, 63, 64, 87, 132, 133, 142, 148, 150, 158, 166, 187, 228, 230, 231, 232, 239, 241
ラノエ，カトリーヌ　Catherine Lanoë　16
ラビュタン，ビュッシー　Bussy Rabutin　53, 65, 107, 108
ラ・フォンテーヌ　La Fontaine　158
ラ・ブリュイエール　Jean de La Bruyère　54, 138, 213
ラモー，ピエール　Pierre Rameau　口絵 ix, 口絵 x, 口絵 xi, 口絵 xii, 37, 179, 181, 182, 183, 184, 185, 189, 190, 191, 192, 193, 194, 195, 196, 197, 198, 199, 200, 201, 254
ラ・モンターニュ　La Montagne　163, 164
ラランヌ，ルドヴィク　Ludovic Lalanne　17, 18
ラルース　Larousse　195
リヴァル，ネド　Ned Rival　19
リザンドル　Lysandre　176, 177
リシュレ　Richelet　58, 195, 230
リゼット　Lisette　170
リトレ　Littré　118
リポマノ，ジェローム　Jérome Lippomano　212
リュカ　Lucas　165, 177
リュリ　Jean-Baptiste Lully　xxxiii, xxxv
ルイ 13 世　Louis XIII　86, 105, 106, 110, 111, 152, 159, 160
ルイ 14 世　Louis XIV　3, 10, 20, 25, 27, 86, 87, 100, 106, 107, 110, 180, 184, 197, 227, 230, 241, 258, 259, 261
ルイ 15 世　Louis XV　238, 239, xx
ルイ 16 世　Louis XVI　45
ル・ゴフ，ジャック　Jacques Le Goff　14, 40
ルサージュ　Alain-René Lesage　235
ルソー，ジャン・ジャック　Jean-Jacques

Rousseau　24, 55, 110, 113, 120, 121, 235
ル・バルブイエ　Le Barbouillé　166
ルブラン，ヴィジェ　Élisabeth-Louise Vigée Le Brun　265
ルペール，ジャック　Jacque Ruppert 207
ル・ペルシュ　Le Perche　185
ルロワール　Leloir　233
レクザンスカ，マリー　Marie Leszczynska　238
ロクサーヌ　Roxane　157, 219, 225
ローザン氏　M. de Lauzun　218
ロスタン，エドモン　Edomond Rostand 156, 219
ロッシュ，ダニエル　Daniel Roche　44, 45, 113, 122
ロミオ　Romeo　198
ロワゾー　Charles Loiseau　59, 60, 196
ロンギ，ピエトロ　Pietro Longui　口絵 xiii, 口絵 xiv, 206, 208
ロンシャン　Longchamps　239

ワ行

鷲田清一　15

Ⅱ．地名索引

マ行

ヤ行

ラ行

Ⅲ．事項索引

欧文

ア行

カ行

サ行

タ行

ナ行

ハ行

マ行

ヤ行

ラ行

ワ行

関係書誌

〈史料〉

古文書

Procès-verbaux de levée de cadavre, Archives départementales du Rhône, sous-série [2B], (justices seigneuriales du Lyonnais) 2B1~2B495 ; sous-série [11G] (chapitre Saint-Martin-d'Ainay) : 11G313, 11G314 ; sous-série [12G] (chapitre Saint-Just-de Lyon) : 12G419 ; sous-série [1H] (abbaye de Savigny) : 1H223 ; sous-série [27H] (abbaye de Saint-Pierre-Les-Nonnains à Lyon) : 27H567 ; sous-série [50H] (Confréries) : 50H51. sous-série [4B] (justices seigneuriales du Beaujolais) : 4B6-4B280.

Procès-verbaux de levée de cadavre, Archives Nationales, [Y15707]

礼儀作法書

CAILLIÈRE, M.de, *La fortune des gens de qualité et des gentil-hommes particuliers, Enseignant l'art de vivre à la Cour,* Estienne Loyson, Paris, 1663.

CASTIGLIONE, Baldassarre, *Il libro del Cortegiano,* nelle case d'Aldo Romano e d'Andrea d'Asolo suo suocero, Venetia, 1528（カスティリオーネ『カスティリオーネ宮廷人』清水純一・岩倉具忠・天野恵訳注、東海大学出版会、1987 年）.

COURTIN, Antoine de, *Nouveau traité de la civilité qui se pratique en France parmi les honnêtes gens,* (1671), Publications de l'Université de Saint- Étienne, Saint- Étienne, 1998.

COURTIN, Antoine de, *Traité de la civilité, nouvellement dressé d'une manière exacte & méthodique & suivant les règles de l'usage vivant,* Lyon, 1681.

DELLA CASA, Giovanni, *Galatée ou Des manières,* (1598), Jean de Tournes (présenté et traduit de l'Italien d'après la version de), Alain Pons, Paris, 1988.

ERASME, *La civilité puerile,* (1530), in *La bienséance la civilité et la politesse enseignées aux enfants,* textes réunis et présentés par Jean-Pierre Seguin, Jean Michel Place Le Cri, Paris-Bruxelles, 1992.

FARET, Nicolas, *L'honnête homme ou l'art de plaire à la cour,* (1630), M. Magendie (réédité par), Slatkine Reprints, Genève, 1970.

FÉNELON, *De l'Éducation des Filles,* (1687), in *Œuvres complètes, précédées de son histoire littélaire par M.Gosselin,* tome V, Slatkine Reprints, Genève, 1971（フェヌロン『女子教育論』辻幸三郎訳、目黒書店、1925 年）.

GENLIS, Madame de, *De l'esprit des étiquettes de l'ancienne cour et des usages du monde de ce temps,* (1812-13), Mercure de France, Paris, 1996.

LA SALLE, Jean-Baptiste de, *Les Règles de la bienséance et la civilité chrétienne,* (1703), in

La bienséance la civilité et la politesse enseignées aux enfants, Jean-Pierre Seguin（textes réunis et présentés par）, Jean Michel Place Le Cri, Paris-Bruxelles, 1992.
RAMEAU, Pierre, *Le Maître à danser, Qui enseigne la maniere de faire tous les differens pas de Danse* ..., （1725）, Broude, New York, 1967.
SOREL, Charles, *Les lois de la galanterie*, （1644）, in *Le Trésor des pieces rares ou inédites.- Extrait du Nouveau recueil des pieces les plus agreables de ce temps*, Ludovic Lalanne （réédité par）, A. Aubry, Paris, 1855.

アレッサンドロ・ピッコローミニ『ルネッサンスの女性論１：女性の良き作法について』岡田温司・石田美紀訳、ありな書房、2000 年。

アーニョロ・フィレンツオーラ『ルネサンスの女性論２：女性の美しさについて』岡田温司・多賀健太郎編訳、ありな書房、2000 年。

フェデリコ・ルイジーニ『ルネッサンスの女性論３：女性の美と徳について』岡田温司・水野千依訳、ありな書房、2000 年。

文学作品等

BALZAC, *Traité de la vie élégante*, in *Pathologie de la vie sociale*, （1853）, in *la Comédie humaine*, tome XII, Bibliothèque de la Pléiade, Gallimard, 1981.
BEAUMARCHAIS, *La folle journée ou Le Mariage de Figaro*, （1781）, in *Œuvres*, Bibliothèque de la Pléiade, Gallimard, Paris, 1988（ボーマルシェ『フィガロの結婚』辰野隆訳、岩波書店、1952 年）.
CASANOVA, *Mémoires*, Robert Abirached（texte présenté et annoté par）, Gérard Bauer（préface de）3tomes, Bibliothèque de la Pléiade, Gallimard, Paris, 1958（『カザノヴァ回想録８：仮装舞踏会』窪田般彌訳、河出書房新社、1973 年）.
CORNEILLE, *La Galerie de Palais*, （1632-1633）, in *Théatre*, Bibliothèque de la Pléiade, Gallimard, Paris, 1950（『コルネイユ喜劇全集』持田坦訳、河出書房新社、1996 年）.
Dialogue du masque et des gands, in *Les entretiens galans d'Aristipe et d'Axiane* ..., Claude Barbin, Paris, 1664.
FÉNELON, , *Les Aventures de Télémaque*, （1699）, Hachette, Paris, 1927（フェヌロン『テレマックの冒険（上）』朝倉剛訳、現代思潮社、1969 年）.
GENLIS, Madame de, *Adèle et Théodore ou Lettres sur l'Éducation contenant tous les principes relatifs aux trois différents plans d'éducation des Princes et des jeunes personnes de l'un et l'autre sexe*, （1782）, Presses Universitaires de Rennes, Rennes, 2006.
LA BRUYÈRE, *Les Caractères ou Les Mœurs de ce siècle*, （1688）. in *Œuvres complètes*, Bibliothèque de la Pléiade, Gallimard, Paris, 1934（ラ・ブリュイエール『カラクテール、当世風俗誌（中）』関根秀雄訳、岩波文庫、1953 年）.
LACLOS, Choderlos de, *Les Liaisons Dangereuses*, in *Œuvres complètes*, Bibliothèques de la Pléiade, Gallimard, Paris, 1951（ラクロ『危険な関係（上）』伊吹武彦訳、岩波文庫、1993 年）.
La faiseuse de mouches, （1650?）, in *Variétés Hstoriques et Littéraires*, tome 7, éd. E. Fournier, P. Jannet, Paris, 1855-1863.
LA FONTAINE, Jean de, *Fables, livre* Ⅳ *, fable* Ⅵ *, Le combat des rats et des belettes*, in

Œuvres complètes I, *Fables contes et nouvelles,* Bibliothèque de la Pléiade, Gallimard, Paris, 1991.

LESAGE, Alain-René, *Œuvres complètes de Le Sage, Histoire de Gil Blas de Santillane,* vol.2, Société Les Belles Lettres, Paris, 1935.

L'isle des hermaphrodites, (1605), Claude-Gilbert Dubois (édition, introduction et notes par), Droz S.A., Genève, 1996.

MANDEVILLE, Bernard, *The Fable of the Bees : or, Private Vices, Publick Benefits,* J.Tonson, London, 1729（バーナード・マンデヴィル『蜂の寓話：私悪すなわち公益』泉谷治訳、法政大学出版局、1985年）.

MARIVAUX, *Théâtre complet,* I & II, Bibliothèque de la Pléiade, Gallimard, Paris, 1993（『新マリヴォー戯曲集Ｉ』井村順一・佐藤実枝・鈴木康司訳、大修館書店、1989年）.

MARIVAUX, *Le Paysan parvenu,* (1735), Garnier Frères, Paris, 1959（佐藤文樹訳『世界文学全集古典編：第20巻：マリヴォー篇：色好み成上がり百姓』河出書房、1955年）.

MARIVAUX, *La Vie de Marianne,* (1731-41), in *Œuvres choisies de Marivaux,* tome 1er, Hachette, Paris, 1903.

MERCIER, Louis Sébastien, *Tableau de Paris,* I, Mercure de France, Paris, 1994（ルイ＝セバスチャン・メルシエ著『十八世紀パリ生活誌：タブロー・ド・パリ（上）』原宏編訳、岩波書店、1989年）.

MOLIÈRE, *Œuvres complètes,* I & II, Bibliothèque de la Pléiade, Gallimard, Paris, 1971（モリエール『モリエール全集』秋山伸子訳、全10巻、臨川書店、2000年；『モリエール全集２』鈴木力衛訳、中央公論社、1973年）.

MONTESQUIEU, *Lettres persanes,* (1721), Garnier Frères, Paris, 1960（モンテスキュー『ペルシア人の手紙（下）』大岩誠訳、岩波書店、2007年）.

MONTESQUIEU, *De l'esprit des lois…,* Bibliothèque de la Pléiade, Gallimard, Paris, 1951（モンテスキュー『法の精神（上）』野田良之・稲本洋之助・上原行雄・田中治男・三辺博元・横田地弘訳、岩波書店、1989年）.

PERRAULT, *Contes,* Gilbert Rouger (textes établis, avec introductions sommaire biographique, bibiliographie, notices, relevé de de variants, notes et glossaire, par), Garnier, Paris, 1967（『完訳ペロー童話集』新倉朗子訳、岩波書店、1982年）.

RÉTIF DE LA BRETONNE, Nicolas, *La Paysanne pervertie ou Les dangers de la ville,* (1784), Garnier Flammarion, Paris, 1972.

ROSTAND, *Cyrano de Bergerac,* (1897), Hachette, Paris, 1997（エドモン・ロスタン『シラノ・ド・ベルジュラック』辰野隆・鈴木信太郎訳、岩波書店、1994年）.

ROUSSEAU, Jean-Jacques, *Émile ou de l'Éducation, Émile et Sophie,* in *Œuvres complètes,* IV, *Émile, Éducation–Morale-Botanique,* Bibliothèque de la Pléiade, Gallimard, Paris, 1969（ルソー『エミール（上）』今野一雄訳、岩波書店、2008年）.

ROUSSEAU, J.-J., *Les confessions,* in *Œuvres complètes,* I, *Les confessions autres textes autobiographiques,* Bibliothèque de la Pléiade, Gallimard, Paris, 1959（ルソー『告白（中）』桑原武夫訳、岩波文庫、1997年）.

SCARRON, Paul, *Le Virgile travesti,* (1648-1653), J. Serroy (édition de), Classique Garnier, Bourges, 1988.

SHAKESPEARE, *The Norton Shakespeare, based on the Oxford Edition*, W.W.Norton & Company, New York, 1997 (シェイクスピア『ロミオとジュリエット』松岡和子訳、ちくま文庫、1996 年).

VOLTAIRE, *Contes en vers en prose*, 1, *L'Education d'une fille*, (Bibliothèque Nationale de France, Gallica, URL : http://gallica.bnf.fr/?lang=FR).

その他の史料

COCHERIS, Hyppolyte, *Patrons de Broderie et de Lingerie du XVIe siècle, Recueil de documents graphiques pour servir à l'Histoire des Arts industriels*, L'Écho de La Sorbonne, Paris, 1872.

DANGEAU, Marquis de, *Journal de marquis de Dangeau, avec les additions inédites du duc de Saint Simon*, (1694), Firmin-Didot frères, Paris, 1854-1860.

DANGEAU, Marquis de, *Journal d'un courtisan à la Cour du Roi Soleil*, tome I, 1684-1685, Paleo, Paris, 2002.

DANGEAU, Marquis de, *Journal du marquis de Dangeau*, tome II, 1686-1687, Paleo, Paris, 2002.

DESCARTES, *Meditations*, in *Œuvres de Descartes*, C.Adam & P.Tannery (publiées par), traduction française, IX-1, Philosophique J.Vrin, Paris, 1982 (『世界大思想全集、哲学・文芸思想篇 7 、デカルト』「第一哲学についての省察」桝田啓三郎訳、河出書房、1956 年).

DELAMARE, Nicolas, *Traité de la Police, l'histoire de son établissement, les functions et les prérogatives de ses Magistrats, toutes les loix et tous les règlemens qui la concernant*, Aux Dépens de la Compagnie, Amsterdam, 1729.

DIDEROT, *Regrets sur ma vieille robe de chambre ou avis à ceux qui ont plus de gout que de fortune*, in *Œuvres*, Bibliothèque de la Pléiade, Gallimard, Paris, 1939.

GARSAULT, M.de, *L'Art de la Lingère*, L. F. Delatour, Paris, 1771.

HÉROARD, Jean, *Journal de Jean Héroard*, Madelaine Foisil (sous la direction de), Fayard, Paris, 1989.

ISAMBERT, DECRUSY et ARMET, *Recueil général des anciennes lois françaises: depuis l'an 420 jusqu'à la révolution de 1789*, Belin-Leprieur, Paris, 1821-1833.

LIPPOMANO, Jérome, *Relation des ambassadeurs vénétiens*, II, 1577.

LOISEAU, Charles, *Les œuvres de Maistre Charles Loiseau, avocat en Parlement, contenant les cinq livres du droit des Offices, les Traitez des Seigneuries, des Ordres & simples Dignitez…*, la Compagnie des Librairies, Lyon, 1701.

Mèmoire sur Voltaire, et sur ses ouvrages par Longchamp et Wagnière, ses secretaries; suivis de divers ecrit…, 1826, Paris.

Mercure de France dédié au Roy, février 1732, in *Mercure de France*, tome XXII, janvier-juin 1732, Slatkine Reprints, Genève, 1968.

Mercure de France, Aoust, 1775, in *Mercure de France*, tome CIX, juillet-décembre 1775, Slatkine Reprints, Genève, 1971.

Mercure de France, tome X, janvier-juin 1726, Slatkine Reprints, Genève, 1968.

PALATINE, Charlotte-Elisabeth Orléans Princesse, *Correspondance complète de Madame*

Duchesse d'Orléans née Princesse Palatine, mère du Régent, traduction entièrement nouvelle par M.G.Brunet, Charpentier, Paris, 1855.
PERRAULT, Charles, *Parallèle des anciens et des modernes en ce qui regarde les arts et les sciences dialogues avec le poème du siècle de Louis Le Grand et une épitre en vers sur le génie*, seconde édition, tomes 1, (1692), Slatkine Reprints, Genève, 1979.
PLUVINEL, Antoine de, *Le Manège Royal*, (1624), Bibliothèque des introuvables-C. Tchou, Paris, 2004.
RABUTIN, Roger de, *Les Mémoires de Messire Roger de Rabutin, Comte de Bussy, lieutenant général des armées du roi, et mestre de camp général de la cavalerie légère*, JCLattès, Paris, 1987.
Recueil général des questions traictees és Conferences du Bureau d'Adresse, sur toute sortes de Matières ; Par les plus beaux esprits de ce temps, tome 2, I. Baptiste Loyson, Paris, 1655.
ROUSSEAU, *Dernière Réponse* [*à Charles Bordes*], in *Œuvres complètes*, t.3, Bibliothèque de la Pléiade, Gallimard, Paris, 1964.
SAINT-SIMON, *Mémoires de Saint-Simon*, t.15, Hachette, Paris, 1929.
TISSOT, Samuel Auguste André David, *Avis au peuple sur sa santé*, (1761), Quai Voltaire / Histoire, Paris, 1993.
VALLOT, DAQUIN et FAGON, *Journal de santé de Louis XIV*, Jérôme Millon, Grenoble, 2004.
VAUBLANC, Comte de, *Mémoires de M. le Comte de Vaublanc*, Firmin Didot Frères, Paris, 1857.
VINCIOLO, Federico, *Renaissance Patterns for Lace and Embroidery, An Unabridged Facsimile of the 'Singuliers et Nouveaux Pourtraicts'of 1587*, Dover publications, New York, 1971.
VOLTAIRE, *Le siècle de Louis XVI*, (1756), tome 2, Garnier-Flammarion, Paris, 1966.
VOLTAIRE, *Idées répubulicaines*, in *Œuvres complètes*, t.23, Moland, Paris, 1879.

モンテーニュ『エセー（一）』原二郎訳、岩波書店、1991 年。

辞書類

ANTONINI, l'abbé, *Dictionaire Italien, Latin et François, contenant non seulement un abrege du dictionnaire de la crusca, mais encore tout ce qu'il y a de plus remarquable dans les meilleurs Lexicographes, Etymologistes, & Glossaires, qui ont paru en differentes Langues.*, Jacques Vincent, Paris,1735.
BERTHELOT, *La Grand Encyclopédie, inventaire raisonné des sciences, des lettres et des arts par une société de savants et de gens de lettres*, H.Lamirault, Paris, 1886-1902.
CANAL, Pierre, *Dictionaire Francois et Italien*, Robert Foüet, Paris, 1603 (Dittionario Italiano e Francese, per M.Petro Canale, Stampato in Parigi, 1603).
Dictionnaire universel Français et Latin, vulgairement appelé Dictionnaire de Trévoux, la compagnie des Librairie associés, Paris, 1771.
DIDEROT et D'ALEMBERT, *Encyclopédie, ou Dictionnaire raisonné des sciences, des arts et des métiers*, (Paris, 1751-1761), Readex Microprint Corporation, New York, 1969.
FRANKLIN, Alfred, *Dictionnaire historique des arts, métiers et professions exercés dans Paris*

depuis le XIIIe siècle, (1905-1906), Laffitte Reprints, Marseille, 1987.
FURETIÈRE, *Dictionnaire universel d'Antoine Furetière,* (1690), SNL-Le Robert, Paris, 1978.
GAY, Victor, *Le glossaire archéologique du moyen âge et de la renaissance,* (1887), Kraus Reprint, Nendeln, 1974.
HUGUET, Edmond, *Dictionnaire de la langue Française du XVIe siècle,* Didier, Paris, 1973.
HUGUET, Edmond, *Petit glossaire des classiques Français du dix-septième siècle,* Hachette, Paris, 1920.
JAUBERT, Pierre, Abbé, *Dictionnaire raisonné universel des arts et métiers, contenant l'histoire, la description, la police des fabriques et manufactures de France et des Pays etrangers,* Delalain fils, Paris, 1801, (Amable Leroy, Lyon, 1801).
LAROUSSE, Pierre, *Grand dictionnaire universel du XIXe siècle,* (Paris, 1866-1879), Slatkine Reprints, Genève-Paris, 1982.
LAROUSSE, *Grand Larousse de la langue française,* Larousse, Paris, 1976.
Le Dictionnaire de l'Académie Française, (1694), France Tosho Reprints, Tokyo, 1967.
Le Dictionnaire de l'Académie Française, (1762)
LELOIR, Maurice, *Dictionnaire du costume et de ses accessoires des Armes et des Étoffes des origines à nos jours,* (1951), Gründ, Paris, 1992.
LITTRÉ, Emile, *Dictionnaire de la langue française,* Hachette, Paris, 1881-1882.
MÉNAGE, Gilles, *Dictionnaire etymologique de la langue françoise,* (1750), Slatkine Reprints, Genève, 1973.
MONTANDON, Alain (sous la direction de), *Dictionnaire raisonné de la politesse et du savoir-vivre du moyen âge à nos jours,* Seuil, Paris, 1995.
Nouveau Dictionnaire de l'Académie Françoise, (Jean Baptiste, Paris, 1718). Slatkine Reprints, Genève, 1994.
RICHELET, Pierre. , *Dictionnaire Français,* (1680), France Tosho Reprints, Tokyo, 1969.
ROBERT, Paul, *Le Grand Robert de la Langue Française, Dictionnaire Alphabétique et Analogique de la Langue Française,* 2me édition, entièrement revue et enrichie par Alain Rey, Le Robert, Paris, 1985.
ROBERT et SIGNORELLI, *Dizionario Francese-Italiano, Italiano-Francese,* II *Italiano-Francese,* Signorelle, Milano, (Société du Nouveau Lettre, Paris), 1988.
SAINTE-PALAYE, La Curne de, *Dictionnaire historique de l'ancien langage François ou Glossaire de la langue Françoise,* Georg Olms Verlag, Hildesheim, New York, 1972.
SAVARY DES BRUSLON, Jacque, *Dictionnaire universel de commerce,* Jacques Estienne, Paris, 1723.
VAUGELAS, Claude Favre de, *Remarque sur la Langue Françoise,* (1647), réédité par J.Streicher, Slatkine Reprints, Genève, 1970.
VENERONI, *Dictionaire Italien et François,* mis en lumière par Antoine Oudin, tome 1er, Guillaume de Luyne, Jure, Paris, 1681.
VENUTI, Filippo, *Dictionnaire François-Italien, profitable et necessaire à ceux qui prennent plaisir en ces deux langues* (*Dittionario Italiano e Francese, Nel quale si mostra come i*

vocaboli Italiani si possino dire, e esprimere in lingua Francese), Appresso Iacopo StoeR, Geneva, 1638.

図像資料

BONNART, Frères, SAINT-JEAN, Jean de et ARNOULT, Nicolas., *Collection of costumes of the XVII century in France*, chez Bonnart, Paris, 1675-1695.
CUZIN, Jean-Pierre, *The Louvre, French Paintings*, Scala, Paris, 1982.
GAUDRIAULT, *Raymond, Répertoire de la gravure de mode française des origines à 1815*, Promodis Editions du Cercle de la Librairie, Nantes, 1988.
ROSENBERG, Pierre et PRAT, Louis-Antoine, *Antoine Watteau 1684-1721, Catalogue raisonné des dessins*, 3 tomes, Gallimard/Electa, Paris, 1996.

中山公男編『ヴァトー全作品』ヴァトー画、中央公論社、1991 年。

『モードと風刺、時代を照らす衣服：ルネサンスから現代まで、La mode : le miroir du monde du XVIe au XXe siècle』展覧会図録、栃木県立美術館、1995 年。

『ラグジュアリー：ファッションの欲望』展覧会カタログ、京都服飾文化研究財団、2009 年。

『ルーブル美術館展、フランス宮廷の美』朝日新聞社、2008 年。

『ヴェネツィア絵画のきらめき:栄光のルネサンスから華麗なる十八世紀へ』展覧会図録、Bunkamura ザ・ミュージアム、2007 年。

＜研究文献＞

服飾史

BERTHOLLET, C.L. et A.B., *Éléments de l'art de teinture, avec une description du blanchiment par l'acide muriatique oxigéné*, tome1, Firmin Didot, Paris, 1804.
BLUM, André, *Histoire du costume, Les modes au XVIIe et au XVIIIe siècle*, Hachette, Paris, 1928.
BOUCHER, François, *Histoire du costume en occident, des origines à nos jours*, nouvelle édition, (1965), Flammarion, Paris, 1996.
BUFFÉVENT, Béatrix de, *L'Économie dentellière en région parisienne au XVIIe siècle*, Société historique et archéologique de Pontoise, du Val-d'Oise et du Vexin, Pontoise, 1984.
DELPIERRE, Madeleine, *Se vêtir au XVIIIe siècle*, Adam Biro, Paris, 1996.
DONVILLE, Louise Godard de, *Signification de la Mode sous Louis XIII*, Edisud, Aix-en-Provence, 1978.
ENTWISTLE, Joanne, *The Fashioned Body*, Polity Press, Cambridge, 2000 (ジョアン・エントウィスル『ファッションと身体』鈴木信雄監訳、日本経済評論社、2005 年).
FONTENELLE, M.Julia de, *Manuel complet du blanchiment et du blanchissage, nettoyage et dégraissage, des fils et étoffes de chanvre, lin, coton, laine, soie, ainsi que de la cire des éponges, de la laque, du papier, de la paille, etc.*, tome 1er, Encyclopédique de Roret, Paris, 1834.
FOURISCOT, Mick, *La dentellière*, Berger-Levrault, Paris, 1979.

FRANKLIN, Alfred, *La vie privée d'autrefois, arts et métiers, mode, mœurs, usages des Parisiens du XIIe au XVIIIe siècle, d'après des documents originaux ou inédits, Les magasins de nouveautés, 1~4,* Librairie Plon, Paris, 1894, 1895, 1896, 1898.

FRANKLIN, Alfred, *La civilité, l'étiquette, la mode, le bon ton du XIIIe au XIXe siècle,* 2tomes, Émile-Paul, Éditeur, Paris, 1908.

HARDOUIN-FOUGIER, Elisabeth, BERTHOD, Bernard et CHAVENT-FUSARO, Martine, *Les Etoffes : dictionnaire historique,* Les Editions de l'Amateur, Paris, 1994.

KRAATZ, Ann, *Dentelles,* Adam Biro, Paris, 1988 （アン・クラーツ『レース、歴史とデザイン』深井晃子監訳、平凡社、1989 年）.

LEFERME-FALGUIÈRES, Frédérique, «Corps modelé, corps contraint : les courtisans et les normes de paraître à Versailles» in *Cultures de cour, cultures du corps XIVe-XVIIIe siècle,* PUPS, Paris 2011.

LE GOFF, Jacques, «Codes vestimentaire et alimentaire dans Érec et Énide», in *L'imaginaire médiéval,* Gallimard, Paris, 1985.

MONNEYRON, Frédéric （sous la direction de）, *Vêtement et Littérature,* Presses Universitaires de Perpignan, Perpignan, 2001.

PELLEGRIN, Nicole, *Les vêtements de la liberté,* Alinea, Aix-en-Provence, 1989.

PERROT, Philippe, *Le travail des apparences, Le corps féminin, XVIIIe-XIXe siècle,* Seuil, Paris, 1991.

PERROT, Philippe, *Les dessus et les dessous de la bourgeoisie,* Arthème Fayard, Paris, 1981 （フィリップ・ペロー『衣服のアルケオロジー：服装から見た十九世紀フランス社会の差異構造』大矢タカヤス訳、文化出版局、1985 年）.

PISETZKY, Rosita Levy, *Il costume e la moda nella società italiana,* Giulio Einaudi editore, Torino, 1978.（R.L. ピセツキー『モードのイタリア史：流行、社会、文化』池田孝江監修、森田義之他訳、平凡社、1987 年）.

QUICHERAT, Jules-Étienne, *Histoire du costume en France, depuis les temps les plus reculés jusqu'à la fin du XVIIIe siècle,* Hachette, Paris, 1875.

ROCHE, Daniel, *La culture des apparences, une histoire du vêtement XVIIe-XVIIIe siècle,* Fayard, Paris, 1989.

ROCHE, D. ,«L'invention du linge au XVIIIe siècle», in *Ethnologie française, Linge de corps et linge de maison,* t.16, no.3, 1986.

ROUVILLOIS Frédéric, *Histoire de la politesse de 1789 à nos jours,* Flammarion, Paris, 2006.

ROY, Hippolite, *La vie, la mode et le costume au XVIIe siècle époque Louis XIII,* Champion, Paris, 1924.

RUDOFSKY, Bernard, *The Unfashionable Human Body,* Anchor Press, New York, 1971 （バーナード・ルドフスキー『みっともない人体』加藤秀俊・多田道太郎訳、鹿島出版会、1979 年）.

RUPPERT, Jacque, *Le costume français, Tout l'Art Encyclopédie, guide historique,* Flammarion, Paris, 1996.

SONENCHER, Michael, *The Hatters of Eighteenth-Century France,* University of California Press, Berkeley, 1987.

TOUSSAINT-SAMAT, Maguelonne, *Histoire technique & morale du vêtement*, Bordas, Paris, 1990.
VAYLET, Joseph , *La chemise conjugale*, Subervie, Rodez, 1976.

内村理奈「ギャラントリー：十七世紀前期フランスの社交生活と服飾」『服飾美学』第24号、1995年。

内村理奈「1770年代の遺体調書にみるパリとリヨン、ボジョレの服飾」『人間文化論叢』第9巻、2007年。

内村理奈「十八世紀パリ、リヨン、ボジョレにおけるchemiseの着用状況:清潔論再考」『実践女子短期大学紀要』第29号、2008年。

京都造形芸術大学編『モードと身体』、成実弘至責任編集、角川書店、2003年。

駒城素子「白さと日本人の好み」『繊維学会誌』vol.43, no.5, 1987年。

駒城素子・生野晴美・中島利誠「市販蛍光増白綿布の増白度と青み付け」『日本家政学会誌』vol.44, no.12, 1993年。

駒城素子「白さの色彩科学的考察と人間の感性による捉え方」『紙パ技協誌』49（9）、1995年。

『時代を着る：ファッション研究誌『Dresstudy』アンソロジー』財団法人京都服飾文化研究財団、2008年。

芹生尚子「帽子をめぐる暴力：アンシャン・レジーム末期バ＝ラングドック地方における「民衆心性」」『思想』877号、岩波書店、1997年。

武田佐知子編『着衣する身体と女性の周縁化』思文閣版、2012年。

辻ますみ「シャムワズ:ルイ十四世代の一流行とフランスの綿産業」『服飾美学』第26号、1997年。

徳井淑子『涙と眼の文化史：中世ヨーロッパの標章と恋愛思想』東信堂、2012年。

『Dresstudy』2006年、春号、vol.49、財団法人京都服飾文化研究財団。

中西希和「20世紀ファッションの生成の背景としてのバレエ・リュス：ニジンスキーの「牧神」における身体性」『服飾文化学会誌』vol.5、no.1、2004年、41-49頁。

新實五穂『社会表象としての服飾:近代フランスにおける異性装の研究』東信堂、2010年。

水谷由美子「十八世紀ヴェネツィアにおけるバウタの仮装：ピエトロ・ロンギの作品を中心に」『服飾美学』28号、1999年。

水谷由美子「カサノーヴァの『回想録』に見られる仮装と遊び：ピトッキとドミノについて」『服飾美学』32号、2001年。

吉野真理『アンティーク・レース：十六世紀～十八世紀、富と権力の象徴』里文出版、1995年。

歴史学、文学、その他

APOSTOLIDÈS, Jean-Marie, *Le roi machine, spectacle et politique au temps de Louis XIV*, Minuit, Paris, 1981（J.M. アポストリデス、『機械としての王』水林章訳、みすず書房、1996年）.
ARNAUD Sabine et JORDHEIM, Helge（édité par）, *Le corps et ses images dans l'Europe du dix-huiriéme siécle*, Honoré Champion, Pairs, 2012.
BAYARD, Françoise, «Au coeur de l'intime: Les poches des cadavres. Lyon, Lyonnais,

Beaujolais (XVIIe-XVIIIe siècle)», in *Bulletin du Centre d'histoire économique et sociale de la région Lyonnaise,* N° 2, Unité associée au C.N.R.S., Lyon, 1989.

BAYARD, Françoise, *Vivre à Lyon sous l'Ancien Régime,* Perrin, Paris, 1997.

BAYET, Albert, *Histoire de la libre-pensée,* collection Que sais-je?, P.U.F., Paris, 1959 （アルベール・バイエ『自由思想の歴史』二宮敬・二宮フサ共訳、白水社、1960 年）.

BEAUSSANT, Philippe, *Versailles, Opéra,* Gallimard, Paris, 1981（フィリップ・ボーサン著『ヴェルサイユの詩学：バロックとは何か』藤井康生訳、平凡社、1986 年）.

BERCÉ, Yves-Marie, *Louis XIV,* Le chevalier bleu, Paris, 2005（イヴ・マリー・ベルセ『真実のルイ十四世、神話から歴史へ』阿河雄二郎他訳、昭和堂、2008 年）.

BLUCHE, François et SOLNON, Jean-François, *La véritable hiérarchie sociale de l'ancienne France, le tarif de la première capitation (1695)*, Droz, Genève, 1983.

BOLOGNE, Jean-Claude, *L'histoire de la pudeur,* Oliber Orban, Paris, 1986（ジャン・クロード・ボローニュ『羞恥の歴史、人はなぜ性器を隠すか』大矢タカヤス訳、筑摩書房、1994 年）.

BOURDIEU, Pierre, *La distinction, critique social du jugement,* Minuit, Paris, 1979（ピエール・ブルデュー『ディスタンクシオン：社会的判断力批判、I、II』石井洋二郎訳、藤原書店、1990 年）.

BRAUDEL, Fernand, *Civilisation matérielle, économie et capitalisme, XVe-XVIIIe siècle,* tome 1, *Les structures du quotidien : Le possible et l'impossible,* Armand Colin, Paris, 1979（フェルナン・ブローデル『日常性の構造 1：物質文明・経済・資本主義十五―十八世紀、I-1』村上光彦訳、みすず書房、1985 年）.

BURKE, Peter, *New Perspectives on Historical Writing,* Polity Press, Cambridge, UK, 1991（ピーター・バーク『ニュー・ヒストリーの現在、歴史叙述の新しい展開』谷川稔他訳、人文書院、1996 年）.

CABANÈS, Augustin, *Moeurs intimes du passé,* 1er et 2me séries, Albin Michel, Paris, 1922-1924.

CASTAN, Nicole, *Les criminels de Languedoc : Les exigences d'ordre et les voies du ressentiment dans une société pré-révolutionnaire (1750-1790)*, Association des publications de l'université de Toulouse, Toulouse, 1980.

CHAMBON, J.-P. (sous la direction de), *Französisches Etymologisches Wölterbuch,* XXII, fasc. 153, Zbinden Druck und Verlag AG, Bâle, 1993.

CHARNEY, Annie, *Archives départementales du Rhône sous-série 4B, Justices seigneuriales du Beaujolais (1406-1790)*, Conseil général du Rhône, Lyon, 1997.

CHARNEY, Annie etc., *Archives départementales du Rhône, sous-série 2B, justices seigneuriales du Lyonnais (1529-1791)*, Conseil général du Rhône, Lyon, 1990.

CHARTIER, Roger, *Lectures et lecteurs dans la France d'Ancien Régime,* Promodis, Paris, 1982 （ロジェ・シャルチエ『読書と読者：アンシャン・レジーム期フランスにおける』長谷川輝夫・宮下志郎訳、みすず書房、1994 年）.

CHRISTOUT, Marie Françoise, *Histoire du ballet,* collection Que sais-je?, P.U.F Paris, （マリ＝フランソワーズ・クリストゥ『バレエの歴史』佐藤俊子訳、白水社、1971 年）.

CORBIN, Alain, COURTINE, Jean-Jacques et VIGARELLO, Georges, *Histoire du corps,* 1. *De la Renaissance aux Lumières,* 2. *De la Révolution à la Grande Guerre,* Seuil, Paris, 2005.

（A. コルバン・J-J・クルティーヌ・G. ヴィガレロ編『身体の歴史（全3巻）』小倉孝誠・鷲見洋一・岑村傑訳、藤原書店、2010 年）.

CORBIN, Alain, *Le Miasme et la Jonquille, L'odorat et l'imaginaire social 18e-19e siècles*, Édition Aubier-Montaigne, Paris, 1982（アラン・コルバン『においの歴史：嗅覚と社会的想像力』山田登世子・鹿島茂訳、藤原書店、1990 年）.

DARNTON, Robert, *Edition et sédition : L'Univers de la littérature clandestine au XVIIIe siècle*, Gallimard, Paris, 1991.

DARNTON, Robert, *The Forbidden Best-Sellers of Pre-Revolutionary France*, 1995（ロバート・ダーントン『禁じられたベストセラー：革命前のフランス人は何を読んでいたか』近藤朱蔵訳、新曜社、2005 年）.

D'or et d'argent, la monnaie en France du Moyen Âge à nos jours, Cycle de conferences tenues à Bercy entre le 22 octobre 2001 et le 18 février 2002, comité pour l'histoire économique et financière de la France, Ministère de l'économie, des finances et de l'industirie, Paris, 2005.

DUBY, George et PERROT, Michelle, *Histoire des femmes en Occident*, 3, *XVIe-XVIIIe siècles*, Plon, Paris, 1991（G. デュビイ・M. ペロー監修『女の歴史 3：十六―十八世紀 1』杉村和子・志賀亮一監訳、藤原書店、1995 年）.

FLANDRIN, Jean Louis, *Le sexe et l'occident*, Seuil, Paris, 1981.（ジャン・ルイ・フランドラン『性と歴史』宮原信訳、新評論、1987 年）.

FLEURY, Michel (sous la direction de), *Almanach de Paris, premier volume : des origines à 1788*, Encyclopaedia Universalis France S.A., Paris, 1990.

FOUCAULT, Michel, *Surveiller et punir : Naissance de la prison*, Gallimard, Paris, 1975（ミシェル・フーコー『監獄の誕生：監視と処罰』田村俶訳、新潮社、1977 年）.

FRANKLIN, Alfred, *La vie privée d'autrefois, arts et métiers, modes, moeurs, usages des Parisiens du XIIe au XVIIIe siècle, d'après des documents originaux ou inédits, L'Hygiène, Plon, Paris*, 1890（フランクラン『排出する都市パリ：泥・ごみ・汚臭と疫病の時代』高橋清徳訳、悠書館、2007 年）.

GARDEN, Maurice, *Lyon et les Lyonnais au XVIIIe siècle*, Société d'Édition Les Belles-Lettres, Paris, 1970.

GARNOT, Benoît, *Société, culture et genres de vie dans la France moderne XVIe-XVIIIe siècle*, Hachette, Paris, 1991.

GARNOT, Benoît, *La culture matérielle en France aux XVIe-XVIIe-XVIIIe siècles*, Ophrys, Paris, 1995.

GAUBARD, Claude, *Crime, état et société en France à la fin du Moyen Age*, vol.2, Publication de la Sorbonne, Paris, 1991.

GAXOTTE, Pierre, *Paris au XVIIIe siècle*, Arthaud, Grenoble, 1968.

GONCOURT, Edmond et Jules de, *Œuvres Complètes*, X-XI, *La du Barry, Laduchesse de Châteauroux et ses soeurs*, (1854-1934), Slatkine Reprints, Genève-Paris, 1986.

GONCOURT, Edmond et Jules de, *Œuvres complètes*, XV-XVI, *La femme au dix-huitième siècle*, 1-2, Slatkine Reprints, Genève-Paris, 1986（エドモン・ド・ゴンクール、ジュール・ド・ゴンクール『ゴンクール兄弟の見た十八世紀の女性』鈴木豊訳、平凡社、1994 年）.

HUNT, Lynn, *The Invension of Pornography, Obscenity and Origins of Modernity, 1500-1800,* Zone Books, New York, 1993（リン・ハント編著『ポルノグラフィの発明：猥褻と近代の起源：1500 年から 1800 年へ』正岡和恵・末廣幹・吉原ゆかり訳、ありな書房、2002 年）.

KANTOROWICTZ, Ernst H., *The King's Two Bodies, A Study in Mediaeval Political Theology,* Princeton University Press, Princeton, New Jersey, 1957 （エルンスト・カントーロヴィチ『王の二つの身体』小林公訳、平凡社、1992 年）.

KERN, Stephen, *Anatomy and Destiny, A Cultural History of the Human Body,* Bobbs-Merrill, New York, 1975 （スティーヴン・カーン『肉体の文化史：体構造と宿命』喜多迅鷹・喜多元子訳、法政大学出版局、1989 年）.

KLEIN-REBOUR, F., *Métiers disparus,* LORENZ, Paul（sous la direction de）, G.M. Perrin, Paris, 1968.（F. クライン＝ルブール著、ポール・ロレンツ監修『[新装版] パリ職業づくし：中世から近代までの庶民生活誌』北澤真木訳、論創社、1998 年）.

LACOUR, René etc., *Archives départementales du Rhône, Répertoire numérique de la sérieG,（suite）sous-séries 11G à 29G,* Conseil général du Rhône, Lyon, 1968.

LANOË, Catherine, VINHA, Mathieu da et LAURIOUX, Bruno（dir.）, *Cultures de cour, cultures du corps XIVe-XVIIIe siècle,* PUPS, Paris, 2011.

LATREILLE, André（sous la direction de）, *Histoire de Lyon et du lyonnais,* Privat, Toulouse, 1975.

LE GOFF, Jacques et NORA, Pierre, *Faire de l'histoire, 3, Nouveaux objets,* Gallimard, Paris, 1974.

LE GOFF, Jacques et TRUONG, Nicolas, *Une histoire du corps au moyen âge,* Liana Levi, Paris, 2003（ジャック・ル＝ゴフ『中世の身体』池田健二・菅沼潤訳、藤原書店、2006 年）.

LÉON, Antoine, *Histoire de l'enseignement en France,* collection Que sais-je?, P.U.F., Paris, 1967（アントワーヌ・レオン『フランス教育史』池端次郎訳、白水社、1969 年）.

LOSFELD, Christophe, *Politesse, morale et construction social, Pour une histoire des traités de comportements（1670-1788）,* Honoré Champion, Paris, 2011.

LUCENET, Monique, *Les grandes pestes en France,* Éditions Aubier Montaigne, Paris, 1985（モニク・リュスネ『ペストのフランス史』宮崎揚弘・工藤則光訳、同文舘、1998 年）.

MANDROU, Robert, *Introduction à la France moderne, 1500-1640, Essai de psychologie historique,*（1961, 1974）, Albin Michel, Paris, 1998.

MARSEILLE, Jacque（sous la direction de）, *Le luxe en France du siècle des «Lumières» à nos jours,* ADHE, Paris, 1999.

MARTIN, Germain, *La grande industrie sous le règne de Louis XIV（plus particulièrement de 1660 à 1715）,* Librairie Nouvelle de Droit et de Jurisprudence, Paris, 1899.

MAUSS, Marcel, «Techniques of the Body», in *Economy and Society,* volume 2, Routledge & Kegan Paul, London, 1973.

MIKAÏLOF, Nathalie, *Les Manières de propreté,* Édition Maloine, Paris, 1990.

MINARD, Philippe, et WORONOFF, Denis（sous la direction de）, *L'Argent des campagnes, échanges, monnaie, crédit dans la France rurale d'Ancien Régime,* journée

d'études tenue à Bercy le 18 décembre 2000, comité pour l'histoire économique et financière de la France, Ministère de l'économie, des finances et de l'industirie, Paris, 2003.

MONTANDON, Alain (sous la direction d'), *Bibliographie des Traités de savoir-vivre en Europe du moyen âge à nos jours, 1: France–Angleterre–Allemagene*, Association des publications de la Faculté des Lettres et Sciences humaines, Université Blaise-Pascal, Clermond-Ferrand, 1995.

MONTANDON, Alain (sous la direction d'), *Pour une histoire des traités de savoir-vivre en Europe*, Association des publications de la Faculté des Lettres et Sciences humaines de Clermont-Ferrand, Clermond-Ferrand, 1995.

MUCHEMBRED, Robert, *L'invention de l'homme moderne*, Fayard, Paris, 1988（ロベール・ミュシャンブレ『近代人の誕生：フランス民衆社会と習俗の文明化』石井洋二郎訳、筑摩書房、1992 年）.

PERROT, Philippe, *Le luxe, une richesse entre faste et confort XVIIIe-XIXe siècle*, Seuil, Paris, 1995.

PUCCIO, Deborah, *Masques et dévoilements, Jeux du feminine dans les rituals carnavalesques et nuptiaux*, CNRS Éditions, Paris, 2002.

RIVAL, Ned, *Histoire anecdotique de la propreté et des soins corporals*, Jacque Grancher, Paris, 1986.

ROCHE, Daniel. , *Le peuple de Paris*, Aubier-Montaigne, Paris, 1981.

URBAN, Lina, ROMANELLI, Giandomenico, GANDOLFI, Fiora et HERCHER, Georges, *Venise en fêtes*, Turin, Chêne, 1992.

VERDIER, Yvonne, *Façons de dire, façons de faire*, Gallimard, Paris, 1979（イヴォンヌ・ヴェルディエ『女のフィジオロジー：洗濯女・裁縫女・料理女』大野朗子訳、新評論、1985 年）.

VIGARELLO, George, *Le corps redressé, Histoire d'un pouvoir pédagogique*, Jean-Pierre Delarge, Paris, 1978.

VIGARELLO, George, *Le propre et le sale : L'hygiène du corps depuis le Moyen âge*, Seuil, Paris, 1985（ジョルジュ・ヴィガレロ『清潔になる私：身体管理の文化誌』見市雅俊監訳、同文舘、1994 年）.

Vêtement et société, 2, Musée de l'homme, L'Ethnographie, tome 80, Société d'ethnograph, Paris, 1983.

キャスリン・アシェンバーグ『図説不潔の歴史』鎌田彷月訳、原書房、2008 年。

イヴ＝マリー・ベルセ『祭りと叛乱：十六〜十八世紀の民衆意識』井上幸治監訳、新評論、1980 年。

ロジェ・シャルチエ「表象としての世界」『歴史・文化・表象：アナール派と歴史人類学』二宮宏之編訳、岩波書店、1992 年。

ノルベルト・エリアス『文明化の過程（上）：ヨーロッパ上流階層の風俗の変遷』赤井慧爾・中村元保・吉田正勝訳、法政大学出版局、1977 年。

ノルベルト・エリアス『宮廷社会』波田節夫・中埜芳之・吉田正勝訳、法政大学出版局、1981 年。

L．フェーヴル、G．デュビィ、A．コルバン『感性の歴史』小倉孝誠編、大久保康明・

小倉孝誠・坂口哲啓訳、藤原書店、1997年。

ヴァージニア・スミス『清潔の歴史：美・健康・衛生』鈴木実佳訳、東洋書林、2010年。

ジャック・ソレ『性愛の社会史――近代西欧における愛』西川長夫他訳、人文書院、1985年。

ヴェルナー・ゾンバルト『恋愛と贅沢と資本主義』金森誠也訳、論創社、1987年。

ソースタイン・ヴェブレン『有閑階級の理論』小原敬士訳、岩波書店、1961年。


阿河雄二郎「ロワゾー『身分論』の世界：十七世紀初期のフランス社会の理念像にふれて」『ステイタスと職業：社会はどのように編成されていたか』前川和也編著、ミネルヴァ書房、1997年。

赤木昭三『フランス近代の反宗教思想』岩波書店、1993年。

天野知恵子『子どもと学校の世紀：十八世紀フランスの社会文化史』岩波書店、2007年。

池上俊一『歴史としての身体：ヨーロッパ中世の深層を読む』柏書房、1992年。

今村真介『王権の修辞学：フランス王の演出装置を読む』講談社、2004年。

木崎喜代治「フランス１８世紀の貴族階級：準備的概観」『松山大学論集』第2巻第5号、1990年12月。

小山啓子『フランス・ルネサンス王政と都市社会』九州大学出版会、2006年。

椎原伸博「オネットムの美学」『美学』169号、1992年。

柴田三千雄・樺山紘一・福井憲彦編『世界歴史大系　フランス史2：十六世紀～十九世紀なかば』山川出版社、1996年。

島本浣「アントワーヌ・ヴァトーの「ジェルサンの看板」について」『美学』32（2）、1981年。

鷲見洋一『『百科全書』と世界図絵』岩波書店、2009年。

二宮宏之『歴史学再考：生活世界から権力秩序へ』日本エディタースクール、1994年。

二宮宏之編『叢書歴史を拓く：アナール論文選３：医と病』新評論、1984年。

二宮宏之他編『シリーズ世界史への問い５：規範と統合』岩波書店、1990年。

二宮宏之「王の儀礼：フランス絶対王政」『シリーズ世界史への問い7：権威と権力』所収、岩波書店、1990年。

二宮宏之『フランスアンシアン・レジーム論：社会的結合・権力秩序・叛乱』岩波書店、2007年。

服部春彦『フランス産業革命論』未来社、1968年。

深沢克己『商人と更紗：近世フランス＝レヴァント貿易研究』東京大学出版会、2007年。

前川和也編著『ステイタスと職業：社会はどのように編成されていたか』ミネルヴァ書房、1997年。

増田都希「十八世紀フランスにおける「交際社会」の確立：十八世紀フランスの処世術論」一橋大学大学院、博士学位論文、2007年。

宮崎揚弘『災害都市トゥルーズ：十七世紀フランスの地方名望家政治』岩波書店、2009年。

森村敏己『名誉と快楽：エルヴェシウスの功利主義』法政大学出版局、1993年。

安成英樹「フランス絶対王政期における官職売買制度の展開とその再検討」平成16年度～平成18年度科学研究費補助金（基盤研究（C））研究成果報告書、平成19年。

鷲田清一・野村雅一編『叢書身体と文化1：技術としての身体』『叢書身体と文化2：コミュニケーションとしての身体』『叢書身体と文化３：表象としての身体』大修館書店、2005年。

付　録

〈史料１〉

ガルソー『リネン屋の技術』、1771 年、10 ～ 12 頁より[1]。

≪結婚のときに必要な布類、つまり「嫁入り衣裳・道具《トルソー》」≫

富裕な大貴族の例。

かぶりものとして

モスリンかレースの街着用のかぶりものひとつ

モスリンの田舎用のかぶりものひとつ

トレイの美しいバザン織[2]の床屋道具入れ、あるいは櫛入れを６つ

同素材の針山《プロト》のカバー６枚

タオル 48 枚

身づくろい用のエプロン 24 枚

化粧着６着、そのうち４着は美しいモスリンの装飾つきで、４着はレースつき

毛羽だったバザン織りの口紅を落とすための布 36 枚

二重になったモスリンの髪粉を落とすための布 36 枚

アランソンレース製のかぶりものと胸当てとひだのついた肩掛け一枚

イギリスレース製のかぶりものと胸当てとひだのついた肩掛け一枚

本物のヴァランシエンヌレースのかぶりものと胸当てとひだのついた肩掛け１枚

刺繍のされたマリーヌレース[3]のいわゆるバタンルイユと呼ばれるかぶりもの１枚、化粧着《ネグリジェ》用

レースのついた細かい花模様のモスリン製の無地の肩掛け６枚、化粧着《ネグリジェ》

モスリンの肩掛け 12 枚

小さなレースがついたキルティング加工の大きな夜用の縁なし帽 12 枚

モスリンとレースが２枚重《ラン》なっている[4]夜用の大きな縁なし帽 12 枚

さらに美しいレースが２枚重なった昼間用の大きな縁なし帽 12 枚、生理期間用

小さなレースのついた夜用のかぶりもの《セルテット》かバンド 12 枚

夜用のモスリンの大きなかぶりもの 12 枚

レースの縁取り《アントワラージュ》[5]のある大きな昼間用のかぶりもの6枚
12枚の枕カバー、そのうち10枚がモスリンの飾りつき、2枚がレースつき
キルティング加工されたボネ6枚、そのうちひとつは中くらいの大きさ

身につけるものとして
シュミーズ72枚
オランダ亜麻布《ドゥミ・オランド》のハンカチーフ72枚
バティスト布のハンカチーフ48枚
72組のスリッパ
美しいバザン織のコルセット6着
上の部分に小さなレースがひとつついているピエス・デストマ12枚
紐つきの夜用の袖なしのシャツ6枚、美しい木綿布や美しいインドのバザン織製で毛羽立ったバザン織の裏つき
モスリンのキルティング加工をしたペチコート6枚
美しい木綿布やインドのバザン織製の夏用の下穿きペチコート6枚
刺繍のある美しいモスリン製で同じ布の飾りのついている、マント・ド・リ6着と同様のペチコート6枚、これらは美しいデサビエと呼ばれている
花綱で飾ったモスリンのコルセットの装飾品6つと胸当て6枚、12組のカフス
刺繍をしたモスリンにレースの縁取りのしてあるコルセットの装飾品6つと胸当て12枚、12組のカフス
手洗い用の布6組
腕を洗うための布48枚
衣裳箱のための布72枚

出産のときに必要な布類は次の通り。

肌着
胸あての布
母乳を入れる袋
分娩時のシュミーズ
女性用のアマディ風袖とカフス[6]
平らなシーツ
ひだのついたシーツ
腹帯
モスリンのデサビエ
履物
1歳用のベギン帽

２歳用のベギン帽
３歳用のベギン帽
４歳用のベギン帽
毛織物の縁なし帽の縁
生まれたばかりの赤ちゃんにかぶせる帽子[7]
ナイトキャップ
２本のレースかざりのついた丸い縁なし帽
子供用のネッカチーフと肩掛け
子供用のよだれかけ
おしめ
肌着の帯
モスリン製のキルティング加工されたおくるみ
フュテイヌ[8]のおくるみ
無地のナプキン
子どもを拭くためのハンカチーフ
ビエ、肩掛けの一種
大きなかぶりもの
小さな袖《ブラ》[9]
袖付き胴着
おくるみ、あるいは洗礼用飾り布《タバイヨル》[10]
よだれかけ
ドゥス・ダルシェと呼ばれるゆりかごの中に敷く布
ゆりかご用のシーツ
枕

教会に納める布類は次の通り。

祭壇布
祭器卓用の布
洗面台の手ふき
聖体布[11]
ミサの際に聖体を覆う布[12]
聖体布巾
聖体拝領用の布
白麻の祭服
祭服[13]
司教などの白衣
司祭のかぶりもの[14]

肩掛け《ストラ》[15]

胸飾り、襟飾り

スータンのカフス

〈史料2〉

≪サン・ドニのレース工場設立のための必要経費見積もり≫[16]

年間の糸の費用	6,000リーブル
女監督のためのベッド20台、1台につき50リーブル	1,000リーブル
見習いと女工のためのベッド200台、1台につき30リーブル	6,000リーブル
200台のベッドのための400組のシーツ、1組につき8リーブル	1,600リーブル
女監督のベッドのための40組のシーツ、1組10リーブル	400リーブル
食卓用食器	500リーブル
テーブルクロス	500リーブル
台所用食器	300リーブル
低い椅子とすべてを保管するための家具	300リーブル
枕、糸車、ボビン、布、レース編み用の枕、鋏、ピン	240リーブル
労働者とその運賃	100リーブル
1人あたり年間200リーブルの女監督の俸給	4,000リーブル
1人あたり年間100リーブルの200人分の見習いの食事代	20,000リーブル
年間200リーブルの女監督の食事代	4,000リーブル
女監督と家内労働者の洗濯代	600リーブル
事務職員ひとり、女中、門番	1,000リーブル
家の賃貸借料（王から下賜されない場合）	400リーブル
合計	49,343リーブル

〈史料３〉

≪ルイ15世の愛妾デュバリー夫人（1743～1793）の勘定書≫より抜粋。[17]

レースにかかった代金を他の品々の金額とともにあげる。以下は1774年7月15日の記録で、銀行家ボージョンが、夫人がフランス宮廷の寵妃であった間に彼女の指示で支払った総額の明細の一部である。

第１項目

金銀細工商、宝飾商、装身具商に対して

金銀細工	313,328リーブル	4ソル
宝飾商	1,808,635リーブル	9ソル
装身具商	158,800リーブル	
計	2,280,763リーブル	13ソル

第２項目

絹織物、レース、リネン、モード商人に対して

絹織物商	369,810リーブル	15ソル
リネンとレース	215,988リーブル	6ソル
モード商	116,818リーブル	5ソル
小間物	35,443リーブル	14ソル
計	738,061リーブル	3ドゥニエ

様々な香水商、毛皮商、帽子屋、金物屋に対して

	52,148リーブル	9ソル

第３項目

家具、絵画、壷類および他の装飾品

家具	24,398リーブル	18ソル
絵画、壷類	91,519リーブル	19ソル
計	115,918リーブル	17ソル

第４項目

仕立師と刺繍職人に対して

仕立師	60,322リーブル	10ソル
刺繍職人	471,178リーブル	
計	531,500リーブル	10ソル

第５項目

馬車、馬、飼い葉の購入に対して

馬車とその維持	67,470リーブル	1ソル
馬	57,347リーブル	

飼い葉	6,810 リーブル	
計	131,627 リーブル	1 ソル

〈史料4〉

≪パリ北部サンリスにおける漂白方法≫[18]

（ディドロ、ダランベール『百科全書』より。）

ブランシスリー・デ・トワルとは布を漂白する技術のことを言う。あるいはまた職工の手から離れた出来上がった布の黄色い色や汚れや灰色の色を落とすことを言う。この作業を行なう場所もこの名前で呼ぶ。そのため、フラマン・ピカール地方の言葉ではブランシスリーあるいはブウリーと呼ぶ。

漂白屋は草地に囲まれた川のそばに立てられなければならない。これは5棟の異なる建物か工房で構成されている。水車小屋、洗濯場《ブウリー》、正確に言えばフロットワール［石鹸でこすり洗いをする所］、レトリー［牛乳で漂白する所］、プロワリー［漂白された布を折りたたむ所］もしくは店である。

サンリスの3軒の漂白屋は、サンリスとシャンティの間にある、クルトゥイユに面したノネット川沿いに面して立っている。草地に縁取られたこの川の水は、この地方の人びとの言葉によれば、布を漂白するのに最適である。

布が漂白屋に届いたときにほどこす最初の準備は、職工が仕上げのときにほどこした仕上げ加工を落とすことである。［…］これは清水に浸すことによって行なう。フランドルでは暑い時期でさえ8日から10日間そのままにしておく。その後、布をルパメし、広げ、乾かす。ここでは水車によって圧縮している。この水車は縮絨機《しゅくじゅうき》にそっくりである。［…］槌に歯がまったくないことだけが違っていて、布の上に落ちる部分が丸くなっている。それ以外はこの水車の仕組みは完全に毛織物の縮絨機と同じである。水車をまったく用いない人は、すでに述べたように、8日か10日浸した後に、よく水をそそいで、布を晒す。

この作業が終わると、布をルパメする。ルパメとは、布を川の上にかかっている小さな橋の上に投げつけながら、流水の中でたたくことである。この橋は水面から1ピエか2ピエ程度の高さしかない。この橋はルパモワールと呼ばれているが、川床の部分とつながっていて、川の中に布を浸して、打ちつけるのである。それから布を乾かすために広げて、その次に最初の洗濯を行なう。

洗濯をする場所は特にブウリーあるいはブランシスリーと呼ばれている。というのは、何度もくり返す洗濯によってのみ、布を白くすることができるからである。この場所は、そこに置く洗濯桶や桶の数によるが、多少なりとも大きな部屋になっている。洗濯の準備をするのも洗濯を行なうのもこの場所である。水は釜の上部にちょうどよい高さに設置された溝から引いている。この水はポンプか壷のついた車輪によって、あるいは水力学のあらゆる方法を用いて汲み上げられている。

洗濯の準備　馬か水車によって挽いたひき臼を使ってカスードの灰を粉砕した

あと、それを麻の実も通らないほど小さい穴のあいた銅のふるいにかける。それを図27のD、E、Fの桶に浸す。この桶はよく防水のされた板で内部を覆った箱である。ころ合いを見計らって、上記の灰の塩《えん》を含んだ水を、下にある小さな一部しか見えていない別の桶G、H、Iに流し込む。後者の桶はレンガかセメントで固められた割れ瓦で作られている。同じ素材でできた庭の池と同じように。

3つの桶D、E、Fには3つの異なった種類の灰が入っている。1番目にはカスードの灰を入れる。2番目には大青からとった塩の灰、3番目には新しい木のありふれた灰をいれる。これらを別々に用いたり、異なった分量で混ぜられた3種類の灰は、この工場で用いる洗剤になる。洗剤をつくりたいときには、G、H、Iの桶のうちのひとつから、必要な分だけ、上にある桶の灰の塩を含んだ水をとる。あるいは合成した洗剤をつくるために、必要ならば、複数の桶からとる。これらの水をきれいに澄み切るまで、もうひとつのセメントの桶Cにいれて放っておく。この桶では必要に応じて使えるようにとっておく。

冷水によるこの最初の洗浄では、灰は完全に塩を出し切ることはできない。残りをとるためには、やはりセメントでできている桶Bに灰をいれる。この桶はかき混ぜ用の桶と呼ばれている。これは鉄製の釜Aのお湯を受けている。この釜は染物屋のそれに似たレンガのかまどの上に置かれている。このお湯は冷水で溶けなかった塩を溶かすのである。この作業は職人の働きによって加速される。彼らは木製の櫂で水の中の灰をひっきりなしにかき混ぜる。それゆえに、この桶は「かきまぜ用の桶《バカブラッセー》」と名づけられた。この方法でとれた洗剤は薄くした後、桶Cに放り込まれる。そこからP、Q、R、Sの釜にそそぐ溝に入れる洗剤をとる。これらの釜はそれぞれかまどの上に設置されていて、その開口部Y、Y、Y、Yは煙突の換気筒に対応している。したがって、釜の下の火を保つ薪の煙はそこから排出される。これらの釜は鋳鉄か溶解した鉄でできていて、直径が3ピエである。

桶K、L、M、Nは釜に面して位置している。これらは石灰とセメントで固められたレンガでできている。これらの直径はおよそ6ピエで、深さもほぼ同じである。それぞれの桶の底には、底からおよそ1ピエほど上部に床かコナラの板格子がついていて、桶は他の部分と同様にレンガ造りである。それぞれの桶には2本以上の管があり、栓か蛇口で閉められる。これらふたつの管Xのうちのひとつは板床の下、桶の底に最も近いところに位置していて、桶から洗剤を釜のほうに流すのである。もうひとつは、桶の裏側の最初のものの反対に、見えないところに位置している。これはやはり桶の裏にあって隠れている溝か下水道に、桶の中の洗剤を放出するのに使われている。すべての仕事が終わったあとで、洗剤はこの溝をつたって、川か野原に消えていくのである。

洗濯をするためには、P、Q、R、Sの桶からバケツで汲み取り、漂白するための布でいっぱいになっているK、L、M、N、Oの桶に投げ入れる。フランドルの桶はそれぞれ40オーヌと4分の3の容量があり、そこに100リーブルのカスー

ドを入れている。布を通過した後の水はもう一度釜に戻され、そこからもう一度、布にかけるために汲み上げられる。このようにして数時間の間、かわるがわる行なわれる。

最初の洗剤はカソーの灰が半分とその土地の灰で構成されている。この洗濯が終わった布は草地の上に広げられて、水をまくことになる。

草地の上に布を広げるには、多くの木製のボルトを用いて、布の周囲に縫い付けられている紐の穴に通す。布がしっかり張られるように、大地にそれを差し込む。

草地は水まき作業に都合が良い配置になっている。図28のa、b、c、d、e、f、g、h、i、j、k、l、m、n、o、p、qのように、10トワズ四方で水路によって区切られており、川床をそこへ迂回させているのである。図2のfig.1に描かれているような変わった形の柄杓で水をくみ上げ、広げた布のうえにまき、布の全面が均等に濡れるようにする。この作業は布が完全にこの最初の洗濯で洗浄されるまでくり返す。

布が乾くと、草地から布を取りこみ、２回目の洗濯を行なう。

２回目の洗剤はカスードを３分の１増やすことになる。カスードをこのように増やしながら、布を３回目、４回目、５回目と洗濯する。各洗濯は上記のことを守りながら行なう。

もし、最初の洗濯の後、雨が原因で草地で乾かした布を取り込めない場合には、布をルパメしてから、ルパモワールの後に洗剤につけるのがよいだろう。

６回目、７回目の洗濯は前回と同じ量のカスードで同じような注意をはらって行なう。つまり布は乾かさなければならない。

８回目、９回目の洗濯は草地から取り込んでからルパメした布で行なう。布は濡れたまま桶に入れられる。

回数は決められないが、次の洗濯では以下のことを守らなければならない。乾いた布を桶につめて洗濯をし、それをルパメし、また濡れた布を桶につめて次の洗濯をする。このようにしてかわるがわる行なう。

乾いた布を桶につめて洗濯する際に守らなければならないのは、洗剤をぬるくすることだけである。布が濡れているときには、洗剤が沸騰していてもかまわないのだが。

カスードの灰の量に関しては、長さ36オーヌ、幅¾オーヌのフランドルの布120枚に対して、100リーブルの灰を用いる。２回目か３回目の洗濯に関しては、80リーブルしか使わない。

布がなかば漂白されたら、大青からとった塩《えん》の灰を３分の１用いる。完全に漂白されたら、牛乳に入れることができる。その洗剤は白い灰とありふれた木灰でできている。後者はより明るい下地を作り、完璧な白さを生み出す。

布が漂白されたら、草地で乾かし、しずくが落ちてから、牛乳につけてルパメする。

レトリーは多少なりとも大きな部屋である。そこには床にすっぽり埋まった大

きな木の桶がいくつかある。この桶の大きさは洗濯桶の大きさとほぼ同じである。まだ湿っている布をこの桶に入れて、その上から充分な量の脱脂乳を注ぎ、布が完全に浸るようにする。この状態のまま24時間おく。その後布を牛乳から取り出し、ルパモワールに持って行き、ルパメする。ルパメをしてから、完全に濡れたものをフロットリーかフロットワールに持って行く。フロットワールはもうひとつの部屋で、そこでは何人かの女性が布の縁を石鹸で洗っている。この部分は今までの作業で布の中央部と同じくらいに漂白ができない部分である。

この部屋には図28の下にあるA、B、Cのような複数のたらいがある。それは、横幅が3ピエ、厚みがおよそ4プス、深さが15から18の大きさである。これらのたらいの上辺をプラトーと呼ぶが、内側に傾いていて、水がまた中に落ちるようになっている。これらはDDとEEの2本の木の上に置かれていて、板にはめ込まれた足で支えられている。これをシャンティエと呼ぶ。

それぞれのプラトーにはもうひとつの木の器X、X、Xが入っている。その直径はプラトーの3分の1で、これをティネットと呼ぶ。このティネットにはお湯が入っていて、黒石鹸を溶かすためのものである。黒石鹸は各プラトーXの間にある柱GGの上についている木の小鉢FFに詰められている。

この作業場にある他の道具は、釜に付属したかまどで、ティネットに必要なお湯を沸かすためのものである。それから布を置いて検査するためのいくつかのテーブルがある。つまり布の縁が充分に石鹸で洗われているかどうか検査するのである。それとシェーズとよばれる道具で、これは図28のfig.1に描かれている。

このシェーズはいくつかの棒でつながれている4本の垂直材あるいは柱に板の底がついている隙間の空いた箱にすぎない。全体がごく普通の腰掛をひっくり返したのとそっくりである。この道具は洗濯女《フロットゥーズ》の手を経た布を乾かすのに用いる。

布の縁を石鹸で洗うには、その長さに合わせて布を二つに折り、何度も二重にしてすべての縁が1と½ピエほどの面積の中に集まるようにする。洗濯女《フロットゥーズ》は小鉢Fの石鹸を少し取り、充分に白くなっていない箇所にそれを塗りつける。それから洗濯女《フロットゥーズ》は縁の2カ所をしみが消えるまで互いにこすり合わせる。ときどき、プラトーのティネットに入っているお湯で、彼女が仕事をしているたらいの縁を濡らしながら。2人の女職人が同時に同じプラトーで邪魔にならずに仕事ができる。ひとりはシャンティエの側に立ち、もうひとりは反対側に立てばよい。

布が充分にこすられた後、ぬるま湯で洗濯をする。それから、草地の上で水がまかれる。草地から取り込まれると、ルパメし、また牛乳に浸けられる。そこから2度目のフロットワールに運ばれて、それから軽い洗濯に移る。

この軽い洗濯ではカスードは4分の1ほどしか使わない。もし大青からとった塩があれば、カスードなしで、後者を同じ量布にかけてもよい。

布は、2回目のフロットワールを終えると、濡れたまま洗濯される。桶には2束《リ》しか容れてはいけない。熱い洗剤をつかい、釜がたたえることができる程度の量を投げ入れる。このようにして、他の2束《リ》にもやる。同じ洗剤をまき、この洗

剤に通すべきすべての布が桶に入り終わるまで続ける。それから釜がいっぱいになるほど水を増やした後で、同じ沸騰した洗剤を布にかける。

３回この洗濯をしたあとで、熱くなっている布を取り出し、草地に広げ、２、３回水をかける。

３度目の水まきの後、草地から布を取り込み、濡れたままルパモワールに持っていき、しずくを落として、牛乳に浸ける。このように同じ一連の作業を、可能な限りの白さ、あるいは望んでいる白さになるまで続けるのである。

一連の作業が最上のものであるとは言えないので、方法を変えることもできる。しかし、これがもっとも一般的なものである。漂白のためのあらゆる努力に抵抗する布もある。そのような場合は途中で満足しなければならない。充分なレベルに達するのであれば。とはいえ、これらすべての作業に抵抗する布もある。分量にせよ、順序にせよ、いくつかの技法に変化をつけると、容易に作業を終えられる。工場主の才覚しだいである。だからこそ、工場主は布の白さがこれまで記してきた作業によって増進していくかどうか注意深く見守るのである。もしそれが停滞すれば、少し手順を変える。こうして、布の白さの増進を妨げている障害物を取り除いたり減らしたりする。沸騰したふたつの洗剤で連続して洗ってはならないこともある。濡れた布にかわるがわる沸騰した洗剤を与え、釜の中で乾いた布にぬるい洗剤をかけるとすでに述べたけれど。つまり、作業にはあらゆる変更が可能なのである。

布が白くなったら、ルパモワールに持って行かなければならない。ルパモワールで濡らした布には、最初の青みづけを施す必要がある。その後コナラの棒の上で乾かす。

この工場で使う青はインディゴと呼ばれるインドの青、あるいは美しい光沢のあるペルシャの青である。多少青味を帯びた水を満たしたたらいに布を浸ける。布が同じようにこの色に染まるようにそれを掻き混ぜる。それから布の端を引っ張って、たらいの上の３から４ピエの高さにある棒に絞りながら巻きつけていく。布一枚が糸のかせを広げた形になって、たらいの上にあるボタンからぶら下がるようにする。布のしずくが落ちた後、余分な水分を搾り出すために布を絞る。この作業は非常に神経を使う。というのは、もし絞りすぎると、青染料がすべて落ちてしまって、布がたらいに浸ける前の状態とほとんど変わらなくなってしまうからである。そしてもし逆に充分に絞らなければ、あちこちに色が残っているのではないかと心配することになるからだ。

布に青み付けをほどこす作業のあと、コナラの棒の上に広げて乾かす作業に移る。コナラの棒は野原や草地の中に設置する。これは土の中にしっかりと打ち込んだ棒であり、そこから４ピエほど上に出ている。これらは庭の木々のように直線状に並んでいる。直線状に並んでいるこの棒の頭から、粗布かまだ漂白していない布を広げる。その布の広さの中心が棒の頭のうえにくるようにして、四隅は下がるようにする。この布をしっかりさせてひっぱり、ぴんと張るようにする。

その上に同様にして青み付けをほどこした布を広げて乾かす。乾かしながら布が縮んだり短くなったりしないように、これはぴんと張らなければならない。

布が乾いたら次のような仕上げ加工をする。でんぷん糊をとり、お湯の中で沸騰させ、煮えたら火から離し、白布《ランジュ》でこす。

火の通ったでんぷん糊の3分の1を別の壺か器に移し、水に溶かして沸騰させないようにし、白布《ランジュ》に通してこす。それができたら、3番目の壷に、煮たでんぷん糊の3分の2を、火の通ったでんぷん糊の3分の1といっしょに入れる。そこに青色を加える。すべてをしっかり混ぜてから、布を入れ、この複合物の中にしっかり浸した後で、乾かすために取り出す。

布が乾いた後、プロワリーか店に運ばれ、そこから所有者の元に戻されたり、用途に合わせて売られていく。

ただし、今ここで話したすべての作業を経た布は、非常に多くの不自然なしわができているので、プロワリーの中で、それを消すさまざまな作業をするのである。

〈史料5〉

≪オランダ方式による漂白≫[19]

（アベ・ジョベール『職業技術辞典』第1巻、264 ～ 267 頁より。）

熟練の漂白屋は、漂白すべき布が上質であるときには、オランダ方式に従う。[…] 以下がオランダ方式である。

まず布を材質が同じものでまとめる。そこに輪になった紐を結びつけ、糸を通し、布を水に浸す。最初の作業は布を水に浸けるということである。これは次のような方法で行なわれている。布をそれぞれ別々にたたみ、大きな木製の容器の中に入れる。その上から充分な量のぬるま湯、あるいは洗剤と水を同量で混ぜたものを注ぐ。これは布を漂白するためにしか使わないものである。最後に、小麦粉とライ麦のふすまを入れた水を、すべてが完全に浸み込み、水が表面に浮かんでくるまで注ぐ。布をお湯の中に浸けておよそ6時間経過し、さらに水に12時間浸けると、この液体は分解し始め、泡が浮かび、水面に皮膜が形成され、布が膨らみ、蓋をしていなければ持ち上がってきてしまう。36時間から48時間経過すると、あくが底に沈む。この沈殿が起こる前に布は取り出さなければならない。

次に布を取り出し、これをよく洗う。長さに合わせて二つ折りにし、何回も二重にする。それから水車で打ちなめす。発酵によって分離したゴミを取り除くためである。それから草地の上に広げて布を乾かす。完全に乾いたら、第2の作業にうつる。これは洗剤の流し込みである。

最初の洗濯はスコットランドの計測でおよそ170ガロンの水の入った釜の中で行なわれる。（1ガロンはおよそパリの4パントにあたる）。この釜に4分の3の量の水でいっぱいにする。これを沸騰させる。沸騰がはじまったら、必要な量の灰をそこに入れる。青色の灰を30リーブル、同量の白い灰、200リーブルのマルコストの灰、あるいはもしこれらがなければ、およそ300リーブルの炭酸ナトリウム、300リーブルの炭酸カリウムかロシアの白い灰である。この後者の3種の灰はよく砕いてすり潰さなければならない。この水を15分沸騰させて、これらの灰を木製のシャベルでよくかき混ぜるが、このことをブラッセとよぶ。そして火から離す。この液体をそれがきれいに澄み切るまで放っておく。これには少なくとも6時間かかる。その後用いる。「洗剤の母」と呼ぶこの最初の洗剤を、2回目にも、つまり洗濯をするときにも使う。このために、もうひとつの釜（スコットランドの計測で40ガロンの容量）に38ガロンの水と2リーブルの液体石鹸と2ガロンの「洗剤の母」をいれる。

草地でよく乾いた布を取り込んでから、並べられた洗濯桶の中に詰める。布の端が外から見えるようにして、上から注ぎいれる洗剤が同様に浸透するようにする。この洗剤を温めて、人肌の温度になったら、布の上に注ぐ。木靴を履いた男

性ひとりがそれを足で押したりつぶしたりする。桶の中にいれた束ごとに、同じ作業をくり返す。洗濯桶がいっぱいになり、もういれるべき布がなくなるまで。

洗濯桶の中にしばらく放っておいたあとで、蛇口から釜の中身を流出させなければならない。そしてもうすこし熱いお湯をいれてから、もう一度布の上に注ぐ。同じことを6、7時間繰り返す。それから布を同じ洗剤の中に3，4時間浸けたままにし、その後洗剤を流出させて、洗剤を注ぎ、あるいは最初の流し込みのためにそれをとっておく。

これらのふたつの作業が終わると、早朝に布を草地へ運ぶ。草の上にそれを広げ、空気と日光にさらす。そして最初の6時間の間はしばしば布に水をまく。布が決して乾いたりしないように。その後、水まきはせず、数カ所が乾くまで、放っておく。午後7時以降は、夜間よほど乾燥していないかぎり、水まきはしない。翌日の午前には2回、あるいはもし非常に乾燥している場合には4回水をまく。しかし乾燥していない場合にはまったく布を濡らさない。しっかり布が乾いたら草地から取り込む。

このようにして布をかわるがわる洗濯から草地へ、草地から洗濯へと移すのであるが、10回から16回まで、あるいはそれ以上におよぶこともある。もし16回になったら、今述べたように、最初の8回はしだいに洗剤の強度を強めていき、あとの8回は弱めていく。

4つ目の作業は布を酸に通すことである。以下がよく行なわれている方法だ。大きな桶に、牛乳バターか酸っぱくなった牛乳を、ゆったりしたひだで束ねている最上級の布を湿らせるのに充分な量注ぎ、3人の男がはだしでそれを踏みつける。この最上級の布の上に、次に充分な量の酸っぱくなった牛乳と水を注ぎ、2番目のランクの布を浸す。これをすべての布にこの酸が注がれ、充分に湿り、液体が上がってくるまで続ける。この布を複数の穴のあいた蓋で沈ませる。この蓋には持ち上がらないように底の梁にかける棒がついている。布をこの酸の液体に数時間つけると、泡が浮かんできて、表面に白い泡が見えてくる。そしてしっかりと5、6日間発酵させるのである。発酵が終わるすこし前に布を取り出し、ルパメする。ルパメとは流水の中で布をたたくことである。川にかかっている小さな橋の上に布をたたきつける。この橋は水面から1ピエか2ピエ程度の高さである。それから布を水車に運び、発酵によって分解されたすべての汚れを取り除く。この機械はこの目的に完璧にこたえてくれる。その動きは簡単で、規則正しく、確実である。やさしく布を押しつぶしながら、水流が持続的に布を洗うように、布をまわさなければならないのである。唯一、注意しなければならないのは、布のひだのなかに水が残らないようにすることである。そうしなければ、確実にその場所を破損してしまうからだ。

5つ目の作業は石鹸で洗うことである。以下がよく行なわれているやり方だ。2人の女性が互いに向かい合って、非常に厚い板でできたたらいの前に位置する。たらいのへりは内側に向かって傾いており、およそ4プスの厚みがある。このた

らいの中にお湯でいっぱいになっているティネットか木の容器を置く。布はその長さに合わせて縁が最初に洗われるように折りたたまれる。布が石鹸液にしみこむまで。この方法で布の束全体をこすり、それから洗濯へ持って行く。

　この洗濯では石鹸は使わないし、布に浸み込んだ他の何ものも使わない。しかし、灰の程度によって、深く押し込み、布の全体が均一に白く見えるまでにし、茶色の部分がまったく見えないようにする。その状態に達したら、大急ぎで洗剤を弱める。布に注ぐ最後の洗剤は、今まででもっとも弱いものにする。

　洗濯の後、布は草地へ運ばれ、そこで先に述べたように水がまかれる。このとき、縁は完全に覆われなければならないし、輪になった紐でボルトに結び付けて、布が破けないようにしなければならない。もう一度酸に浸ける。もう一度水車へ運ばれる。それから布を洗う。そして草地で水をまく。それを望んだ白さに漂白されるまで行なう。それから青み付けをほどこし、でんぷん糊をつけ、乾かすのである。

　これが上等の繊細な布を漂白するやり方である。

〈史料6〉

≪アイルランド方式の漂白≫[20]

（アベ・ジョベール、前掲書、267 ～ 268 頁より。）

次はアイルランド方式であるが、これは粗布のための方法である。

布を材質にしたがってまとめる。上質の布と同じようにそれらを浸し、ルパメし、水車にかけ、乾かす。それから何度も次のような方式の洗剤の中で煮るのである。

第一の洗剤は 200 リーブルの炭酸ナトリウムと 100 リーブルのロシアの白い灰と 30 リーブルの白か青い灰でできている。これらの灰を、スコットランドの計測で 105 ガロンの水の中で 15 分間沸騰させる。釜の３分の２までいっぱいにし、布をこの「洗剤の母」といっしょに煮る。洗剤１に対して水は９である。この洗剤が冷たい時には、洗剤で全体が浸かるのであれば、できる限りの布をそこに入れる。少しずつ洗剤を沸騰させていき、沸騰したまま２時間ほっておく。それから布を取り出し、草地に広げて、上質の布のところで述べたのと同じように布に水をまく。

３回目の釜には、すこし強めの洗剤を入れ、４回目、５回目まで徐々に強度を増していく。このすべての作業は１日がかりで行なう。釜を洗い、翌日には新しい洗剤で再開する。洗剤が沸騰したときに布がまだ乾いていなければ、上質の布の時にそうしなければならないように、乾くまで待つことはしない。乾かすための台の上で水が切れた後､布に残っている水分に合わせて洗剤の強度を増した後、布を煮る。

粗布に酸を通すありふれた方法は、桶にふすまを混ぜた熱湯を注ぐやり方である。そこに布を１束いれ、その上に大量の水とふすまを流す。それから２束目の布をいれて、同じように桶が完全にいっぱいになるまで続ける。多くの男がそれらすべてを足で踏み、布が持ち上がってこないように固定する。

たいていは布を酸の中に２、３日放っておく。酸から布を取り出したら、よく汚れをとり、よく洗わなければならない。その後、テーブル上で石鹸洗いをする人のところに布が戻され、その後、洗濯板の間で布はこすられる。そのあと、水車へ持っていき、時間があるのであれば、絶えず上から熱湯を注ぐ。このような石鹸洗いは２、３回で充分であり、それ以上必要なことはめったにない。

酸が始まったときには、洗剤の強度を弱める。そして一般には、この後に、布を３度煮れば望んでいる状態にまで達する。それからでんぷん糊につけ、青みをつける。布を乾かし、そしてプレス機にかける。

〈史料 7〉

『つけぼくろの専門家』（1650 年頃？）より[21]。

ある日、母親である美と愛の女神ヴィーナスの横で、他にまともな関心事がなかったので、アムール［愛の神キューピッド］は、黙ったまま、いたずらに虫《ムーシュ》を追いかけていた。ついに美しいこの女神は、その未熟さを笑いながら言った。「おやめなさい、何か良いことをなさい！」しかしいくら言っても無駄である。いたずらっ子はただ笑うだけで、相変わらず虫《ムーシュ》を追いかけていた。ヴィーナスはとうとう怒った。そして癇に障り、つまり怒った《プリ・ラ・ムーシュ》ので、彼を打とうとした。しかしこの子は巧みに逃げた！　母の怒りを避けるには何をしたらよいかわかっていたので、彼は手の平から虫《ムーシュ》を母の胸の上に放した。虫《ムーシュ》が女神の胸の上に乗ると同時に、彼女の胸は今まで以上に輝いて見えた。まるで暗雲がその影で空を隠すときに、暗い雲の周辺に空が新しい青色を得るかのように。そして、その暗さによってさらに引き立ち、今までよりも明るく輝いているかのように。ヴィーナスはうっとりとして、この幸福な瞬間を讃えた。そして、満足しきっていた。なにしろ、毎日新しい装飾品を探すことだけで時を過ごしていた彼女の頭の中には、何もなくなったのだから。彼女は百通りもの素敵な姿を作った。しかし彼女は知っている、魅力の一つが偶然に発見されたことを。どんな白粉も、もう私を美しくすることができない、この新しい発明のほかには。そこでアムールの方を振り向いて、こう言った。「この素敵な芸当に、ご褒美をあげます。大事な二羽のキジバト（若い恋人たちの象徴）を、今日はこの虫《ムーシュ》の代償にしてあげましょう」「それではキジバトは僕のものだね」アムールは自分の翼をたたいて喜んで言った。「待って。僕はもっと良いことをしたいんだ」そう言って彼は、器用なその指で黒い布地を切り、疲れもせずに千個のつけぼくろ《ムーシュ》を作った。それから、すぐにそれを貼りに行った。一つは母の目のそばに。他の場所にもつけた。こめかみの上に、口の上に、鼻の横に、額の上に、あごの上に。そうしている間に神々の集団がヴィーナスに気づいて、彼女を真似てつけぼくろ《ムーシュ》をつける。光の女神ジュノンは夫ジュピターに気に入られるために、ヴィーナスと同じようにつける。戦いの女神パラスは極端な願望を持ち、好戦的なその額の上につけて、月桂樹を放棄してしまう。軍神マルスはキュプリヌに気に入られるために、容姿を飾り、それからビロードのとても大きなつけぼくろ《ムーシュ》をつける。

注

1　M. de Garsault, *op.cit.*, pp.10-12.

2　床屋道具入れあるいは櫛いれ。バザン織は亜麻糸と綿糸の綾織物。トレイは不明。Troyesであれば地名。

3　マリーヌはベルギーの主たるレース産地のひとつ、ゆえにベルギーレースということ。

4　ラン（rang）はレースやトワルが重なっていることを指す用語。M.de Garsault, *op.cit.*, p.23参照。

5　アントワラージュ（entoilage）はレースの縁取りのことを指す用語。大きい場合4プス、普通は2プス程度の幅のレースであった。*Ibid.*, p.23.

6　アマディは袖の種類。キノーとリュリによる1684年の音楽悲劇の中で、アマディ役の役者が身につけた衣服にちなむ。ぴったりとした袖で、手首のところがボタン締めになっており、流行したものである。Leloire, *op.cit.*, p.5を参照。

7　*Le Dictionnaire de l'Académie Française, op.cit.*（1718）, tome II, p.690, «testiere».

8　フュテイヌは片面に毛羽を立てた綿布。

9　brasは袖と訳してよいのかどうか不明。

10　tavaiolleは子どもを洗礼させるときに体をくるむ布のこと。メルシエ『18世紀パリ生活誌、タブロー・ド・パリ（上）』前掲書、335頁参照。しかしtavaiolleはレースでできたもの、あるいはレースの束のことも言う。*Le Dictionnaire de l'Académie Française, op.cit.*（1718）, tome II, p.666,《tavayolle》

11　ミサの際、パンとぶどう酒を置くためのもの。

12　palleはpaleのことではないか。そうであるとすれば「ミサの際に聖体を覆う布」を指している。*Le Dictionnaire de l'Académie Française, op.cit.*（1718）, tome II, p.194.

13　スータンの上に着る膝丈の祭服。

14　ミサで使う、司祭が頭にかぶる祝別された布。

15　カトリック聖職者が肩からたらす帯状の祭服。

16　Germain Martin, *La grande industrie sous le règne de Louis XIV*（*plus particulièrement de 1660 à 1715*）, Librairie Nouvelle de Droit et de Jurisprudence, 1899, p.240. 費用を合計すると46,940リーブルになるが、G.Martiaの資料では49,343リーブルとなっているのでそのまま掲載した。

17　Edmond et Jules de Goncourt, *Œuvres Complètes*, X-XI, *La du Barry, Laduchesse de Châteauroux et ses soeurs*,（1854-1934）, Slatkine Reprints, Genève-Paris, 1986, p.228. 第2項目の総計3ドゥニエと第3項目の総計17ソルは計算上誤まりと思われるが、資料の通りに掲載した。

18　Diderot et D'Alembert, *op.cit.*, tome I, pp.327-328 «BLANCHISSERIE DES TOILES». カスード（cassoude）とは、漂白屋が用いる技術用語である。その土地固有の木の木灰であるとか、ある種の外国産の木の木灰であるなどと文献では説明されるが（J.-P.Chambon（sous la direction de）, *Französisches Etymologisches Wölterbuch*, XXII, fasc. 153, Zbinden Druck und Verlag AG, Bâle, 1993, p.188）、詳細は不明である。語源的にはsoudeがこの地で転訛したものと言われ、そうで

あるならば、ソーダ（炭酸ナトリウム）を指すことになる。Potasse というカリの一種であるという説もある（C.L. et A.B. Berthollet, *Éléments de l'art de teinture, avec une description du blanchiment par l'acide muriatique oxigéné,* tome1, Firmin Didot, Paris, 1804, p.441 ; Julia de Fontenelle, *Manuel complet du blanchiment et du blanchissage, nettoyage et dégraissage des fils et étoffes de chanvre, lin, coton, laine, soie, ainsi que de la cire des éponges, de la laque, du papier, de la paille, etc.*, tome 1er, Librairie Encyclopédique de Roret, Paris, 1834, p.130.）。ネド・リヴァルによれば、洗濯および漂白に用いる灰については、非常に長い間、各家庭や、各工房において、秘密のレシピが存在していたので（N.Rival, *op.cit.*, p.52）、カスードの灰も漂白屋秘伝の灰である可能性が考えられる。カソーはカスードと同じものであろう。リ（lit）も不明だが、布を束にしたものをそのように数えたのではないかと考え、ここでは「束」と訳しておいた。

19　Abbé Jaubert, *Dictionnaire raisonné universel des arts et métiers, contenant l'histoire, la description, la police des fabriques et manufactures de France et des Pays étrangers,* Amable Leroy, Lyon, 1801, tome 1, pp.264-267,《BLANCHIMENT DES TOILES》. マルコストは不明。

20　*Ibid.*, pp267-268.

21　*La faiseuse de mouches,* (vers 1650?), in *Variétés Hstoriques et Littéraires,* tome 7, éd. E. Fournier, Paris, P. Jannet, 1855-63, pp.13-16.

服飾用語一覧

＜以下はすべて筆者による説明＞

Amadis「アマディ」 袖の種類。ぴったりとした袖で、手首のところがボタン締めになっている。1684年のキノーとリュリの音楽悲劇に登場したアマディ役の役者が身に着けたことから流行。

Amict「アミ」 司祭のかぶりもの。ミサで司祭が頭にかぶる祝別された布。

Aube「オーブ」 白麻の祭服。

Bande de maillot「バンド・ドゥ・マイヨ」 肌着用の帯。

Banyan「バニヤン」（「インドの商人」の意味）。部屋着のことを指す。

Baptiste 「バティスト」高級フランス産亜麻布。亜麻布のなかでも最高級のオランダ亜麻布に近い。

Battant-l' œil「バタンルイユ」 かぶりものの一種。

Bas「バ」 靴下。主に長靴下で白色であることが多かったようだが、遺体調書を見ると、さまざまな色のものが見受けられる。

Basin「バザン」 バザン織。亜麻糸と綿糸の綾織物。

Bavoir「バヴォワール」 よだれかけ。

Beguin「ベギン」 ベギン帽。12世紀ベルギーに生まれたベギン会修道女のかぶった帽子に似ている白い顎紐つきの子供用帽子。

Biais「ビエ」 フィッシュ（肩掛け）の一種。

Bonnet「ボネ」 縁なし帽。

Bonnet de nuit「ボネ・ドゥ・ニュイ」 就寝用の縁なし帽。

Botte「ボット」 ブーツ。

Bottines「ボティヌ」 短ブーツ。

Cambray「カンブレイ」 上質なフランス亜麻布。女性の装飾品や男性の襟飾り（ラバ）などに用いられる。

Canevas「カヌバス」 キャンバス。極薄の麻あるいは亜麻布。薄地の粗布もある。

Canon「カノン」 膝飾り。ブーツ上部につけるブーツ飾りでもある。主に白いリネンでできている。

Calemande「カルマンド」 カルマンド織。18世紀に流布した毛織物。

Caleçon「カルソン」 パンツ、下穿き。

Chapeau「シャポー」 広いつば付きの帽子。主にフェルトでできている。本書で論じた「帽子」はおもにこの語で表わされたものである。

Chaperon「シャプロン」 頭巾。

Chausses「ショース」 半ズボン。

Chaussoir「ショソワール」 履物。

Chausson「ショソン」 スリッパ。

Chemise「シュミーズ」 麻か亜麻でできている。基本的には、上着の下、素肌の上にじかに身に着ける上衣。シチュエーションに応じて、上着になることもある。本書ではlingeの代表として素肌に身につける「下着」ととらえて論じた。

Chemise de couche「シュミーズ・

ドゥ・クーシュ」 分娩時に身に着けるシュミーズ。

Coqueluchon「コクリュション」 Capuchon「キャプション」と同じ。ベネディクト会修道士の頭巾。

Cornette pour la nuit「コルネット・プール・ラ・ニュイ」 ナイトキャップ。

Corporal「コルポラル」 聖体布。ミサの際、パンと葡萄酒を置くための布。

Corset「コルセ」 コルセット。胴締め。

Couche「クーシュ」 おしめ。おむつ。

Cravate「クラヴァット」 襟巻。現代のネクタイの前身。本書の扱う時代においては、白いリネンの細布を首に巻いていた。

Crêpe「クレープ」 縮緬。

Cullotte「キュロット」 半ズボン。

Découpure「デクピュール」 衣服に施す切り込み装飾。特に16世紀によく見られたもの。

Demi-hollande「ドゥミ・オランド」 オランダ亜麻布の一種。

Dentelle「ダンテル」 レース。狭義では歯形の連続模様になっているレースを指す。

Déshabillé「デサビエ」 婦人用部屋着。

Dessus d' Archet「ドゥス・ダルシェ」 ある種の布。ゆりかごの中に敷く。

Domino「ドミノ」 仮装舞踏会用の黒いガウン。

Eguillettes「エギュイエット」 リボン状の色彩豊かな紐で、先に金具がついている。衣類のパーツ（たとえば袖と身頃、あるいは上着とズボン）を綴じ付けるために用いた。

Entoilage「アントワラージュ」 レースの縁飾りのことを指す。大きい場合は、幅が４プスあり、普通は幅２プス程度のレース。

Entretoile「アントルトワル」 レースの一種。２枚の布の間に挟むタイプのパスマン。

Etamine「エタミーン」 フィルターや濾し器に用いられるような粗布。

Fichu「フィッシュ」 女性の肩掛け。

Filets en toile「フィレ・ドゥ・トワル」 麻か亜麻でできたネット状のレースの前身。

Fraise「フレーズ」 ひだ襟。主にレースでできており、あらかじめ細かくひだ付けがされて、首のまわりを飾った。特に16世紀に流行した。

Futaine「フュテイヌ」 片面を毛羽立てた綿布。

Galloche「ガロッシュ」 木靴。革靴の上に重ねて履くこともある。

Gants「ガン」 手袋。当時の手袋は基本的に革製であり、香水で香りづけがされて、リボンやレースや刺繍など見事な装飾がされており、資産価値もある豪華なものである。

Gillet「ジレ」 チョッキ。上着の下に身に着ける袖なしの男性用衣服。前面にすばらしい刺繍がほどこされているのが常である。

Guipure「ギピュール」 金銀レースと同じくらい価値があるレース。

Haut-de-chausse「オ・ド・ショース」 半ズボンのこと。特に16世紀頃までのものは、中に詰め物がされて膨らんでいた。

Indienne「アンディエンヌ」 インド

更紗、および、インド更紗でできた部屋着、ガウン状のもの。

Jabot「ジャボ」 レースを数枚重ねてできている襟飾り。

Jupon de dessous「ジュポン・ド・ドゥス」 下穿き用のペチコート。

Justaucorps「ジュストコール」 17世紀の男性の上着。特に青地に赤い裏地がほどこされ、金銀の刺繍がされていたものは宮廷人のみが身につける勅許服として知られる。

Lange「ランジュ」 おくるみ。(＝tour de lange)

Linge「ランジュ」 白いリネン類。麻や亜麻でできている。きわめて広範囲のものを指し示す言葉であるが、本書では、肌に直接つける白い下着類を総称する言葉としてとらえている。

〔**gros linge**「グロ・ランジュ」 シーツやナプキン、シュミーズのこと。〕

〔**menu linge**「ムニュ・ランジュ」 襟飾り（ラバ)、カフス、襟巻（クラヴァット)、ハンカチーフなど。〕

〔**linge uni**「ランジュ・ユニ」 レースのついていない白無地のリネン。〕

〔**beau linge**「ボー・ランジュ」 美しいレース付のリネン。〕

Linge de sein「ランジュ・ド・サン」 胸当ての布。

Linon「リノン」 高級フランス産亜麻布。無地のものは聖職者の衣裳に用いられる。

Maillot「マイヨ」 子どもの肌着。

Maline「マリーヌ」 マリーヌ・レース。マリーヌはベルギーの主たるレース産地のひとつ。ゆえにベルギー・レースということ。

Manchettes「マンシェット」 カフス。付け外しが可能な白い布製。あるいは白いレースでできている。

Manteaux「マント」。

Manteaux de lit「マント・ド・リ」 直訳だと「ベッドのマント」。ガウン状の部屋着由来の婦人用上着。パリの遺体調書では頻出する。

Mantelet「マントレ」 女性用の肩かけ。

Masque「マスク」 仮面。本書では特に女性の身につけた黒いビロード製の仮面を指している。

〔**faux-visage**「フォー・ヴィザージュ」 女性の黒い仮面のこと。「偽顔」の意味。〕

〔**touret-de nez**「トゥレ・ド・ネ」 女性の黒い仮面のこと。〕

〔**cache-nez**「カッシュ・ネ」 女性の黒い仮面のこと。「鼻隠し」の意味。〕

〔**loup**「ルー」 女性の黒い仮面のこと。「狼」の意味。〕

〔**demi-masque**「トゥミ・マスク」 女性の黒い仮面のうち、特に目の部分だけ隠している半仮面。〕

Moreta「モレッタ」 ヴェネチアで流行した女性の黒い仮面。

Mouchoir「ムショワール」 ハンカチーフ。洟をかむために普及したものであるが、当初は非常に高価なレースでできており、資産価値もあるものであった。このような手に持つハンカチーフとは別に、首に巻くためのハンカチーフもある。首元の素肌を見せることは作法書が禁じていたので、特に女性は首元を隠すためにも大きめの白いハンカチーフを用いていた。

Mousseline「ムスリヌ」 モスリン。

Nappe d' Autel「ナップ・ドーテル」 祭壇布。

Nappe de Communion「ナップ・ド・コミュニオン」 聖体拝領用の布。

Nappe de Crédence「ナップ・ド・クレダンス」 祭器卓用の布。

Négligée「ネグリジェ」 女性の部屋着由来の簡易なドレス。化粧着。

Palle（**pale?**）「パル」 ミサの際に聖体を覆う布。

Panache「パナッシュ」 帽子や兜についていた羽根飾り。

〔**plumail**「プリュマイユ」 同様の羽根飾り。〕

Pantoufle「パントゥフル」 スリッパ。

Passement「パスマン」 レースの一種。組紐飾り（パスマン）を作るのと同じような作り方であるため、ボビン・レースの一種をこのように呼んだ。

Peignoir「ペニョワール」 化粧着。

Petit oies「プティ・トワ」「小さなガチョウ」の意味。17 世紀の男性は衣服を多量のリボンで飾っていた。その姿がガチョウのようであったため。

Piece d' estomach「ピエス・デストマ」 リボンやレースなどで装飾された逆三角形の胸当て。ローブの前の打ち合わせのところにつける。

Pli Watteau「プリ・ヴァトー」 ヴァトー・プリーツ。1720 年代頃に流行した部屋着由来のドレスが、いつの頃からか、ヴァトー・プリーツと呼ばれた。画家アントワーヌ・ヴァトーの作品の中に描かれているためと言われる。Robe battante 、Robe ballante、Robe volante と同じ。

Point coupé「ポワン・クペ」 レースの一種だが、厳密にはレースとは異なるとも言われる。白布に白糸で刺繍をし、布を残したまま透かしの部分を切り取る技法。レース揺籃期に見られた技法。

Point d' Alençon「ポワン・ダランソン」アランソン・レース。フランスのアランソンで作られたレース。18 世紀を中心に流行。同時期の高級なアルジャンタン・レースよりは比較的技法が簡単。

Point d' Angleterre「ポワン・ダングルテール」 イギリス・レース。実際にはベルギーのブリュッセルで作られたレース。イギリス商人が大量にブリュッセルレースを不法輸入して、イギリスの名前をつけて流通させていた。

Point de France「ポワン・ド・フランス」 ヴェネチア・レースを模してフランス風に発展させたフランス・レースの高級品。

Point de Gênes「ポワン・ド・ジェヌ」 ジェノバ・レース。高級レースとして知られる。

Point de Venise「ポワン・ド・ヴニーズ」 ヴェネチア・レース。高級レースとして知られる。

〔**gros point de venise**「グロ・ポワン・ド・ヴニーズ」 17 世紀のヴェネチアの最高級レース。ニードルポイント・レースのうち最も希少価値のある技法であり、ヴェネチア・レースの最高級品。〕

Pontignac「ポンティニャック」 レースの一種と思われるが詳細は不明。

Poudre「プードル」 髪粉。

Pourpoint「プールポワン」 中世以来、男性が身につけていた上着のこと。

Purificatoire「ピュリフィカトワー

ル」 聖体布巾。

Quintins「カンタン」 ブルターニュ地方伝統の薄くて上質な亜麻布。カンタン布。

Rabat「ラバ」 襟飾り。主に白いリネンか、レースでできている。

Rang「ラン」 レースや亜麻布（リネン）が重なっていることを指す言葉。

Rebordement「ルボルドマン」 レースの一種だが詳細は不明。

Robe「ローブ」 主にドレスのこと。

〔**robe de médecin**「ローブ・ド・メドサン」 医者が身につけた独特のガウン。〕

Robe battante「ローブ・バタント」 部屋着由来のドレス。ヴァトー・プリーツと同様。

Robe ballante「ローブ・バラント」 部屋着由来のドレス。ヴァトー・プリーツと同様。

Robe volante「ローブ・ヴォラント」 部屋着由来のドレス。ヴァトー・プリーツと同様。

Robe de chambre「ローブ・ド・シャンブル」 部屋着。男女どちらのものも指している。

Rochet「ロシェ」 司教などの白衣。

Ruban「リュバン」 リボン。特に1640年代から1660年代にかけて、男性はリボンを多用した。一部のリボンは「ギャラン」と呼ばれ、男性のおしゃれに欠かせないものとなっていた。

Satin「サタン」 サテン。繻子織の光沢のある布。

Serge「セルジュ」 サージ。平織の毛織物。

Serre-tête「セルテット」 夜用のかぶりもの。

Simple jupon「サンプル・ジュポン」 ペチコート。

Soulier「スリエ」 革靴。この時期の革靴は男性の場合でもヒールが高いことが多かった。多くの場合、バックルがついている。

Soutane「スータヌ」 スータン。カトリック教会の聖職者の通常服。

Surplis「スルプリ」 サープリス。スータンの上に着る膝丈の祭服。

Taffetas「タフタ」 光沢のある平織の絹織物。

Tavaiolle「タバイヨル」 子供を洗礼させるときにくるむ布のこと。あるいは、レースでできたものやレースの束のことも言う。

Têtière「テティエール」 生まれたばかりの赤ちゃんにかぶせる帽子。

Tissue d' or et d' argent「ティシュ・ドル・エ・ダルジャン」 金銀の織物。奢侈禁止令での禁止対象として常に挙げられ続けた。

Toile「トワル」 麻、亜麻、木綿の平織布。本書で扱った史料においては、この言葉ひとつで主に「麻布」を指している。

〔**toile blanche**「トワル・ブランシュ」 みごとに漂白された白い麻布。〕

〔**toile rousse**「トワル・ルッス」 無漂白の赤褐色の粗悪な麻布。〕

〔**toile pays**「トワル・ペイ」 地場産麻布。〕

〔**toile commune**「トワル・コミュヌ」 ありふれた麻布。〕

〔**toile de ménage**「トワル・ド・メナージュ」 自家製麻布。〕

〔**grosse toile**「グロス・トワル」 麻の粗布。〕

〔**toile étoupe**「トワル・エトゥップ」 屑麻の布。〕

〔**toile de coton blanc**「トワル・ド・コトン・ブラン」 白い木綿の布。〕

Toile d'Hollande「トワル・ドランド」オランダ製の上等の白い亜麻布。本来、最も下着にふさわしいとされたのはこの布であった。最高級亜麻布。

Toilette de ville「トワレット・ド・ヴィル」 街着用のかぶりもの。

Toilette de campagne「トワレット・ド・カンパーニュ」郊外でもちいるかぶりもの。

Tour d'Etole「トゥール・デトル」ストラ。カトリック聖職者が肩から垂らす帯状の祭服。

Tour de gorge「トゥール・ド・ゴルジュ」 胸当て。

Treilli「トレイリ」 ズック。農民服や労働着に用いられた麻の粗布。

Tricorne「トリコルヌ」 つばの３辺が折れた帽子。

Valencienne「ヴァランシエンヌ」ヴァランシエンヌ・レース。ベルギーで作られたレース。比較的盛り上がりの少ない細かな模様のリボン状のボビン・レース。

Velour「ヴルール」 ビロード。ベルベット。

ニードルポイント・レース 図案を描いた羊皮紙の上に針を無数に立て、そこに針（ニードル）を用いて糸を渡していくことによって、空中に刺繍をしていくかのようにして作られるレース。技法の難しさから、ボビン・レースよりも高級と見なされてきた。

ボビン・レース 糸巻きを用いて、組紐（パスマン）を作るのと似た技法で作られたレース。そのため、長らくパスマンと呼ばれてきた。

鬘 17 世紀から 18 世紀において、貴族男性は皆、鬘をかぶっていた。

図版一覧

図１．1766年４月10日にローヌ河畔で発見された男性遺体に関する調書。ローヌ県立文書館所蔵。 口絵 i
図２．ボビンレースの道具類。Diderot et D'Alembert, *Encyclopedié, ou Dictionaire raisonné des sciences, des arts et des métiers,* (Paris, 1751～1762), Read ex Microprint Corporation, New York, 1969, volume Ⅳ, p.256 口絵 ii
図３．ボビンレース作りの糸の動かし方。Diderot et D'Alembert, *Ibid.*, volume Ⅳ, p. 256. 口絵 iii
図４．アブラハム・ボッス《1633年の奢侈禁止令の後の宮廷人》, 1633年, フランス国立図書館版画室所蔵。 口絵 iv
図５．アブラハム・ボッス《奢侈禁止令の後の貴族女性》, 1633年, フランス国立図書館版画室所蔵。 口絵 v
図６．ジャン＝オノレ・フラゴナール《閂》, 1778年頃, ルーブル美術館所蔵。 口絵 vi
図７．シュミーズの図。Diderot et D'Alembert, *op. cit.*, volume Ⅳ, p.1122. 口絵 vii
図８．シュミーズの図。Diderot et D'Alembert, *Ibid.*, volume Ⅳ, p.1122. 口絵 viii
図９．Pierre Rameau, *Le Maître à danser*・・・, p.24の挿絵。「帽子を脱ぐための第１図」 口絵 ix
図10. *Ibid.*, p.25の挿絵。「帽子の訓練に関する第２のポーズ」 口絵 ix
図11. *Ibid.*, p.26の挿絵。「体の脇に帽子を構える方法」 口絵 ix
図12. *Ibid.*, p.29の挿絵。「正面から見た前への挨拶の最初のポーズ」 口絵 ix
図13. *Ibid.*, p.31の挿絵。「正面から見たお辞儀の第２図」 口絵 x
図14. *Ibid.*, p.32の挿絵。「横から見たお辞儀の第２図」 口絵 x
図15. *Ibid.*, p.35の挿絵。「後ろへの挨拶のための第１図」 口絵 x
図16. *Ibid.*, p.36の挿絵。「後ろへの挨拶のための第２図」 口絵 x
図17. *Ibid.*, p.62の挿絵。「ダンスを踊る前にする最初の挨拶のポーズをとる男女」 口絵 xi
図18. *Ibid.* の扉絵。「ダンスの前にする挨拶」 口絵 xii
図19. ピエトロ・ロンギ《賭博者》, 1760年頃。ヴェネチア、クエリーニ・スタンパリア美術館所蔵。 口絵 xiii
図20. ピエトロ・ロンギ《ライオンの見世物小屋》, 1762年。ヴェネチア、クエリーニ・スタンパリア美術館所蔵。 口絵 xiv

表一覧

内村 理奈（うちむら りな）

1968年東京都生まれ。お茶の水女子大学大学院修士課程家政学研究科被服学専攻修了。リュミエール・リヨン第2大学DEA課程近現代史専攻留学。お茶の水女子大学大学院博士課程人間文化研究科比較文化学専攻単位取得満期退学。博士（人文科学、お茶の水女子大学大学院人間文化創成科学研究科）。現在、跡見学園女子大学マネジメント学部生活環境マネジメント学科准教授。専門はフランス服飾文化史・服飾文化論。共著『花嫁はなぜ顔を隠すのか』悠書館，2010年。主な論文に「18世紀パリ市民のポケットの中身」（『国際服飾学会誌』No.34）2008年などがある。

モードの身体史

2013年10月31日　初版発行

著　者　　内村　理奈
装　丁　　尾崎美千子
発行者　　長岡　正博
発行所　　悠　書　館

〒113-0033　東京都文京区本郷2-35-21-302
TEL 03-3812-6504　FAX 03-3812-7504
http://www.yushokan.co.jp

組版：フレックスアート
印刷：(株)理想社／製本：(株)新広社

ISBN978-4-903487-72-4

定価はカバーに表示してあります

パリの服飾品小売とモード商

――1760～1830――

王妃らに流行を提案し、のちのオートクチュールへの道を開いたモード商の実態とその意義を、第一次史料をもとに解明。

角田奈歩＝著
A5判・二七〇ページ
四八〇〇円＋税

排出する都市パリ

――泥・ごみ・汚臭と疫病の時代――

汚濁と汚臭に満ちていた時代のパリの生活空間を生き生きと再現。臭くて汚ない、華の都の物語。

A・フランクラン＝著
高橋清徳＝訳
四六判・二九六ページ
二二〇〇円＋税

糸の箱舟

――ヨーロッパの刺繍とレースの動物紋――

多種多様な動物が乗り込んだノアの箱舟のように、一枚の布に縫いこまれた動物の歴史的・宗教的・象徴的意味を解き明かす。

ダヴァンツォ＝ポーリ＝監修
伊藤亜紀＝監訳
四六判・二一六ページ
二〇〇〇円＋税

物語ドゥニ・ディドロの回想

――『百科全書』をつくった男――

因襲にとらわれぬ〈知〉の集積こそが革命の最大の武器になりうると信じて、『百科全書』全巻を完成させた稀代の啓蒙思想家の物語。

風真木剣＝著
四六判・四一〇ページ
二二〇〇円＋税